Théodore Monod ist einer der größten Universalgelehrten des 20. Jahrhunderts. Seit den zwanziger Jahren bereiste er die Sahara und sammelte Steine und Fossilien, entdeckte das Skelett eines prähistorischen Menschen, studierte die Tier- und Pflanzenwelt. Seit 1938 leitete er das »Institut français d'Afrique noire« in Dakar, das er zu einem der größten Forschungszentren in Westafrika aufbaute. Viele seiner über 1000 Veröffentlichungen gelten noch heute als Standardwerke. Théodore Monod starb am 22. November 2000 in Versailles.

Les chameaux sont animaux
assez plaisans et
traitables et
s'en trouve grand
nombre en Af rique

Kamele sind recht gefällige
und umgängliche Tiere,
von denen es viele in Afrika gibt.

THÉODORE MONOD

# WÜSTEN-
# WANDERUNGEN

*Spurensuche in der Sahara*

*Aus dem Französischen
von Stefanie Mierswa*

**NATIONAL
GEOGRAPHIC**

*Ein Buch der Partner
Goldmann und National Geographic Deutschland*

Die französische Originalausgabe erschien 1989
unter dem Titel »Méharées« bei Actes Sud, Paris


Umschlagfotos: Michael Martin, München




SO SPANNEND WIE DIE WELT.

Dieses Werk erscheint in der Taschenbuchreihe
NATIONAL GEOGRAPHIC ADVENTURE PRESS
im Goldmann Verlag, München.


1. Auflage Mai 2002, deutsche Erstausgabe
Copyright © 2002 der deutschsprachigen Ausgabe
NATIONAL GEOGRAPHIC ADVENTURE PRESS
im Goldmann Verlag, München,
in der Verlagsgruppe Random House GmbH
Copyright © 1989 Actes Sud, Paris
Alle Rechte vorbehalten
Lektorat: Angela Wagner, München
Umschlaggestaltung: Atelier Seidel, Altötting
Herstellung: Sebastian Strohmaier, München
Satz: Uhl + Massopust, Aalen
Druck und Bindung: Clausen & Bosse, Leck
ISBN 3-442-71140-1
Printed in Germany

Das Papier wurde aus chlorfrei gebleichtem Zellstoff hergestellt.

# Inhalt

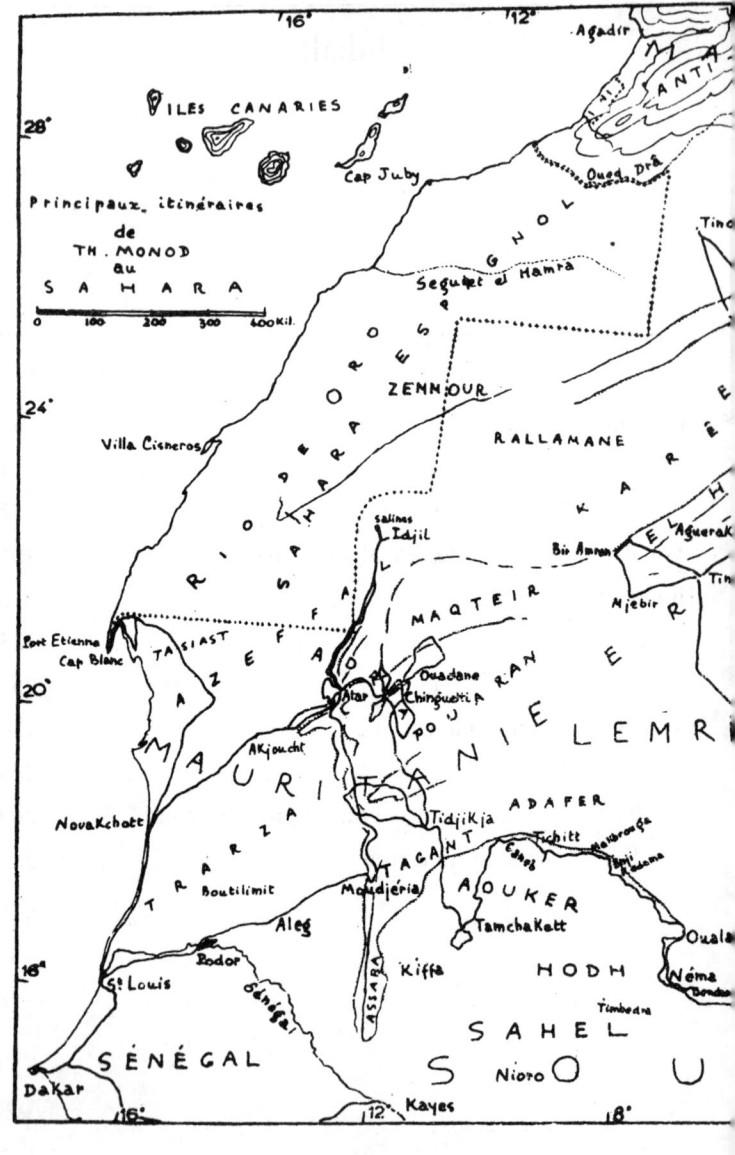

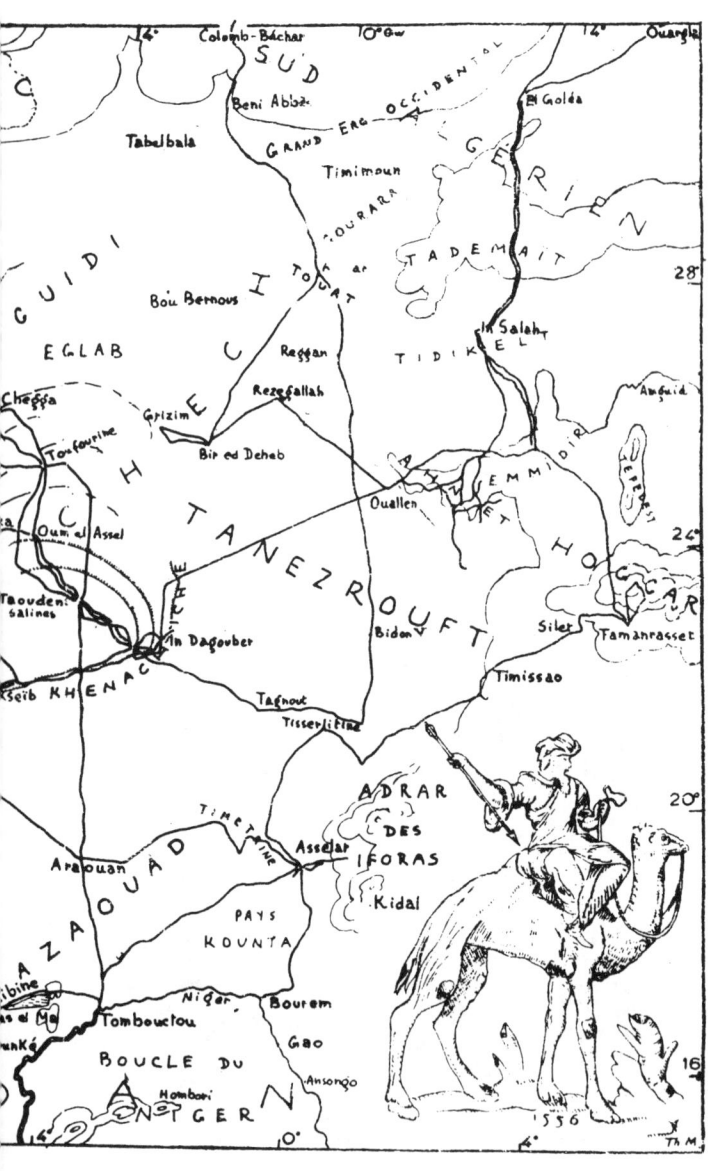

© Théodore Monod

# Von einem Meer zum anderen

For the mighty wind arises,
roaring seaward, and I go.

LORD ALFRED TENNYSON, LOCKSLEY HALL

O we can wait no longer!
We too take ship, o soul!
Joyous, we too launch out on trackless seas!

. . . . . . . . . . . . . . . . . . . . . . . . . . .

O my brave soul!
O farther, farther sail!
O daring joy, but safe! Are they
not all the seas of God?
O farther, farther, farther sail!

WALT WHITMAN, LEAVES OF GRASS

*Fischen mit dem Schleppnetz. – Empfang der Wüste. –
Seehunde der Sahara. – Wasserakrobatik. – Karawanen. – Zwei
Meere. – Seereisende und Saharareisende. – Ähnlichkeiten. –
Hafen = Oase, Karawane = Schiff. – Durch Westmauretanien.*

3,11 Meter x 1,60 Meter, also fünf Quadratmeter: eine Schiffs-
klause an Bord der Grimsby 877 im August 1923. Überall
Muscheln, Seesterne, Einmachgläser, Tuben, Fläschchen, Schüsseln – lauter meereskundliches Gerümpel, zu dem sich durchnäss-

te Bücher, pappige alte Schriftstücke, schmutziges Meerwasser und Gummistiefel brüderlich hinzugesellen, als wir schlingernd quer fahren, um das Schleppnetz hinunterzulassen oder heraufzuziehen.

Der kleine Trawler pflügt sich energisch durch die flüssige, von weißem Schaum bedeckte Ebene; vor der Küste von Rio de Oro weht der Passatwind stets stark und das Meer zeigt sich unbeständig, rau, aufgewühlt. Aber der Grund ist ruhig und so wird das Deck in regelmäßigen Abständen mit einem wimmelnden und rauschenden Teppich von Rotbrassen bedeckt. Heute Morgen hat die triefende Ladung die Rampe zwanzigmal nacheinander zum Ächzen gebracht – ein Gewicht von zwanzig Tonnen. Fast nur Diagramme, violett, feuerfarbene Gaumen und gelbe Lippen.

Gestern waren es prächtige Zahnkarpfen, rosa- und purpurfarben, bläulich gefleckt, blaue Meerbrassen mit orangefarbenen Wangen, der kanariengelbe Bauch des Riesenbarschs, der goldene Schimmer der Knurrhähne.

Über dem Meer ein riesiger Flamingoschwarm, eine bebende Wolke aus Mandelbaumblüten.

Auf dem harten Grund von Gorgones legt die grausame Maschine einen wahren Traumgarten für uns frei. Verästelte Polypen mit dünnen Ärmchen oder buschigen Stöcken, deren leuchtendstes Gelb, manchmal purpurn gefleckt, sich mit matten Zinnober-, Weinrot-, Orange-, Lachsrosa- und bischöflichen Violetttönen mischt. Die wunderbare Pracht der Meeresschätze breitet sich auf unserem schmutzigen, vor Schuppen glänzenden und vor Schleim und Blut glitschigen Deck aus.

September. Wieder ist eine Tide vorüber, wir fahren auf einem grauen und ausnahmsweise ruhigen Meer nach Süden. Wir waren bis in den Norden von Rio de Oro hinaufgefahren und hatten einem unauffindbaren Fisch nachgestellt, der vor der sommerlichen Wassererwärmung zu flüchten schien. Jetzt erreichen wir wieder Nouâdhibou – das auf den Karten als Port-Etienne verzeichnet ist – mit seinen feuchten Stränden, auf denen scharenweise rote Krebse mit erhobenen Scheren umherlaufen, und seinem kümmerlichen kahlen Kies, an dem der Wüstenwind nagt und frisst, weicher Sandstein, der sich wieder in Sand verwandelt, bevor ihm überhaupt Zeit bleibt, zu echtem, hartem, kompaktem Gestein zu werden – statt Felsen nur Schotter.

Als einziger Vorwand für mein Exil an der Saharaküste Mauretaniens dient mir das Meer mit seinen Fischen und Fanggründen. »Ozeanografie / Meeresbiologie« lautet mein Fach offiziell – eindeutig, befriedigend, definitiv. Definitiv? Ist das sicher?

Ich arbeite gegenüber dem Meer, dem ich versprochen und bereits ausgeliefert bin. Doch ich stehe mit dem Rücken zu einem anderen Meer, auf dem ich mich noch nicht einschiffen darf, das ich aber trotzdem manchmal verstohlen über die Schulter hinweg betrachte. Der Schaumstreifen, der die Bucht von Lévrier säumt, bildet die schmale Grenze zwischen zwei Ozeanen, einem aus Wasser und einem aus Sand: dem Atlantik und der Sahara. Auf dieser dünnen Linie ist es schwer, das Gleichgewicht zu halten. Auf welche Seite werde ich fallen?

Eine trostlose Gegend. Der nächste Baum – eine kleine Akazie – steht fünfundvierzig Kilometer weit entfernt. Die leer gefegte, bis auf die Knochen abgemagerte, in der Brise der Jahrhunderte zermahlene Erde ist tot. Der Wind, der pfeifend über die von einer dünnen Staubschicht bedeckten Dünen hinwegweht, erzählt von einem vollendeten Kreislauf und der ewigen Ruhe eines Bodens, der keinen Regen mehr erleben wird.

Zwischen den langsam und unaufhaltsam verwitternden Sandsteinfelsen entlang der hellen Strände klammern sich Menschen an das Gerippe der sterbenden Erde: glücklose Schmarotzer, die Durst und Hunger haben und durch den weichen Sand stapfen, in dem sie einsinken und nur schwer vorwärts kommen, oder durch den Kies stolpern und nimmermüde gegen den schneidenden Wind in der endlosen Ebene ankämpfen – abwechselnd starr vor Kälte, nass vom Tau oder von der Sonne verbrannt.

Der Himmel dagegen bleibt das bewegliche und veränderliche Element, die unaufhörliche Erneuerung, das Leben, das über so viel Leere hinwegtröstet. Man befindet sich nicht mehr auf einer kontur-, farb- und reizlosen Erde, sondern unter dem Himmel, ja sogar fast im Himmel, sosehr fühlt man sich dem stillen Drama verbunden, das sich Tag für Tag immer gleich und doch immer anders an diesem Schauplatz abspielt.

Sonnenaufgang: Dünne Wolken ziehen über dem grauen Sand und dem noch dunklen Meer am Horizont entlang und entfalten sich plötzlich im Osten in einer purpurnen und goldenen Farbenpracht. Als das Tagesgestirn selbst erscheint, verwandelt sich die Welt: nach dem Fest der Farben die Gala des Lichts.

Eine tiefe Freude, ein zugleich feiner und heftiger, sanfter und gewaltiger Sinnestaumel, eine göttliche Benommenheit; betäubt vom Wohlgefühl baden wir in den warmen Strahlen, die als schwere Schleier in der Senke der Düne liegen, in der glühenden, überhitzten Luft, die in der Ferne am falschen Horizont einer Fata Morgana flimmert. »Gelobt seist du, Herr, für unsere Schwester, die Sonne«, deren Licht unsere Augen trunken macht und uns mit einer berauschenden Glückseligkeit erfüllt!

Doch diese Idylle hält nicht an. Schon bald wird der Kuss zum Biss und die Liebkosung brennt auf der Haut. Das ist nicht mehr die friedfertige, gern gesehene Freundin, die zurückhaltende, maßvolle Begleiterin des Himmels über Frankreich, nicht mehr die nachsichtige Gottheit von heute Morgen. Jetzt ist sie die Feindin, die grausame, unerbittliche Göttin, Mutter der höllischen Feuersbrunst und des Durstes. Sie brennt das unerfahrene Fleisch aus und lässt es anschwellen, sitzt einem als ständige Drohung im

Nacken, trocknet die Kehlen aus, macht die Lippen ledern und rissig, lässt die Augen schmerzen und den Boden für die Füße unerträglich werden. Sie versengt die tote Wüstenerde und sendet unter der metallenen Kuppel eines farblosen Himmels ihre glühend heißen senkrechten Strahlen aus.

Am Abend werden die Schatten länger und die Hitze lässt nach; in einem krönenden Abschluss aus Grün-, Rosa- und Fliedertönen glüht das riesige feurige Auge im Westen rot auf, um sich bald darauf unter seinem Lid aus schwarzem Sandstein zu schließen. Der Himmel verharrt andächtig und verblasst, die Welt wartet, der Wind frischt auf, und plötzlich, ohne Dämmerung, ist es Nacht.

Heerscharen von Sternen setzen sich langsam in Bewegung; die Milchstraße zieht als ferne tanzende Sonnenstäubchen lautlos dahin und auf dem königlichen Weg der Ekliptik wandern die Sternbilder auf ein unbekanntes Ziel zu. Geradeaus über dem Meer entrollt der Skorpion seinen fragezeichenförmigen Schwanz und blickt mit seinem roten Auge durchdringend herab, voller Stolz auf das Wissen, der König der mauretanischen Nächte zu sein. Und dein Bezwinger, du guter Orion unserer nördlichen Winter.

Ich staunte nicht schlecht, als ich eines Tages am Strand der Atlantikseite der Halbinsel Kap Blanc die Schädel zweier großer Fleisch fressender Tiere fand. Weder Hyänen noch Schakale, wohlgemerkt, und in der Sahara gibt es keine Bären. Also?

Also musste ich mich den Tatsachen beugen und darin die Schädel von Seehunden erkennen – also von Tieren, deren Lebensraum wir aufgrund der Autorität von Schulbüchern gern, wenn schon nicht an den Polen, dann wenigstens in nördlichen Regionen vermuten. Wieder einmal hat das Schulbuch Unrecht. Es gibt auch in den Tropen Seehunde: im Golf von Mexiko, auf den Hawaiiinseln und an der Westküste Afrikas.

Hier haben wir die Mittelmeerspezies, den Seemönch. Im Atlantik kam er reichlich auf den Inselgruppen – Madeira und den Kanaren – vor, von denen noch heute eine kleine Insel »Isla de Lobos« heißt. In der Aufstellung der im vierzehnten Jahrhundert von Niccoloso di Recco von den Kanaren mitgebrachten Beute werden Seehundfelle erwähnt, *phocarum exuvias,* und in der »Geschichte der schon im Jahre 1402 von Messire Jean de Bethencourt, dem Kammerherrn König Karls VI., unternommenen ersten Entdeckung und Eroberung der Kanarischen Inseln« wird im zweiten Kapitel berichtet, wie Gadifer de la Salle und seine Männer »auf die Wolfsinsel reisten, um Seewolfsfelle zu bekommen, weil die Kameraden Schuhe brauchten«.

Im selben Werk heißt es zur selben kleinen Insel weiterhin: »Dort gibt es so viele Seewölfe, dass es eine reine Freude ist, und man könnte jedes Jahr fünfhundert Golddublonen oder mehr mit den Fellen und Fetten verdienen.« Ein Eingeständnis kommerzieller Absichten. Man hat genau das im Auge, was wir heute als zweckmäßige (und Gewinn bringende) Ausbeutung der Seehunde im Atlantik bezeichnen würden. Ein erneuter Beweis dafür, dass die Faszination geografischer Entdeckungen und die christliche Nächstenliebe niemals die einzigen Beweggründe für die koloniale Eroberung waren.

Auch die portugiesischen Abenteurer des fünfzehnten Jahrhunderts sollten schon bald an der Saharaküste zahlreiche Seemönchherden vorfinden und ihre Freizeit zum einen mit dem einträglichen Robbenschlachten und zum anderen mit dem nicht minder lukrativen Sklavenraub verbringen.

Dennoch blieben einige Seehunde am Leben, die der verbrecherischen Dummheit des Menschen entkommen konnten. Ich will ihnen einen Besuch abstatten.

Etwa zwanzig Kilometer nördlich von Port-Etienne liegt an der Atlantikküste eine tiefe, von spitzen Felsen versperrte Höhle mit einer dumpf rauschenden Brandung, einer spritzenden Gischt und einer ungefähr zehn Meter hohen Steilwand.

Alles ist sorgfältig vorbereitet: Bohlen, Rollen, ein Knotenseil. Meine Montur: ein Rettungsring und eine dünne Schnur um die Hüften. Ich lasse mich ins Wasser gleiten und beginne sofort in der Brandung zu schwimmen. Trotz der Wellen, die sich in die Höhle hineinwälzen und mich immer wieder auf den Kies werfen, gelingt es mir, im hinteren Teil der Höhle an einem hübschen kleinen Sandstrand an Land zu gehen. Keine Seehunde, aber als ich mich umdrehe, bietet sich mir ein unendlich malerischer Anblick: der lange unterirdische Korridor, in den aus dem offenen, ganz weit hinten von der Sonne beschienenen Meer die Dünung hereinbricht.

Nun geht es darum, wieder hinauszugelangen. Meine Schutzschnur, die mir leider nicht dazu verholfen hat, mit dem Team auf der Steilwand in Verbindung zu bleiben, treibt frei auf den Wellen. Und was sonst noch kommen muss, tritt ebenfalls bald ein: Als ich die Höhle verlasse und mit aller Kraft auf das Knotenseil zuschwimme, verklemmt sich die Schnur plötzlich unter einem Stein. Ich befinde mich zwischen zwei großen Felsen in der Nähe der Steilwand und werde bei jeder Wellenbewegung wie ein simpler Korken herumgeworfen, allerdings wie einer, der unentrinnbar an einen Anker gekettet ist und deshalb nicht über Wasser bleiben kann. Bei jeder neuen Welle hält mich die Schnur unter der Wasseroberfläche. Ich versuche, mich an einen Felsen zu klammern, doch leider erfolglos – meine Fingernägel krallen sich vergeblich an den glatten, glitschigen Stein. Also versuche ich, mich von der Schnur zu befreien, was mir glücklicherweise nicht gelingt – denn ich bin bereits derart erschöpft, dass ich mich weder allein am Knotenseil hinaufziehen noch einen Strand erreichen könnte, da die Küste kilometerweit vollkommen steil aufragt.

In einer solchen Situation erscheint einem die Zeit unendlich lang, und der Anblick der Gesichter, die sich über mir von den Felsen beugen, hat etwas sehr Beruhigendes.

Plötzlich löst sich die Schnur. Das Team hakt sich von oben ein und zieht mich mehr schlecht als recht am Rettungsring herauf. Ich bin zwar völlig erledigt und von roten Einschnitten übersät, aber immerhin unversehrt.

Kurze Zeit später liege ich bäuchlings am Rand der Steilwand und darf zwei Seehunde beobachten, die im grünen Wasser herumtollen und wie in einem riesigen Aquarium abwechselnd ihre schwarzen Rücken und ihre weißen Bäuche vorführen.

Doch ich verharre noch immer zwischen meinen beiden Meeren, zwischen dem einen, das ich besitze, und dem anderen, das ich begehre, dem der Schiffe und dem der Dromedare, unsicher, unschlüssig, zerrissen.

Dennoch vergeht die Zeit. Schon nähert sich die Stunde, da mich der Frachter des Südens abholen wird und ich mich wohl oder übel wieder treu dem Institut für Fischerei verschreiben werde, und auch den Kolonialprodukten tierischer Herkunft und dem naturgeschichtlichen Nationalmuseum.

Sollte ich also, nachdem ich so lange an der Wüste entlanggestreift war, ihre Grenzen verlassen, ohne dass ich sie hatte überschreiten können? Musste ich tatsächlich mit diesem unerfüllten Wunsch, dieser unbefriedigten Neugier zurückkehren?

Momente der Abreise, ich werde euch preisen, und das große Abenteuer…

Karawanen, die ihr aufbracht am feuchten Sandstrand der Atlantikküste im geschmeidigen, gemächlichen Tempo der Dromedare, mit welchem Eifer beobachtete ich, wie ihr im trockenen, golden flimmernden Dunst verschwandet, während ich selbst ans Ufer gefesselt war!

Mit welch heimlicher Unruhe sah ich euch in See stechen und Kurs auf den *Trab el Beïdane* nehmen, das mauretanische Land meiner Träume, auf das sich bereits all meine Erwartungen richteten, die tote Erde im Osten, die grasbewachsenen Ebenen von Tijirit, die dunkle Mauer des Adrar! Mit sehnsüchtig leuchtenden Augen folgte ich euch, Karawanen Mauretaniens, auf der großen, an der getünchten Wand des kleinen Forts ausgehängten Karte über unbekannte Pisten, von Brunnen zu Brunnen, durch verwüstete und lichtdurchflutete Landschaften.

Ich folgte dir weiter, friedliche Händlergruppe, deinen mit dunkelblauen Baumwollstoffen, Zucker und Tee beladenen Kamelen; heilige *Marabuts*, junge Asketen, mystische Reisende, die ihr langsam durch die unendliche Ebene schreitet und den Rosenkranz oder die ewige Litanei eures monotonen, rhythmischen Kredos betet; und euch auch, abenteuerlustige Krieger, kühne *Rezzous*, die ihr Tag und Nacht für die Kämpfe von morgen unterwegs seid, bei denen eure Gewehre – die der »Wilden« – denen der »Zivilisierten« trotzen und viele Kämpfer im Mondschein blutig und kalt mit dem Gesicht im geröteten Sand zurückbleiben werden ... Gott hab euch selig, ihr Toten von morgen!

Ah! Karawanen, flehte ich, nehmt mich doch nur ein einziges Mal mit ...!

Am 15. Oktober 1923 sehen die trostlosen, abgeschiedenen Gegenden von Souehel al Abiod eine kleine Gruppe hinter dem westlichen Horizont auftauchen. Bei sengender Hitze bewegt sich die Karawane im schaukelnden Gang der Kamele rhythmisch über die steinige, von den schimmernden Kuppen der *Barkanen* übersäte graue Ebene. Zehn Kamele, eine Frau, neunzehn Männer, darunter ich. Sie haben mich mitgenommen, ich wurde erhört.

Einige Tage zuvor hatte mir Leutnant B. unvermittelt eröffnet: »Mohamed Yadhi Ould Abd el Baghi, Kadi der Oulad Bou Sba, reist in den Süden. Wir könnten uns diese Abreise zunutze machen und in den Senegal zurückkehren.«

Der Gedanke war durchaus verlockend: Ich hätte mit dem Schiff in den Norden fahren müssen und reiste stattdessen mit dem Kamel in den Süden. Das Meer Nummer zwei, das aus Sand, hatte einen Erfolg zu verzeichnen.

Und wenn ich vom Wasser auf die Wüste umsteige – bedeutet es etwas anderes, als das Meer zu wechseln? Ob es nun aus Salzwasser, Sand oder Kies besteht, ein Meer ist es in jedem Fall. Und genau aus diesem Grund entdeckt man auch so viele Gemeinsamkeiten zwischen dem Leben des Seereisenden und dem des Saharareisenden, wenn man beide nacheinander kennen gelernt hat, eine heimliche, aber enge Verwandtschaft.

Materiell gesehen sind die beiden Milieus – im biologischen Sinne des Wortes – durchaus vergleichbar, und daher auch psychologisch.

Das Polargebiet mit seinen Eismeeren und Schneewüsten würde die Trilogie der freien Flächen vervollständigen, welche ständige Bewegung und Navigation erfordern, Nomadentum und ewige Flucht bedeuten, jeden Tag, durch unaufhörlich neu entstehende, grenzenlose Gebiete, deren Horizonte stets vor dir liegen, manchmal spöttisch auf dich zu warten scheinen, sich jedoch niemals erreichen lassen.

Hier wie dort bedeutet leben unablässig voranzuschreiten, durch eine beständige und sich dennoch laufend verändernde Szenerie, die immer gleich aussieht und die man ohne Sextant, Uhr und Kompass nicht von anderen unterscheiden könnte. Sich mit tappenden Schritten unter die strahlendste Sonne zu wagen. Das bittere Gefühl auszukosten, sich mitten in einem freien Raum ohne Gitterstäbe wie ein Gefangener vorzukommen und sich in dieser unendlichen Weite stärker eingesperrt zu fühlen als in der allerkleinsten Zelle, die zumindest eine Tür hat, eine ewige Hoffnung, denn eine Tür öffnet sich manchmal.

Hier dagegen gibt es kein Schloss, kein Schlüssel wird sich plötzlich knarrend umdrehen und den Häftling zusammenzucken lassen, nichts ist abgeschlossen … nichts als der erbarmungslose, unendlich weit entfernte, aber endliche Horizont, an dem unsere Herzen, bedrückt von einer Angst, die wir uns nicht eingestehen werden, in dem flimmernden Moiré-Muster einer Fata Morgana nach einem Zeichen suchen werden, nach irgendeinem, egal welchem – einem Grasbüschel, einem Stein, einem Schatten. Nach irgendetwas, das uns beweist, dass wir uns seit gestern vorwärts bewegt haben, dass wir nicht blindlings der magnetischen Anomalie einer gestörten Kompassnadel gefolgt und im Kreis gegangen sind, dass wir uns dem Ziel nähern.

Denn die Mentalität der Nomaden, der Getriebenen, der »Fremden und Reisenden auf dieser Welt« rächt sich für die Gegenwart an der Zukunft. Sie besitzt nichts und erhofft sich alles. Sie leugnet Gefahr, Sorge und Armut und verspricht Sicherheit, inneren Frieden und die Erfüllung aller Bedürfnisse. Aber immer für morgen. Es ist der mystische Glaube an den Hafen und die Oase, der den Einzelgänger der Faszination des Wartens erliegen lässt.

Ebenso wie einer brennenden Sehnsucht, denn sobald er die weite Ebene bezwungen und die Schlacht gewonnen hat und all die schönen Versprechungen vergisst, von denen er während seiner verzweifelten Tage zehrte, stellt der Nomade ganz plötzlich und sehr schnell fest, dass er der Freiheit im Käfig überdrüssig ist und sich nach seinem Gefängnis ohne Gitterstäbe sehnt. Und eines schönen Tages macht er sich dann wieder auf in die Weite.

Die wenigen Orte, an denen man verweilen darf – Oasen und Brunnen –, sind Häfen, oder winzige Inseln eines gigantischen Archipels. Ein Brunnen ist nichts anderes als das Süßwasserreservoir des Seemanns: hier findet er Wasser, aber keinen Proviant. Der eigentliche Hafen ist ein bewohnter Ort, ein *Ksar* oder Palmenhain, wo sich im warmen Schatten der Lehmmauern um die Weizen- oder Gerstenfelder, so groß wie ein halbes Betttuch, sonderbare Leute tummeln – man stelle sich vor, sesshafte Leute! – und den Nomaden – welch Skandal! – Gras für ihre Kamele und Brennholz verkaufen wollen.

Für den Seereisenden bedeutet das Festland das Gleiche wie die Wasserstelle für den Saharareisenden: einen zumindest zeitweiligen Nothafen, eine Zwischenstation, einen sicheren Ort, eine vorübergehende Befreiung von allen Sorgen. Wenn der Ort bewohnt ist, bedeutet das nach den langen Entbehrungen in der Wüste und den Strapazen der Reise Erholung und Überfluss, nach der Askese nun die Schlemmerei.

Und dann gibt es da noch den Laden des »Wüstenausrüsters«, in dem die Stadtmaus hinter der Theke auf die Feldmaus lauert. Nicht um sie zum Abendessen einzuladen, sondern um »auf sehr höfliche Weise« zu versuchen sie auszunehmen und damit sehr häufig auch Erfolg zu haben. Den Laden mit seinen bunten, wertlosen Versuchungen und dem leidenschaftlichen, aber vorhersehbaren, ewig dauernden Feilschen – reichlich Gesten und trickreiches Vokabular, das sich in Jahrhunderten eingebürgert hat und zum Ritual, gleichsam zur Liturgie geworden ist.

Alle Handelszweige sind vertreten, einschließlich dem der Freizeitvergnügen.

Wenn man dann die Hafenkneipentour hinter sich gebracht hat, kommt die Abreise aus der Oase dem aufwendigen Ablegen eines Schiffes gleich. Vorbereitungen wie diese: Proviant und Süßwasser für die gesamte Reise bis zum nächsten Hafen, unvorhergesehene Umstände, Flaute und Schiffbruch eingerechnet; das Verstauen der Ladung; die tatkräftige Hilfe eines Verwandten, eines Freundes oder eines Schaulustigen, der unbedingt dabei sein will und seinen Reisegefährten immer – ausgerechnet er als Haushündchen, Stallrind und Dorflaus – gute und weitschweifige Ratschläge über die ihm unbekannte große Wüste und die Techniken der Navigation anzubieten hat. Aus *Adieu* wird *Bismillah*, ohne dass sich deshalb der Sinn groß änderte.

Wenn wir dann endlich über die Gässchen des *Ksar* oder die Pfade des Palmenhains weiterziehen, stößt man immer auf eine letzte Mauer oder Hecke, und dann plötzlich auf gar nichts mehr, auf nichts als eine freie Fläche vor uns, in die man eintauchen muss und der man sich nicht mehr verweigern kann, auch wenn wir hinter uns ganz nah im gestreiften Schatten der Dattelpalmen noch lustige blaue Gestalten sehen könnten, wenn wir uns umdrehten. Also drehen wir uns nicht um.

Und wenn wir das offene Meer verlassen und am anvisierten Punkt – oder daneben – anlegen, wird es für uns Seefahrer so sein wie in einer Karawane und für uns Kameltreiber wie auf einem Schiff. Welcher Ausguckposten hat jemals so gezittert vor Freude – vor simpler, tiefer Freude darüber, zumindest zeitweise die Gefahr überwunden zu haben – wie wir nach mehreren hundert Kilometern durch das Nichts, als uns der Anblick der Silhouette des kleinen Forts Araouan, eines Passagierschiffs ohne Mast, das auf seiner Düne reitet, der blauen Linie der Steilwände von Asegrad, der *Gara* von Hammou Salah, dem Orientierungspunkt von Tadoudenni, und der dunklen Kronen der Palmen von Touat zutiefst ergriffen hat?

Hier verfehlten wir übrigens unseren Anlegeplatz: Nach einer langen Gefangenschaft in der Sandwüste Erg Chech wollte ich in Testfaout an Land gehen. Als wir die Oase anliefen, wussten wir noch nichts von dem Irrtum, über den uns der erste *Ksourien* aufklärte, den wir fragten: Wir befanden uns in Bour Sidi Youssef. Angeblich kommt dergleichen auch bei Seeleuten gelegentlich vor…

Selbst auf den belebten Pisten ähnelt der Verkehr in der Wüste, der durch eine unendliche Weite mit unbestimmten Horizonten rundherum führt, schon ziemlich der Seefahrt – Küstenfahrten, für deren Sicherheit ein Lotse, ein Führer unerlässlich ist.

Doch im wirklich offenen Meer braucht man weder den einen noch den anderen. Wozu sollten sie auch gut sein? Auf großer Fahrt durch unbekannte Gebiete, wenn man sich auf das Abenteuer einlassen muss, der zuckenden Nadel auf dem Kompass zu folgen, kommt es auf wahre Navigation an.

Der Saharareisende hat also dem Seereisenden gegenüber nur einen einzigen Vorteil: Er muss abends bei der Standortberechnung keine Abdrift berücksichtigen, weil es in seinem Ozean keine Strömungen gibt. Wie der Seefahrer hat er keine brauchbaren Landmarken und konzentriert sich wenn möglich auf einen bestimmten Beobachtungspunkt. Die Karten des einen wie des anderen bestehen nur aus sauber eingezeichneten geraden Linien und lassen die kleinen Feinheiten der Kurslinien völlig außer Acht.

Außer in unebenem Gelände braucht sich der Saharareisende ebenso wie der Seefahrer nicht um Hindernisse zu kümmern, die es zu umgehen gilt: keine Städte, keine Felder, keine Wälder. Er geht immer geradeaus, in Luftlinie, auf dem kürzesten Weg. Eine einzige Marschrichtung, die immer wieder anhand des Kompasses überprüft wird, gilt für viele Reisetage, manchmal sogar für über eine Woche: Im März 1935 haben wir auf der langen Strecke von Tinioulig nach Araouan (sechshundert Kilometer in fünfzehn Tagen) nur einmal die Richtung gewechselt, und das auch noch aus freien Stücken.

Die Karawane ist ein Schiff, eine winzige bewohnbare, sichere Insel, die sich dicht über der Oberfläche eines mal aus Sand und mal aus Kies bestehenden unfruchtbaren Ozeans fortbewegt. Der Führer, der ganz vorn den Horizont studiert und den Zug eröffnet, stellt seinen Bug dar. Der Nachzügler, der sich damit aufhält, seinen Sattelgurt zu verstellen oder an seiner *Guerba* zu nuckeln, bildet das Heck. Zwischen den beiden ist Leben möglich. Außerhalb des schmalen Streifens, auf dem die Kolonne vorwärts zieht, und des ausgetretenen Pfads, auf dem hin und wieder eine Schaumflocke wirbelt, davor, dahinter, links, rechts, lauert die Gefahr und vielleicht sogar der Tod. Nachts mitten im Atlantik von einem Passagierschiff zu fallen oder mitten im Lemriyé von einer Karawane zu fallen – falls man so sagen kann –, das sind zwei ähnliche Schicksale, deren identische Folgen nicht lange auf sich warten lassen, auch wenn die Ursache einmal übermäßige und einmal ungenügende Hydration ist.

Noch deutlicher erinnern manche Landschaftsformen in der Sahara an die kältesten Länder unserer Erde, doch sind sie zugleich auch seltener anzutreffen. Zunächst einmal der Schnee, im Sand der Dünen. Nicht nur wegen der brutalen Helligkeit der Materie oder seiner Konsistenz – manche Sandarten sind so pulvrig und locker, dass sie an Pulverschnee bei großer Kälte denken lassen –, sondern wegen der Formen. Denn beide werden vom Wind bewegt und lassen dabei Abhänge, Kämme und Täler entstehen.

Die *Sebkha*, der Grund eines ausgetrockneten Salzsees, ist häufig von schimmernden Ablagerungen bedeckt, die im Sonnenschein wie eine Fata Morgana mit schwimmenden Eisschollen glitzern und an Packeis erinnern. Auf einigen Kalkplateaus hingegen, deren Felsen in Platten mit abgerundeten Kanten zerfallen, die aus dem Sand herausragen, erstrecken sich winzige, halb geschmolzene tiefblaue Eisberge, so weit das Auge reicht: Tauwetter.

Auf den Salzböden gibt die angeschwollene, mit Pusteln bedeckte, brüchige Kruste mit dem Knacken von gefrorenem Schnee nach. Und manche Regs mit sehr feinem Sand, aber einer etwas festeren Oberfläche senken sich unter den Schritten mit dieser undefinierbaren watteartigen, knirschenden Verdichtung, die die Füße von einigen Schneearten kennen.

Mitten am Tag herrscht eine Glut wie in einem Backofen; der Himmel ist so hell, dass er farblos wirkt; die sengende Hitze der hoch stehenden Sonne senkt sich als glühender Schleier herab und steigt vom brennenden Sand und überhitzten Kies auf. Es ist unmöglich, den nackten Fuß auf die Erde zu setzen, wenn der Boden bis zu achtzig Grad heiß werden kann. Meine *Gandoura* riecht angebrannt, das Kleidungsstück, über das gerade noch das Eisen der Büglerin geglitten ist. Kein einziger Schatten am unveränderlich ebenen und eintönigen Horizont, an dem die heiße Luft flimmert und die Fata Morgana Tümpel von unmöglichen Lagunen vorgaukelt, die nur Enttäuschung bedeuten.

Woran denkt er, der einsame Pilger, wenn er auf dem Höcker seines *Meharis*, eingeklemmt zwischen Himmel und Erde, wie an einen hohen Pranger gefesselt, der brennendsten Sonne ausgesetzt ist? Ohne Zweifel sinniert er, denkt über seinen Lebenswandel und begangene Fehler nach; betet vielleicht…? Falsch, er denkt an nichts anderes – und kann an nichts anderes denken – als an gekühlte Zitronenlimonade, an kalte, sprudelnde Getränke mit kleinen Eiswürfeln, die langsam schmelzen und dabei immer runder werden, da drüben bei den Menschen, in großen Limonadengläsern.

In dieser Apotheose des Feuers richtet sich der Kampf schon bald gegen einen neuen Feind: den Schlaf. Die Karawane zieht langsam dahin; die Menschen klammern sich träge von der Hitze an ihre Sättel und reden nicht mehr, die Flöte des *Goumiers* ist verstummt. Gewiegt von den gleichmäßigen, schwingenden Schritten deines Reittieres sinkst du dahin, meine Liebste, und lässt dich bereitwillig von der alles umgebenden Glut durchdringen. »Moment mal, wo sind denn die Männer der Eskorte, die

Stahlfässchen und der rote *Burnus* hin? Wo ist die Sonne …? Eine violette Wolke voller rosa Sterne … Oh! Wie weich und frisch dieses Lager ist, wie klar diese Gewässer sind! Ein unglaublich tiefer blauer Abgrund, über dem ich mich im Kreis drehe; doch ich falle, ich stürze aus schwindelnder Höhe in die unendliche Tiefe, die genauso schnell auf mich zukommt, wie ich in sie hinuntersinke … sie wird mich zerschmettern, sie zerschmettert mich …« Ein Aufprall. Du hebst die Stirn, die auf den verzierten Sattelknopf aufgeschlagen ist, und da sind auch die Kolonne, die *Goumiers* und der rote *Burnus* wieder. Pass auf, meine Liebste, diesmal hast du nicht das Gleichgewicht verloren, aber sieh dich vor – man kann auf einem Pferderücken schlafen, aber nicht auf einem Kamel. Und wer »die Trennung von seinem Reittier« vollzieht, wie es der Reitlehrer ausdrückt, wird tief fallen.

Nun rückt die Dämmerung näher; endlich ist der alte Feind im violetten Dunst des Westens versunken. Dies ist die gesegnetste Stunde von allen in der Wüste. Noch immer ganz rosa und golden, verschwimmt die untergehende Sonne bereits hinter dem Schleier der Dunkelheit, der immer undurchsichtiger wird. Berauscht von der Sonne einer zu langen Reise, benommen vom Licht und bedrückt von einer schweren körperlichen Müdigkeit, habe ich mich auf dem bereits abgekühlten malvenfarbenen Sand ausgestreckt, um die göttliche Milde dieser Abendstunde mit wohlig ruhenden Muskeln voll auszukosten. Die großen schwarzen, im Dämmerlicht riesig erscheinenden Gestalten unserer weidenden Tiere zeichnen sich vor dem noch nicht ganz dunklen Horizont ab. Die rote Blume des Feuers der Kameltreiber entfaltet dicht über dem Boden ihre lodernde Krone, und während die zu volle Teekanne über der Glut tropft, lauschen die Krieger unablässig diesem schrecklichen Schwätzer Salem Ould Mohammed el Mami von den Oulad Bou Kerch vom Stamme der Ahel Khanfous.

Dann folgt die Stunde des letzten Gebetes, der *Ichâ*, und die Männer wenden sich nach Osten. In einer Reihe richten sie sich auf, verbeugen sich und werfen sich schließlich mit flatternden blauen *Gandouras* nieder.

Denn mit der Nacht ist Wind aufgekommen, der unermüdliche Wind der grenzenlosen Weite. Der Skorpion wandert Stück für Stück den Himmel hinauf. Ruhe. Frieden. Ein leises, sanftes Mahlen – es kommt von unseren wiederkäuenden Kamelen. Nacht. Schlafen.

Immer noch Nacht, kalte Nacht – oh! Wie der Wind meine Füße vor Kälte erstarren lässt! –, aber im Osten, wo sich Orion kopfüber dem Horizont zuneigt, wird der Himmel schon wieder hell. Ein neuer Tag kündigt sich an, und das tägliche Wunder. Also entrolle ich die Falten des *Burnus* und schüttle den schweren Schlaf und die Strapazen von gestern in der reinen, frischen, kristallklaren Luft ab.

Die Sonne ist noch nicht zu sehen, als Mohammed Yadhi hoch oben auf einer Anhöhe zum rötlich schimmernden Himmel gerichtet seinen Rosenkranz aus Ebenholz betet und mit seinem bei den Kämpfen von Tenebroute verwundeten Arm mysteriöse Zeichen in die Luft malt.

Da stehen auch schon die Tiere, die wir beladen wollen und die natürlich mit vollem Maul protestieren, indem sie den Kopf schütteln und mich mit grüner Spucke und dicken Tropfen halb verdauten Grases voll spritzen.

Kurz darauf stellen die Reiter den rechten Fuß auf den fahlgelben Hals ihres Tieres, schwingen sich in den Sattel und setzen es mit dem korrekten Wort in Trab, fort über die goldenen Dünen.

Und schon hat sich der winzige Trupp in der morgendlichen Stille wieder auf den Weg gemacht – die Kamele ergeben sich still in ihr Schicksal, wenn sie einmal gesattelt sind – und zieht von Düne zu Düne, von Berg zu Berg, von Ebene zu Ebene in die unbekannte Ferne.

Auf geht's in die unfruchtbaren Ebenen des Tasiast, die hellen Sandwüsten des Azeffal, zum Weideland des Tijirit, zu den mit violetter Wolfsmilch bepflanzten roten Hügeln des Akchar, ins Tafolli mit dem blendenden Spiegel seiner Salzwerke, ins Amoukrouz mit seinen Akazienwäldern, zum Sbar, wo eines Nachts Heerscharen ausgehungerter roter Krebse mit blauen Stielaugen meine Toga entdeckten und durchlöcherten, ins Aftout, wo Tamariskenwäldchen auf uns warten und Lagunen, auf deren grauem Wasser sich Tausende von Pelikanen, Störchen, Reiher und Flamingos tummeln.

Einen Monat später erreicht die Karawane das an den Fuß seiner Kokospalmen geschmiegte Saint-Louis-du-Sénégal, das zwischen dem von tosender Brandung beherrschten Meeresstrand und dem unbewegten, schmutzigen, vor Welsen und Abfall wimmelnden Fluss liegt. Ein wunderschönes altes Provinzstädtchen, das von weinroten Bougainvilleas, zinnoberroten Flamboyants und goldgelben Parkinsonias aufgelockert wird und noch immer vom Duft des mit Bändern geschmückten achtzehnten Jahrhunderts der Sklaverei erfüllt ist.

Und so bin ich, der als Ozeanograph nach Mauretanien gefahren ist, als Saharareisender zurückgekehrt. Aber ein Seefahrer bin ich geblieben, denn im Grunde habe ich nur das Schiff gewechselt.

© Théodore Monod

# Techniken

… und so den Dunst der Großstadt
und die Streitigkeiten
der »zivilisierten Welt« zu vergessen.

M. GAUDEFROY-DEMOMBYNES

*Zwei Schlappen. – Eingeschränkter Hausrat. – Nichts vergessen.*
*– Vom Barometer bis zur Heftzwecke. – Zeitplan. – Die Ge-*
*schenketasche. – Marathonläufe. – Die Folter des Windes*
*oder die Schule der Geduld. – Wie man sich bettet. – Pfanne in*
*Windrichtung. – Die Modeseite. – Esskultur. – Ernste Worte. –*
*Noch einmal die zwei Schlappen.*

Ein erfahrener Saharareisender hat vor einigen Jahren eine wissenschaftliche Abhandlung über die Sahara folgendermaßen abgeschlossen: »Den schönen, den nützlichen und dauerhaften Teil unseres zunehmenden Wissens werden wir vielleicht weniger verbesserten Fahrzeugen zu verdanken haben, die mit hoher Geschwindigkeit Blitzmissionen und Turboforscher auf bekannten Pisten quer durch die Wüste befördern werden, sondern dem gemächlichen Voranschreiten vierer großer, runder Hufe und zweier Schlappen aus Antilopenleder.«

Meine persönlichen Siebensachen sind schnell gepackt, denn die Ausrüstung beschränkt sich auf das Nötigste: Ich werde meine

*Burnusse* wieder mitnehmen, eine marokkanische *Djellabah*, meinen alten Kamelsattel, ein Teekännchen aus Zinn, einen Feldbecher, der früher einmal emailliert war, was keinerlei Bedeutung hat, der jedoch unglaublicherweise einen ganzen Liter fasst, was wirklich viel ist, einen Topf, einen Wasserkessel, zwei schmiedeeiserne Teller, einen Löffel – keine Gabel, wozu auch? Das ist ein Werkzeug der Fleischesser –, einen Dreifuß mit Gardinenstangen, um den Kessel aufzuhängen, einen kleinen Schlauch mit zerlassener Butter, Lederbeutel für gemahlenen Weizen, Gerstengrütze, Reis, getrocknete Datteln und Erdnüsse sowie Ziegenleder für das Wasser. Ein kleines Zelt für die windigen und stürmischen Tage, Sandalen aus Oryxantilopenleder oder aus Autoreifen – unverwüstlich –, ein Stock aus Akazienholz und ein *Mongech* werden die auf das Allernötigste reduzierte Ausrüstung abrunden.

»Ein was?« Ein *Mongech*. Man kann sich wirklich nicht anmaßen, ohne *Mongech* durch das Land der Tuareg zu reisen, ohne das unerlässliche Necessaire eines jeden Vagabunden im Land der Stacheln. Die Pinzette ist hier immer im Einsatz.

Wenn das Überleben gesichert ist, muss man auch und vor allem an die technischen Vorbereitungen, an das Arbeitsmaterial denken, und zwar mit größter Sorgfalt, ohne etwas zu vergessen. Man muss ständig im Hinterkopf behalten, dass man bald fünfhundert Kilometer vom nächsten Laden, von einem Schreibfeder-, Tinten- oder Bindfadenverkäufer entfernt sein wird.

So kommt bald eine lange Liste winziger, scheinbar belangloser Kleinigkeiten zusammen, über die der an den Komfort der Stadt gewöhnte zivilisierte Bürger schmunzeln wird, die jedoch für den Reisenden von Bedeutung sind. Was hätte ich an jenem Tag im September 1934, als ich eine Schachtel Heftzwecken verloren hatte – meinen gesamten Vorrat –, für nur ein paar dieser kostbaren Objekte gegeben, auf die man nicht verzichten kann, wenn man bei starkem Wind zeichnen will? In Zukunft werde ich meine Heftzwecken besser aufteilen und hoffen, dass sie den bösen Absichten des Feindes so vielleicht entkommen.

Man muss an alles denken, angefangen beim Dampfkessel des Höhenmeters bis zum letzten Schleuderthermometer, und dazwischen an die Camera lucida, die Kompasse, die Fotoausrüstung, die Bleistifte, die Notizbücher, die Heftzwecken – wohlgemerkt, nicht alle in einer Schachtel – et cetera, und von diesen *cetera* gibt es haufenweise.

Man muss nicht nur alle Instrumente und Werkzeuge einplanen, die man für seine Forschungen braucht, sondern auch verschiedene Behältnisse, um eingesammelte Objekte einpacken und mitnehmen zu können – Dosen, Kisten, Beutel –, Vorräte an Schachteln, Bindfäden, Fläschchen, Packpapier, Stoffröhrchen für geologische Proben, alte Zeitungen für das Herbarium – wenn möglich *Le Temps* zweimal gefaltet – et *cetera*, und auch von denen gibt es haufenweise.

Ein ungemein eintöniges Programm: das gnadenlose Vorbereiten zum Aufbruch, zu sehr früher Stunde, noch vor dem Morgengrauen. Es ist immer bedauerlich, die Waagerechte durch die Senkrechte auszutauschen, aber im Winter wird daraus ein richtiges Drama. Denn dann hat man nicht nur mit einer anderen Lage, sondern auch mit einer anderen Lufttemperatur zu kämpfen und wechselt plötzlich, ohne Übergang, von angenehmer Wärme in eisige Kälte. Erst unterwegs wärmt man sich dann wieder auf.

Unter Menschen zieht man sich an, wenn man aus dem Bett steigt, hier dagegen zieht man sich beim Aufstehen aus. Und zwar deshalb, weil man angekleidet geschlafen hat, mit einer zusätzlichen Auswahl an Pullovern, *Djellabahs*, *Burnussen*, Decken und Ähnlichem, dessen man sich beim Aufwachen entledigt.

Das beste Mittel ist, bereits aus den Tiefen seines warmen, weichen Refugiums einem edelmütigen Freiwilligen ein Zeichen zu geben, der mit Vergnügen ein Feuer anzündet. Wenn dieses erst einmal ordentlich brennt, muss man einfach nur in einer großen Aufwallung von Heldentum – und von Decken – von seinem Lager aufspringen und sich mit einem Satz ans wärmende Feuer flüchten.

Doch der Sieg ist nur von kurzer Dauer – es geht los und das Satteln steht an. Das ist eine Wissenschaft für sich. Und sie hat verschiedene Schulen, die sich über die Art, wie man den Sattelgurt befestigt, über den Verlauf des *Asfel* oder die Art, wie man die *Guerbas* aufhängt, uneinig sind.

Die Kamele protestieren lautstark, um des Prinzips willen und für alle Fälle. Das war's, sind alle fertig? Nun folgt das Verstauen in letzter Minute, bei dem unzählige Kleinigkeiten, Wasserkessel, Reisreste im Kochtopf, übrig gebliebenes *Kessera* auf Schafleder, halb verbrannte Holzstücke (die wir heute Abend gebrauchen können), eine Fußfessel und ein Stück geräuchertes Fleisch – alles noch vor einer Minute auf hundert Quadratmeter *Reg* verstreut – wie durch ein Wunder oben auf der Ladung landen: das ist die Stunde des Bindfadens.

Auf geht's. Bewaffnet mit einem Hammer, einem Notizbuch, einem Bleistift – den der Besitzer mit einer Schnur festgebunden hat, ein wesentliches Detail! – und einem Barometer zum Umhängen macht sich der Forscher zu Fuß auf den Weg.

Wetterbeobachtungen um sieben Uhr morgens westeuropäischer Zeit. Die Taschen füllen sich mit Felsproben oder prähistorischen Steinen. Meine freiwilligen Helfer – Europäer und Einheimische – bringen mir ihre Fundstücke, die manchmal ganz brauchbar sind, häufig aber nicht den geringsten Wert besitzen. Folglich habe ich zwei Taschen in meinem *Séroual*: auf der einen Seite die für das Museum, die noch heil ist, auf der anderen Seite die »Geschenketasche«, die ein großes Loch hat. Auf diese Weise kann ich die unbrauchbaren Entdeckungen der Spender nach außen hin einstecken und sie dann durch meine Hose wieder diskret der Wüste zuführen, ohne sie zu kränken oder ihnen den Sammeleifer zu nehmen.

Zwei oder drei Stunden Fußmarsch mindestens, häufig weitaus mehr. Nach einer bestimmten Kilometerzahl wird das Fortbewegungsmittel gewechselt: Wir steigen in die Sättel.

Bevor ich auf die »Retorte mit Rädern« steige, mit der Claudel nichts anzufangen weiß, deren Gebrauch ich mir nach zwanzig Kilometern zu Fuß durch die Kieswüste aber durchaus zutraue, machen wir kurz Rast.

Eine kleine Mahlzeit: ein Stück *Kessera*, ein paar Datteln, Erdnüsse.

Und schon geht es weiter. Um vierzehn Uhr Wetterkunde. Am Nachmittag zwischendurch eine weitere Strecke zu Fuß. Die Sonne sinkt. Nach acht bis zehn Stunden unterwegs möchten wir langsam anhalten und schauen uns nach einem Weideplatz um. Das kleinste bewachsene Fleckchen wird begutachtet: Wird es für unsere Tiere ausreichen? Die *Goumiers* reißen unterwegs bereits abgestorbenes Holz aus dem Boden für das Feuer, das wir gleich anzünden werden – wer weiß, ob es an unserem Lagerplatz welches geben wird? Schließlich entscheiden wir uns: *Eïwa, nbâtou houn, berek.* »Hier werden wir übernachten, lasst die Kamele niederknien.«

Es kommt vor, dass wir den Helden spielen und unter dem Vorwand an einem Weideplatz vorbeiziehen, er sei nicht schön genug oder es sei zu früh, um auf ehrenhafte Weise Halt zu machen. Dann können wir sicher sein, schließlich auf dem *Reg* zu übernachten. Manchmal sind wir zu müde, um noch weiterzugehen und nach einem besseren Platz zu suchen, und geben uns mit dürftigem Mischfutter für die Kamele zufrieden. Aber man kann auch auf die einzige fruchtbare Stelle in der ganzen Gegend stoßen.

Ein Beispiel: Am 18. Januar 1936 hatten wir den ganzen Tag über nichts entdeckt. Um halb vier Uhr nachmittags fanden wir mitten im *Reg* eine winzige *Daya* mit einem *Hâd*, ein paar riesige, prächtige, unbeschädigte grüne Büschel. Es war wie ein Wunder, und natürlich schlugen wir dort unser Lager auf. Wir hätten einen Fehler gemacht, wenn wir an dieser kleinen Insel nicht Halt gemacht hätten, denn am nächsten Tag fanden wir erst nachts wieder ein bisschen Gras.

Um neunzehn Uhr die letzte Zwangssitzung mit Thermo- und Barometer.

Zum Abendessen: Gerstengrütze, Reis oder Nudeln, liturgischer Tee. Für Tiere und Menschen – außer für den Koch – ist der Tag zu Ende. Nicht so jedoch für den Forscher, der beim flackernden Licht der Öllampe noch lange Notizen in sein Reisetagebuch schreiben, seine Skizzen und Wetterbeobachtungen ordentlich übertragen, seine Proben beschriften, verpacken und mit laufender Nummer und Fundort in die Liste aller gesammelten Objekte aufnehmen und, wenn er außerdem Topograf ist, die Reiseroute des Tages ins Reine schreiben muss.

Und das alles bei starkem Wind. Nun gibt es vielleicht nichts auf der Welt, das die Geduld des Menschen schneller erschöpft und eine raschere und gerechtere Wut hervorruft, als mit ausgebreiteten Unterlagen – die man analog zu fliegenden Fischen daher »fliegende Papiere« nennen könnte – gegen die Windgeister zu kämpfen. Mit einem Herbarium voller zerbrechlicher Pflanzenproben kommt dann erst richtig Freude auf.

Doch falls der Wind sich nicht legt, landen zumindest die Papiere wieder nach und nach in den Taschen und Kisten, und man kann sich schließlich für die Nacht anziehen und mit dem Kopf auf einer *Dabia* Reis unter dem Sternenhimmel einschlafen.

Allerdings nur theoretisch. Im Winter wickeln sich die Saharareisenden zum Schlafen vollständig ein, auch den Kopf, ziehen die

Kapuzen herunter und die Decke über das Gesicht. Das ist zwar nicht so romantisch, aber entschieden wärmer.

Kein Bett, wohlgemerkt. Das ist ein Möbel für stille Luft – in einem Zimmer oder einem Zelt – aber nichts für starken Wind. Ich weiß, es gibt Klappbetten, auch Feldbetten genannt (»besonders strapazierfähiges Modell für Forschungsreisende«, heißt es im Katalog), aber das sind nur armselige Klappergestelle. Wie soll man denn so ein Ding in einer Geröllwüste aufstellen?

Sonderfälle: 1. *Überschwemmter Boden?* Kommt nur selten vor, und Betten auf Stelzen oder sogar schwimmende Betten werden im Allgemeinen nicht benutzt. 2. *Cram-cram?* Ja, gelegentlich, aber das gehört eigentlich nicht mehr zur wahren Sahara. 3. *Die Tiere?* – Welche Tiere? – Na, die »bösartigen« (sic!). – Zwecklos, in den über siebentausend Jahren, seit es Menschen in der Sahara gibt, die schlafen, tun sie dies hier auf der nackten Erde. Wir machen es genauso.

Im Sand ist das herrlich, obwohl diese Materie kein bisschen elastisch ist und man darauf achten muss, wie der Oberschenkelkopf und der Darmbeinkamm liegen. Auf hartem *Reg* oder Kies ist es manchmal weniger komfortabel.

In kalten, stürmischen Winternächten denkt man eher daran, sich einzugraben, als sich hoch oben auf Pfahlwerk zu legen. Je tiefer man sich im Boden einnistet, desto besser ist man vor dem Wind geschützt. Also gräbt man ein ovales, zwanzig bis dreißig Zentimeter tiefes Loch aus, das einer Badewanne, einer Wiege, einem Nest oder einem Grab ähnelt, und schichtet zusätzlich die ausgehobene Erde wie eine Brüstung um die pfannenartige Vertiefung auf.

Achtung bei der Ausrichtung: Die Achse der Pfanne muss in Windrichtung liegen, sonst wird dieser sich statt deiner in deinem gemachten Bett niederlassen. Ans Kopfende kommt ein Schutz-

wall aus Gepäck: Sattel, Ledertaschen, Stoffbeutel, alle verfügbaren Wandschirme. Gut geschützt und warm in unsere *Burnusse*
verpackt, bleiben wir am Boden unseres Schlupflochs außer Reichweite des stürmischen Windes, der über uns saust und braust, und
können unser sicheres Plätzchen genießen: *Quam juvat immites*
*ventos audire cubantem*, sagte Tibullus, geschrieben auf den Ton-
mauern von Araouan, im Zimmer des Offiziers. Ja, welch Vergnügen, im Bette zuzuhören, wie der Sturm losbricht!

Im Winter wandert man nur eine einzige, durchgehende Etappe
am Tag, zum Beispiel von sieben Uhr morgens bis vier Uhr nachmittags. Im Sommer geht man früher los (vier bis fünf Uhr morgens) und macht später Halt (sechs bis sieben Uhr abends). Dafür
gibt es aber eine Mittagspause, die *Gueïla*, wenn möglich im
Schatten eines Busches oder unter einem Baum, oder falls vorhanden, an einem Felsen, leider aber oft unter einer wackligen Kon-
struktion aus im Wind schlagenden Segeltüchern, die mehr
schlecht als recht auf Stöcke, Gewehre, Fässchen oder Packsättel
gespannt werden.

Zum Mittagessen: eine Hand voll Datteln, in gezuckerter Butter gekneteter Blätterteigkuchen aus gemahlenem Weizen, maurischer Tee. Während sich die anderen dann zusammengedrängt
auf dem Sand, die Gesichter in ihre Turbane gehüllt, in die barm-
herzige Leere eines heißen Schlafes sinken lassen, findet sich in
Sichtweite des Lagers immer eine Steilwand, die man erklimmen,
eine Felsmalerei, die man abzeichnen, Topfscherben, die man ein-
sammeln oder eine Geländeskizze, die man anfertigen kann – kurz
gesagt etwas, womit man die so genannte Mittagsruhe bis um zwei
Uhr, bis zur zweiten Folge der Wetterbeobachtungen und schließlich bis zum Aufbruch, wenn schon nicht auf angenehme, so doch
wenigstens auf nützliche Weise verbringen kann.

Die Modeseite. Denn es gibt eine Mode in der Sahara. Sicher, sie verändert sich nicht allzu sehr: Um 450 v. Chr. beschrieb Herodot bei den Libyerinnen rote, mit Fransen besetzte Kleider aus gefärbtem Ziegenleder. Die Tuareg im mittleren Niger tragen sie noch heute.

Wir müssen uns ja nicht mit knallroten Lederröcken ausstaffieren, aber ebenso wenig die eindrucksvolle, fotogene Forscherkluft übernehmen: Fliegerstiefel, Reithose – in einem Land, aus dem das Pferd seit vielen Jahrhunderten verschwunden ist –, die riesige Revolvertasche – man könnte sie vielleicht zur Aufbewahrung von Insekten oder Steinchen verwenden, aber selbst das ist sicher nicht besonders praktisch –, Helm – »macht gleich viel größer« (stimmt, einen Zentimeter) – und natürlich das martialische (und scharfsinnige) Auftreten.

Wir drehen ja keinen Film. Deshalb können wir uns ganz einfach die praktischste Kleidung aussuchen.

Und zwar folgende, von unten nach oben:

Erdgeschoss: einheimische Sandalen (die einzig haltbaren) aus Rinds- oder Antilopenleder oder Autoreifen. Vier Himmelsrichtungen, vier Modelle.

Im Westen: die einfache mauretanische Sohle. Auf den großen Zeh aufpassen! Im Süden: dasselbe, aber mit dieser hübschen, hochgeschlagenen kleinen Klappe, die sehr wirkungsvoll die Zehen schützt. Im Norden: die algerische *Sabat*, eigentlich ein Pantoffel, »der Schuh, der gut sitzt«. Sicher, aber er versandet auch. Im Osten: der Schneeschuh der Tuareg, für alle, die gern auf Teppichklopfern navigieren, ein Gerät für Schwimmvögel.

Ohne Schuhe hält man sich nur in Wanderdünen – vorausgesetzt, der Sand ist nicht zu heiß – oder auf dem Kamel auf. Überall sonst braucht man einen Schutz, den der Boden abnutzt (Sand, feine *Regs*), sticht (*Cram-cram*, *Talha*, *Timegelost*) oder verbrennt.

Wollsocken und Stiefel aus Filz oder *Filali* für die kalten Nächte.

Erster Stock. Hier gibt es kein Zögern: Der *Séroual* ist Pflicht. Aber man muss aus unterschiedlichen Modellen von Pluderhosen auswählen: maurisch, Tuareg, arabisch, frankosudanesisch und so weiter. Mit einem festen Gürtel, einem Lederriemen, einer Kordel oder einem Lampendocht.

Zweiter Stock. *Boubou* im Sommer, *Gandoura* in der Übergangszeit, Wollkleidung, Leinen- und Tuchjacken, *Djellabahs* im Winter. Der *Burnus* ist für die Europäer eher ein Kleidungsstück für das Lager, perfekt geeignet, um sich darin zum Schlafen einzuwickeln und plaudernd am Feuer zu sitzen, aber völlig unpraktisch beim Gehen – man hat ihn immer zwischen den Füßen – oder beim Reiten – man hat ihn niemals auf den Füßen.

Dachfenster. Eine getönte Brille ist angenehm, und wenn man sich einmal daran gewöhnt hat, wird sie bald unentbehrlich. Für den Sandsturm eine Panoramabrille.

Dach. Nach Belieben: Flexible, weiche Kopfbedeckungen wie Turban, Fes oder Ähnliches, die man leicht transportieren kann und die nicht im Wind wegfliegen, sind am praktischsten. Doch ein überstehender Rand wie beim Helm, bei der Schirmmütze, beim arabischen Korbhut etc., der das Gesicht beschattet, ist im Sommer nicht unangenehm, doch niemals zwingend notwendig.

Ihr empfindlichen Stadtmenschen solltet jetzt lieber die Gesichter verhüllen: Manchmal entdecken die Afrikareisenden eine dieser großen purpurfarbenen Zecken mit acht rot und gelb geringelten Beinen, deren Saugrüssel sich tief in die Haut ihrer Opfer eingräbt und die nacheinander den Schakal und die Antilope, das Kamel und den Kameltreiber aussaugen werden. Und gelegentlich – bleibt verhüllt, Stadtmenschen! – juckt den Reisenden auch das Ungeziefer. In Mauretanien bestehen die beiden von der Liturgie geforderten Morgenriten oft zum einen daraus, Pfefferminztee zuzubereiten und zum anderen, die Falten des *Séroual* zu untersuchen.

Im Allgemeinen findet man Material, um Feuer zu machen: echtes Holz im Land der Mimosen, *Hâd*-Ranken in den Dünen oder *Askaf* im Kies. In unfruchtbaren Gebieten trägt man den Brennstoff mit sich herum. Manchmal hat man keinen: keine Kiste im Gepäck, die man auseinander nehmen kann, kein Büschel Gräser im *Reg* (denn man kann zur Not auch auf einem Bündel Stroh kochen), nicht einmal Kamelkot – der brennt zwar gut, macht aber auch einen schlechten Geschmack, behaupten die Feinschmecker.

Es geht auch ohne. Aber das kommt zum Glück nur sehr selten vor, denn es schadet der guten Stimmung im Lager. Am Ende einer langen Strecke im Winter bedeutet Feuer nicht nur Reis und Tee, sondern auch Licht, Wärme, Wohlbehagen, Freude, endlich etwas Schönes und Lebendiges zum Betrachten, nachdem man vierundzwanzig Stunden durch das Chaos einer Landschaft gestapft ist, die aus der Zeit vor der Schöpfung zu stammen scheint.

»Hofseite« und »Gartenseite« unterscheidet man in unseren Vorortsvillen mit dem in Zement eingefassten Baum, der Laube und den bunten Kugeln. In der Sahara gibt es die Weizen- und die Reisseite: Norden und Süden.

Reis: ein grauer, schmutziger Brei, manchmal ohne Salz oder Fett und daher auch noch fade, obwohl mit Ziegen- (oder Beduinen)haaren, Strohresten und wunderbar knirschendem Sand verfeinert. Während meiner Zeit in Mauretanien habe ich den Reis in Ermangelung eines anderen Behältnisses in der aufgeschnittenen Hälfte eines Erdöltanks gekocht, der außerdem als Trinknapf für die Kamele diente. Wir aßen mit der Hand – natürlich mit der rechten – und hockten um den »Topf« herum, an dessen Rand gerade ein Kameltreiber mit seiner wohl nicht gerade strahlend sauberen Hand den zähen Brei verteilt hatte, damit er schneller abkühlte.

Nach dem Essen leckt man sich die Finger ab – vor allem die Hohlräume dazwischen, was noch einen guten Bissen zutage bringt – und wischt sie sich dann an den herrlich sauberen, blanken, glatten, während der ganzen Strecke vom Sand oder den Schuhen gescheuerten Fußsohlen ab.

Für den gemahlenen Weizen – von »Mehl« wagt man dabei eigentlich nicht zu sprechen – kommt der zerriebene Weizen in den einheimischen Mühlstein, nämlich zwischen zwei Steine. Die ganzen Körner wandern in eine »vollwertige« Grütze. Diese dient als Grundlage für zwei Gerichte: den Kuskus und die *Kessera*.

Kuskus ist Luxus, ein richtiges Essen. Es kostet Zeit, die grauen Kügelchen zu rollen und in einem Durchschlag zu kochen. Dafür müssen wir auf eine Wasserstelle und etwas Muße warten. Unterwegs gibt es jeden Tag *Kessera*: Schon eine halbe Stunde nach der Ankunft kann der Fladen fertig sein.

Ist ganz einfach. Zuerst kommt das Kneten. Das Feuer brennt bereits und es gibt auch schon Glut. Jetzt ein Loch in den Sand, mit grauer Asche und roten Flecken – puff! Der platte, runde Teig hat sich flach auf den Boden der trichterförmigen Vertiefung gelegt. Schnell wieder alles mit heißem Sand bedecken, auf dem winzige Geysire aus Staub brodeln. Kurze Zeit später befühlt man das Produkt mit der Spitze eines Stockes: tapp, tapp! Die Kruste ist hart, fertig.

Dann muss man die *Kessera* nur noch abklopfen und abreiben, um ein paar übrig gebliebene Sandkörner und kleine fest sitzende Kohlestückchen zu beseitigen.

Nun hat man verschiedene Menüzubereitungen zur Auswahl. Im Prinzip gibt es zwei, die man gern abwechselnd anwendet: Brot *mit* Soße und Brot *in* der Soße. Im ersten Fall bricht man den Fladen in große Stücke, damit er schneller kalt wird, und verzehrt ihn, so wie er ist. Dazu eine dicke Suppe (Nudelsuppe oder Ähnliches), die man mit dem Löffel isst.

Im zweiten Fall wird die *Kessera* zerkrümelt, zerrieben und mit bloßen Händen mit einer süßen Soße, Tee und Butter, dem Fruchtfleisch getrockneter Aprikosen und Ähnlichem verknetet. Eine Schale dieses Breis mit drei Gläschen Tee vorweg und einem Liter Wasser danach bildet eine nahrhafte Mahlzeit.

Die Datteln, die man in die Wüste mitnimmt, haben nichts mit den klebrigen, weichen kleinen Früchten gemein, die der Lebensmittelhändler im Dorf eingepackt in winzigen, mit saharatypischer schreiender Farbenpracht verzierten Pappsarkophagen verkauft. Der Reisende trägt seine Datteln im Beutel; sie sind trocken und hart, und wenn man sie auf einen Stein fallen lässt, macht es »tock!«.

Für Fleischesser kann der Speisezettel durch verschiedene Fleischsorten von der Antilope über die Gazelle und die Wüstenspringmaus bis zur Eidechse, frisch oder an der Sonne geröstet, vervollständigt werden. Gegrillte oder gebratene Heuschrecken schmecken eindeutig besser als gekochte. Käse der Tuareg, der zum Schluss so hart ist, dass man ihn mit einem Stampfer zerstoßen und als Pulver benutzen muss: *Die Geschichte eines Käses vom Frischkäse bis zum Milchstein.*

Man findet nur sehr wenige essbare Wildpflanzen – je nach Gegend: Brustbeeren, Beeren des *Atil*-Baumes oder des *Legleïa*-Strauches, Akaziengummi, *Morkeba*-Körner, Weiße Trüffeln, fleischige Sommerwurz-Stängel, süßes Tamarisken-Manna, Sauerampfer, Portulak. Alles Kleinigkeiten. In der Sahara darf man nicht allzu sehr darauf hoffen, vom Land, vom Sammeln und Pflücken leben zu können. Keine Chance, hier Robinson Crusoe spielen zu können.

Es folgen ein paar Beispiele aus der Speisekarte, zusammengetragen anhand eines Reisetagebuches.

14. April 1934. Abendessen gestern: drei Gläser maurischer Tee, ein halber Liter europäischer grüner Tee, gut durchgezogen, ein Teller Reis, ein Liter Schafsmilch.

26. April. Die Diät pendelt sich folgendermaßen ein: morgens nichts, um elf Uhr vier Gläser Tee und ein Stück *Kessera*, abends wieder Tee und Reis oder Nudeln.

3. Mai. Zerkrümelte *Kessera* mit gezuckerter Butter und Dattelmark.

11. Mai. Unglaublich fettige Makkaroni, in denen ich eine Kugel Ziegenkot gefunden habe.

12. Juni. Abendessen: eine mächtige Reisplatte mit Pfeffer, roter Paprika und maurischer Butter; mit Wasser zubereiteter Kakao, dessen Packungsaufschrift wirklich höchst amüsant ist: »Besonders empfohlen für Jugendliche und alte Menschen, um ihre körperlichen Fehlfunktionen zu hemmen und zu beheben« – also nichts für mich, sondern eher ein ideales Nahrungsmittel für Anämiekranke, Überbeanspruchte und so weiter –, »für junge Mütter, um eine reichhaltige Milchbildung sicherzustellen« – wieder nichts für mich, oh! Aber das hier: –, »für Kolonisten, um ihnen die notwendige Widerstandsfähigkeit gegen die schwächende Wirkung heiß-feuchter Klimate zu geben.« Wenn ich damit morgen nicht vierzig Kilometer schaffe, davon zwanzig auf einem Bein hüpfend, zehn auf den Händen und den Rest im Laufschritt, wird es nicht an diesem wunderbaren, übrigens weder abstoßenden noch giftigen Produkt liegen.

3. Juli. Aus dem gemahlenen Weizen von Ouadane lässt sich hervorragende *Kessera* herstellen. Zum Mittagessen jetzt *Kessera* mit fünfzehn getrockneten Aprikosen.

8. Juli. Ein paar in Tee getauchte Erdnüsse, mit gezuckerter Schafsmilch getränkte *Kessera*.

9. Juli. Tee und mit saurer Molke befeuchtete *Kessera*.

25. Juli. Gerstenbrei: Das Sieben hat an Wichtigkeit gewonnen und auch Strohreste fehlen im »Mehl« nicht. Etwas warmes Wasser, mischen, salzen, buttern. Zubereitung und Einnahme der Mahlzeit dauern keine fünf Minuten.

20. August. Abendessen: ein Teller Gerstengrütze, eine Art zäher Kitt und damit ein eher schweres als feines Essen. Mit Zucker und Milch ist es auszuhalten, dann kann man es als ersten Schritt in Richtung einer Wiederentdeckung des Porridge ansehen.

22. Oktober. Abends: Sidi bringt mir eine volle Bratpfanne mit Reis. Werde ich sie schaffen? Später: Ja, aber ich bezweifle, dass die Luftsprünge, die ich machen könnte, in allen Punkten mit denen eines Kängurus vergleichbar sind.

23. Oktober. Ein Festschmaus: Zwei Gerichte stehen heute Abend auf der Speisekarte. Ich hätte gern das Maismehl, finde aber die Aussicht auf eine leckere Portion Reis ebenso verführerisch. Fazit: Habe beides gegessen.

22. Januar 1935. Reis, Salat aus wildem Sauerampfer, Datteln aus *Ouargla*, etwas Süßes.

5. Februar. Schlemmerei: fünf Teller Reis.

23. Februar. Die Speisekarte schrumpft. Eine einzige Mahlzeit am Tag (Reis), nachts, wie es im Winter unterwegs üblich ist. Außerdem zwei kleine Schokoladenriegel und zehn Datteln am Vormittag.

30. März. Glücklicher Fund: einheimische Suppennudeln, winzige, handgerollte Regenwürmer aus gemahlenem Weizen, kalt und mit Puderzucker bestreut.

Drei Getränke. 1. Die Milch ist bei den wahren, weit von den Kulturzentren entfernt lebenden Nomaden ein unabdingbares Nahrungsmittel, Essen und Trinken zugleich, und kann den Menschen sogar bis zu einem gewissen Grad von der Nähe eines Brunnens entbinden. Manchmal wird sogar der Tee mit Milch gekocht. 2. Das Wasser. 3. Der Tee, inzwischen das Nationalgetränk der Sahara, eine Leidenschaft, fast ein Laster.

Es ist nicht genau bekannt, wann (im achtzehnten Jahrhundert?) oder von wo (von der Atlantikküste?) der Tee in die Sahara gekommen ist, aber man kann feststellen, dass er dort uneingeschränkt regiert und allmählich sogar den Kaffee, wo es ihn gab, ersetzt.

Daher sind Zucker und Tee zu zwei wichtigen Handelsartikeln in der Sahara geworden, wobei der dritte Baumwollstoffe sind. Das große Gesprächsthema: Preis und Gewicht des Zuckerhutes, Kurs des Tees oder eher *der* Tees, denn die Kenner unterscheiden sehr genau die einzelnen Sorten.

Kleine Teekannen, winzige Gläser. Beim ersten Glas ein herber Aufguss, danach schrecklich süß, sirupartig. Die liturgische Runde besteht aus drei, manchmal vier Gläsern. Gelegentlich trinkt man das Gebräu mit Pfefferminz-, Gartoufa-, Gewürznelken-, Lavendel- oder sogar mit Pfeffergeschmack.

Die wissenschaftliche Arbeit in der Sahara befindet sich noch im Stadium der Erforschung, manchmal der reinen geografischen Erforschung, die nur schrittweise vorankommt und noch nicht beendet ist.

Man bedenke: Bis zum Beginn des 20. Jahrhunderts hatte noch kein Europäer das Hoggar-Gebirge oder die Region des Adrar des Iforhas erreicht. Touat und Tidikelt waren kaum zu erahnen. Für das Tibesti konnte man nur Nachtigal zitieren, für Kufra nur Rohlfs, für das Aïr nur wenige Namen – unter denen die beiden italienischen Priester aus dem achtzehnten Jahrhundert stets vergessen werden – und für Taoudenni niemanden.

Im Westen weniger als zehn Forscher in einem Land, das dreimal so groß wie Frankreich ist: Laing 1826, Caillié 1828, Davidson

1836, Vincent 1860, Lenz 1880, Douls 1887 und ein paar Schiffbrüchige an der Küste.

Heute sind die wichtigsten Linien der Topografie bekannt. Die weiten leeren Flächen, die es vor fünf Jahren noch gab, sind in letzter Zeit gefüllt worden. Die beiden äußeren Enden der Sahara, die Libysche Wüste im Osten und die maurischen Länder im Westen, gehörten lange zu den unbekanntesten Regionen von ganz Afrika.

Im Osten haben zahlreiche Expeditionen bereits ein recht dichtes Streckennetz geschaffen, damit kein wichtiges geografisches Element, Oase oder Felsmassiv, der Aufmerksamkeit der englisch-ägyptischen Forscher entgehen möge.

Im Westen hat es eine Reihe von Erkundungen im marokkanischen Südmauretanien erlaubt, das gesamte Hinterland von Rio de Oro zu erfassen. Weiter im Osten sind die großen *Regs* des Rallaman, des Yetti und des Karêt von Reifenspuren durchzogen und die Gegend um Hank wird oft von sudanesischen Karawanen besucht. Der so genannte *Djouf*, lange Zeit geheimnisumwittert, ist durchquert worden. Ebenso die mittlere Tanezrouft, und zwar so erfolgreich, dass sich der Westen inzwischen selbst als weitgehend »offen gelegt« ansieht.

Topografisch. Das ist aber nicht alles. Und der Rest kommt nicht besonders schnell voran.

Auf jeden Fall wird die Phase der Erforschung im engeren Sinne – das heißt räumlich ausgedehnt, aber oberflächlich –, die Zeit der schnellen linearen Erkundung, des Abenteuers, bald zu Ende gehen und von der Zeit der Arbeit am Detail, der regionalen Einzeldarstellungen und der Ausgrabungen abgelöst werden.

Ein Arbeitsplan ist jetzt nötig, der die wissenschaftliche Forschung in der Sahara koordiniert, denn die anhaltenden Bemühungen, die die Ausführung desselben mit sich bringt, erfordern eine solide Organisation. Dies können einzelne Initiativen nicht leisten.

Frankreich, das direkt vor seiner Tür mehr als zwei Millionen Quadratkilometer der Sahara verwaltet, braucht also einen Desert Survey. Man traut sich kaum zuzugeben, dass es noch keinen hat.

Sonst läuft die »schönste Wüste der Welt« Gefahr, noch lange einzig exotikhungrigen Touristen, sensationslüsternen Journalisten, rekordversessenen Autofahrern und schießwütigen Nimrods, die die letzten Gazellen abschlachten, ausgeliefert zu sein und für die ernsthafte, methodische und sachkundige wissenschaftliche Arbeit verschlossen zu bleiben. Schade.

Angesichts der unendlichen Größe des Forschungsgebietes und der vielen Schwierigkeiten der Erkundungen in der Wüste unterstreicht die Vielfalt des gefundenen Materials nur unsere Unwissenheit.

Dennoch muss man sich mit dem notwendigerweise unvollkommenen und bruchstückhaften Charakter unserer Kenntnisse abfinden, die wenigen Entdeckungen weitergeben und darauf hoffen, bald mehr zu wissen.

Das Thema ist unerschöpflich und dauerhafte Erfolge unterliegen sicher noch immer dem geduldigen Voranschreiten vierer großer, runder Hufe und zweier Schlappen aus Antilopenleder.

# Bibel und Sahara

Dort war die Freiheit, andere Menschen lebten dort,
Nomaden unter Zelten.
Man hätte meinen können, die Zeit wäre
in der Epoche von Abraham und seinen Herden
stehen geblieben.

FJODOR DOSTOJEWSKIJ, SCHULD UND SÜHNE

*Lebende Hebräer oder fossile Saharabewohner? – Die Heiterkeit
der Strauße. – Der Tod im Krug. – Orientalische Statistik. –
Die größte Gesellschaft der Enthaltsamkeit. – Der Rezzou. –
Krieg im Namen Gottes. – Der* Badourâche. *– Die Oase.*

Die unendlichen sommerlichen Mußestunden, die der Soldat unterwegs mit den Karawanen verbringt, weckten in mir den
Wunsch, noch einmal das Neue Testament zu lesen. Dabei suchte
ich insbesondere nach allem, was die Wüste und die Nomaden betrifft, um es in Gedanken in die moderne Sprache und das Leben
der Araber und Tuareg zu übertragen und es in Bezug auf meine
täglichen Erfahrungen mit dem Leben in der Sahara zu interpre-
tieren.

Welch wunderbare Lesart der erlebten heiligen Geschichte; Abfolge lebender Bilder, die die ehrwürdigen Erzählungen des patri-
archalischen Zeitalters den Seiten des Buches entspringen und
schlagartig wieder vor unserem Auge erscheinen lassen.

47

Die Wüste, die im Exodus als »groß und furchtbar« beschrieben wird (5. Mose 1, 19), das ist kurz gesagt – wenn man keine wissenschaftliche Definition verlangt – ein Land ohne Straßen, ohne Wasser, ohne Vegetation und ohne Bewohner, ein »dürres und finsteres Land, ein Land, das niemand durchwandert und kein Mensch bewohnt« (Jeremia 2, 6 – 7); ein »böser Ort, wo man nicht säen kann, wo weder Feigen noch Weinstöcke noch Granatäpfel sind und auch kein Wasser zum Trinken ist« (4. Mose, 10, 5).

Reich des Todes, wo »feurige Schlangen und Skorpione und lauter Dürre und kein Wasser« sind (5. Mose, 8, 15). Berge und Steppe »sind verödet, dass niemand hindurchzieht und man auch kein Vieh blöken hört. Die Vögel des Himmels und das Vieh sind geflohen und fort.« (Jeremia, 9, 10). Die Wortwahl ist übrigens sehr orientalisch.

Gehen wir vom Allgemeinen nun mehr ins Detail: zur »Dürre der Wüste, im unfruchtbaren Lande, wo niemand wohnt« (Jeremia 17, 6). Bei diesem »unfruchtbaren Land« (siehe Hiob 39, 9) handelt es sich um einen Boden, der überall dort auftritt, wo Wasser nicht abfließen kann. Es verdunstet und hinterlässt dabei Salzablagerungen, die oft gewaltige Flächen bedecken. Ein arabisches Wort hierfür, das in der Sahara aber so geläufig ist, dass es fast schon in unsere Sprache Einzug gehalten hat, heißt *Sebkha* oder *Sebcha*.

Zweifellos gibt es nur wenige Tiere, doch einige leben auch hier. So der Wildesel, das Symbol der freien und ungezähmten Nation, die »einsam wie ein Wildesel« ist (Hosea 8, 9). »Wer hat dem Wildesel die Freiheit gegeben, wer hat die Bande des Flüchtigen gelöst, dem ich die Steppe zum Hause gegeben habe und die Salzwüste zur Wohnung? Er verlacht das Lärmen der Stadt, die Schreie des Treibers hört er nicht; er durchstreift die Berge, wo seine Weide ist, und sucht, wo es grün ist.« (Hiob 39, 6 – 8).

Diese Beschreibung passt ebenso auf die Esel, die in den Bergen der Tuareg in Freiheit leben. Sie halten sich von Menschen fern und flüchten im Galopp in die Kieswüste, wenn eine Karawane in ihre Nähe kommt. Allerdings handelt es sich hierbei um »verwilderte« Tiere, während die Esel der syrisch-palästinensischen Wüste wahrscheinlich einer nicht domestizierten Art angehören, dem *Asinus hemippus*.

Nicht vergessen darf man auch den Schakal, obwohl er nur an bestimmten Orten auftritt, da er viel Wasser braucht. Deshalb trifft man ihn auch nur selten in der eigentlichen Wüste an. Doch am Wüstenrand und in der Nähe bewohnter Orte kommt er häufig vor. (Hiob 30, 29; Jesaja 13, 22; 34, 13).

Oft erwähnt wird der Strauß (zum Beispiel 5. Mose 14, 14; 3. Mose 9, 16; Hiob 30, 29; Jesaja 13, 21; 34, 13): »Der Fittich der Straußin hebt sich fröhlich; … wenn sie aufgescheucht wird, verlacht sie Ross und Reiter« (Hiob 39, 13; 18).

Leider sollte ihr Lachen nicht von langer Dauer sein. Ross und Reiter besiegten den Strauß schließlich – seit einigen Jahrhunderten mit Hilfe von Schusswaffen. Während der Strauß aus den Mittelmeerregionen vollkommen verschwunden ist, wurde er in der Sahara vom gewöhnlichen Wüstenbewohner schnell zur Seltenheit und lebt heute in abgelegenen Gegenden, möglichst weit entfernt von Kamelen und Kameltreibern, über die er heute gar nicht mehr lachen mag.

Hiob (39, 17) berichtet, die Straußin lasse »doch ihre Eier auf der Erde liegen zum Ausbrüten auf dem Boden«, was nicht völlig falsch ist, da der Vogel sein Nest tagsüber verlassen und nur in der Nacht dorthin zurückkehren kann.

Außer der Dattelpalme werden noch einige andere Wüstengewächse in der Bibel erwähnt, zum Beispiel die Mimose (*Acacia*) (Jesaja 41, 19), die Tamariske (1. Mose 21, 33) und vielleicht die *Salvadora persica*, wenn es sich dabei, wie manchmal vermutet, um das »Senfkorn« bei Matthäus handelt (13, 31). Der *Rtem*, der in der nördlichen Sahara häufig vorkommt (*Retama raetam*), wäre dann der Strauch, unter dem Elias geschlafen hat und der in unseren Übersetzungen als »Ginster« bezeichnet wird. Ein Lagerplatz des Exodus scheint genau wie die Pflanze zu heißen, die dort wuchert: Ritma (4. Mose 33, 18), sehr wahrscheinlich der Ort, an dem der *Rtem* wächst.

Die Tamarisken der Sahara sondern bei einem Insektenstich eine duftende, süßliche Flüssigkeit ab, die vielleicht mit dem Manna identisch ist.

Und schließlich begehen alle Neulinge in der Sahara den gleichen Fehler wie Elisas Diener (2. Könige 4, 39): Sie beißen nichts ahnend in eine Frucht und müssen schmerzlich erfahren, dass diese schöne und appetitlich aussehende kleine Melone entsetzlich bitter schmeckt. Allein der Gedanke an eine Suppe aus diesen Koloquinten lässt mich wie die damaligen Gäste ausrufen: »Allmächtiger Gott, in diesem Krug lauert der Tod!« Im Text heißt es weiter: »Und sie konnten nicht mehr essen...« Das glaube ich gern.


In der Wüste – zumindest in Nordafrika oder Asien – braucht man unbedingt ein Kamel. Auch dieses unverzichtbare Tier wird häufig im Alten und seltener im Neuen Testament (Matthäus 3, 4; 19, 24; 23, 24; Micha 1, 6) erwähnt. Der Reichtum von Menschen oder Sippen wird in Vieh gemessen: Über Hiob, der am Anfang seines Buches lediglich 3000 Kamele besitzt (1, 3), heißt es im letzten Kapitel »Der Herr segnete Hiob fortan mehr als einst« (42, 12), indem er ihm unter anderem 6000 Kamele schenkte.

Dies ist bereits eine ansehnliche Herde. Allerdings besaßen die Midianiter und Amalekiter stattlichere Herden, denn »ihre Kamele waren nicht zu zählen wegen ihrer großen Menge, wie der Sand am Ufer des Meeres« (Richter 7, 12). Allerdings werden im selben Vers die Besitzer, eine Hand voll Beduinen, auch mit »einer

Menge Heuschrecken« verglichen. *Kif el djeràd* ist ein Ausspruch, den Araber schon für zwanzig Schafe gebrauchen. Das Geheimnis der orientalischen Zählweise liegt darin, Poesie und Wirklichkeit verbinden zu können: *Dichtung und Wahrheit,* wie Goethe es nannte.

Am Hofe Davids hatte sogar ein eigens dafür vorgesehener Angestellter die Aufgabe, über den Kamelbestand zu wachen; sein Name ist uns als Obil der Ismaelit überliefert (1. Chronik 27, 30).

Wir wissen nicht, wie die »Kamelstuten in der Brunst« (Jeremia 2, 23) gesattelt wurden. Man berichtet uns lediglich von einem Kamelsattel (1. Mose 31, 34), kleinen Monden um die Hälse der Kamele und Spangen aus Gold (Richter 8, 21–26). Übrigens schmücken die Nomaden in der Sahara ihre *Méharis* noch heute mit Halsbändern, dünnen Schnüren oder Ketten, an denen oft ein Amulett hängt. Vermutlich versahen die Midianiter ihre Kamele in gleicher Weise mit Schmuck.

Die Bewohner der Wüste sind zwangsläufig Nomaden, und das spätere Volk Israels führte genau das Hirtenleben, von dem uns die alten Erzählungen manche Einzelheit überliefert haben. Es scheint dem Leben der heutigen Nomaden in der Sahara sehr ähnlich gewesen zu sein.

»Mein Vater war ein Aramäer, dem Umkommen nahe«, muss das Volk rezitieren, als es dem Opferpriester die Primizien der Früchte der Erde übergibt (5. Mose, 26, 5), und der Verfasser der Hebräerbriefe sagt genauer: »Er wohnte in Zelten« (11, 9).

Doch der wahre Saharabewohner, der »hundertprozentige Saharabewohner«, wie es eine Sportzeitung ausdrücken würde, ist der Rechabiter (Jeremia, 35): keine Häuser, keine Felder, keine Zelte und erst recht keinen Wein.

Das gute Beispiel von einst hat Schule gemacht, und so ist die Sahara heute von merkwürdigen Leuten bevölkert, die in einer glühend heißen Gegend wohnen und beim Trinken auf einen Wirt verzichten müssen. Denn im heißesten Land der Welt löscht man seinen Durst nicht etwa mit schädlichen Substanzen, sondern mit Wasser, oft mit Milch und manchmal auch mit Tee.

Dem Islam ist gelungen, was das Christentum nicht fertig gebracht hat – ihre abstinente Gesellschaft zählt 234 814 999 Mitglieder, und das will schon etwas heißen.

Oft suchen wir im islamischen Verbot einen Vorwand für mehr oder weniger geistige Vergnügungen und freuen uns öffentlich mit einer Presse, die sich dem »Nationalgetränk« Wein verschrieben hat, über die Fortschritte beim Konsum vergorener Getränke im muslimischen Land (man könnte auch Alkohol und Trunksucht sagen). Stattdessen sollten wir einem solchen Beispiel ehrfürchtig gegenüberstehen. Begraben wir die trügerische Hoffnung, der Anblick eines betrunkenen Unteroffiziers erhöhe in den Augen der einheimischen Saharabewohner stets das Ansehen des »zivilisierten Christen«.


Das Zelt ist die typische Behausung des Nomaden, ob er nun seine Yaks auf den Hochebenen Tibets, seine Pferde in der Steppe der Mongolei, seine Rentiere in Lappland oder seine Kamele in der Sahara grasen lässt; ob er durch die nordamerikanische Prärie, die Wadis Mauretaniens oder die Küstenstriche Patagoniens zieht. Es ist das zerlegbare Haus aller Völker, die sich in ständiger Bewegung befinden. Dass es in unserer Sprache nur ein einziges Wort zur Bezeichnung aller Arten von Zelten gibt, täuscht ein wenig über die ungeheure Vielfalt der Modelle hinweg: Welche Gemeinsamkeiten – abgesehen von der Möglichkeit, es jederzeit abbauen und mit sich herumtragen zu können – gibt es auch schon zwischen dem riesigen, komplizierten Gerüst einiger tatarischer oder mongolischer Jurten und dem winzigen Rechteck aus Leder, unter dem die Familie des Tuareg Schutz sucht?

Einen ersten Typus der Karawane könnte man familienbezogen nennen: »So machte sich Rebekka auf mit ihren Mägden, und sie setzten sich auf die Kamele und zogen dem Manne nach« (1. Mose 26, 61). »Da machte sich Jakob auf und lud seine Kinder und Frauen auf die Kamele und führte weg all sein Vieh« (1. Mose 31, 17). Hierbei handelt es sich um eine gewöhnliche, völlig friedliche Reisegruppe, die in eine andere Gegend oder einfach zu anderen Weidegründen zieht. Das einzige Vermögen dieses Reisenden sind Frauen, Kinder, Sklaven, bewegliche Güter und Vieh: die klassische Karawane. Man findet sie bei Fromentin und auf Ansichtskarten, und in der Reisezeit kann sie den Touristen begegnen, die in Biskra einmal »die Sahara« sehen wollen und sich fast einbilden, von der Hotelterrasse aus die klaren Windungen des Niger erkennen zu können.

Doch es gibt auch andere Karawanen in der Wüste, zum Beispiel die der Kaufleute. Bei diesen sind weder Frauen noch Tierherden zu finden, nichts als eine lange Reihe beladener Kamele. Solche »Karawanen von Ismaelitern kommen von Gilead mit ihren Kamelen; die trugen kostbares Harz, Balsam und Myrrhe und zogen hinab nach Ägypten« (1. Mose 37, 25). Heute ist der Inhalt der schweren Ballen, die an der Seite der Kamele hin und her baumeln, weniger poetisch und besteht meist aus kaum mehr als grünem Tee, Zucker, Baumwollstoffen, Tabak und Datteln. Doch davon abgesehen bietet sich genau das gleiche Bild. Die Ismaeliten kauften gelegentlich Sklaven (1. Mose, 37, 28), und lange Zeit stellten schwarze Sklaven die einträglichste Ware dar, die arabische Karawanen und die Tuareg aus dem Sudan nach Nordafrika transportierten.

Die Besetzung des Sudan hat die Quelle dieses fruchtbaren Handels nach und nach versiegen lassen, während die Erschließung der Sahara seine Ausübung lähmte. Die Zeiten, in denen Kamelreiter schwarze Kinder einsammelten und sie in einem Lager der umherziehenden *Razzieurs* zusammenpferchten, sind vorbei. Heute ist der Handel im eigentlichen Sinne praktisch verschwunden, doch ein Verkauf an Ort und Stelle kommt noch manchmal vor. Allerdings gibt es heute für »zwanzig Talente Silber« (1. Mose 27,28), etwa siebzig Francs in Gold, nur noch ein paar Schafe. Und beim Kauf einer jungen, schönen Schwarzen muss man zwei Reitkamele und ein Gewehr zahlen, in unserer Währung mehrere tausend Francs.

Unglücklich sind die, von denen man sagen kann: »Sie haben sich verirrt im Lande; die Wüste hat sie eingeschlossen« (2. Mose 14, 3), denn manchmal »windet sich der Weg [der Karawanen] dahin und verläuft, sie gehen hin ins Nichts und verschwinden« (Hiob 6, 18). Ein Führer ist unerlässlich, besonders bei einer ungebräuchlichen oder nicht ausreichend bekannten Route. So spricht Moses zu Hobab dem Beduinen, als dieser in sein Lager zurückkehren will: »Verlass uns doch nicht, denn du weißt, wo wir in der Wüste uns lagern sollen, und du sollst unser Auge sein. Und wenn du mit uns ziehst – was der Herr Gutes an uns tut, das wollen wir an dir tun.« (4. Mose, 10, 31–32). Und Hobab, der vielleicht auf einen kleinen Raubzug mit Beute spekulierte oder für sich beschlossen hatte, »das Gute, das der Herr an ihm tut«, käme in Gestalt einiger Tiere, die er aus der israelitischen Herde stehlen würde, blieb. Er hatte auch gar keine andere Wahl: Hätte er sich geweigert, dann hätte man ihn gezwungen, den Zug weiterhin zu führen.

Noch heute muss man sich in einigen Gegenden manchmal einen Führer »kapern«. Natürlich lässt sich keine Händlerkarawane von einem unfreiwilligen Führer leiten, der seiner Aufgabe nur aufgrund von Drohungen nachkommt. Dies passiert nur bei einer dritten Art von Karawanen, nämlich der von Soldaten.

Das Wort »Nomade« ist genauso ein Synonym für »Krieger«

wie »zivil« eines für »sesshaft«. Im franko-arabischen Sprachgebrauch der algerischen Sahara benutzt man den Begriff *Arneb* für den Hasen, der ein echter, unter freiem Himmel kampierender Nomade ist, während das Kaninchen als *Arneb cibil* bezeichnet wird, denn es bewohnt einen Bau unter der Erde. Heute erzählt man sich in der Wüste sowohl im Unteroffizierskasino als auch am Lagerfeuer der Kameltreiber Räuberpistolen von Raubzügen, den *Rezzous*. Die Plünderung war in den Wüstenländern schon immer ein florierendes Gewerbe, und so ist es nur natürlich, dass man im Alten Testament so viele Geschichten darüber findet – Geschichten, die mit keiner Epoche, sondern mit einem Milieu verbunden sind, die man keiner bestimmten Zeit zuordnen kann und die in moderne Sprache übersetzt die jüngste Vergangenheit der Sahara genau wiedergeben.

Der Sinn und Zweck der *Rezzous*, der Beutezüge, ist denkbar einfach: »Wohlauf, ziehet herauf gegen Kedar und vernichtet, die im Osten wohnen! Man wird ihnen ihre Zelte und Herden nehmen, ihre Zeltdecken, alle Geräte und Kamele wegführen… Wohlauf, ziehet herauf wider ein Volk, das ruhig und sicher wohnt… sie haben weder Tür noch Riegel und wohnen allein. Ihre Kamele sollen geraubt und die Menge ihres Viehs genommen werden« (Jeremia 49, 29–32). Wir haben es hier mit gemeinem Raub zu tun, und zwar mit einem, der möglichst wenig Gefahr für die Angreifer birgt.

Nach Bestimmung des Ziels und der Gegend, in der man zuschlagen will, versammeln sich die Krieger und marschieren los. Der Weg mag lang sein, aber der Angriff selbst muss blitzartig erfolgen. Das Lager wird überraschend – und darauf kommt es an – umzingelt, die Herden schnell zusammengetrieben und alles Brauchbare eingesammelt. Falls sich die Angegriffenen zur Wehr setzen, werden sie notfalls massakriert – bis auf ein paar nützliche Sklaven und ein paar Gefangene, die man mit Gewalt fortschleift und zu unfreiwilligen Führern macht, damit sie Informationen über neue Herden und Lager, bewaffnete Truppen und befestigte Stellungen in der Nähe liefern.

»Und immer, wenn Israel gesät hatte, kamen die Midianiter und Amalekiter und die aus dem Osten herauf über sie und lagerten sich gegen sie und vernichteten die Ernte im Land bis hin nach Gaza und ließen nichts übrig an Nahrung in Israel, weder Schafe noch Rinder noch Esel. Denn sie kamen herauf mit ihrem Vieh und ihren Zelten wie eine große Menge Heuschrecken, so dass weder sie noch ihre Kamele zu zählen waren, und fielen ins Land, um es zu verderben.« (Richter 6, 3–5). Hierbei handelt es sich um eine besondere Art des *Rezzou*, denn diese Plünderer greifen ein sesshaftes Volk an. So wird das kultivierte Land von den Nomaden systematisch ausgebeutet. Genau dasselbe geschah früher oft in den Oasen der Sahara, wo sich die großen Nomadenvölker mit geringem Aufwand Lebensmittel verschafften.

Doch es wurden auch Expeditionen gegen die Nomaden geführt: »Und sooft David in das Land einfiel, ließ er weder Mann noch Frau leben und nahm mit Schafe, Rinder, Esel, Kamele und Kleider und kehrte wieder zurück…« (1. Samuel 27, 9). »Auch schlugen sie die Zeltlager der Hirten und führten eine Menge Schafe und Kamele weg« (2. Chronik 14, 14).

Ein *Djich* aus Saba raubt das Vieh des Hiob (1, 15), und ein chaldäischer *Rezzou* »in drei Abteilungen« tötet die Hirten und stiehlt seine Kamele (Hiob 1, 17).

Hat man vor der Ankunft der Plünderer eine Warnung erhalten, kann man entweder versuchen zu fliehen oder sich zumindest aufzuteilen, damit nicht alle dem Untergang geweiht sind. Auch Jakob musste sich eines Tages ins Unvermeidliche fügen. Er »fürchtete sich sehr, und ihm wurde bange«, als man ihm die Ankunft der Plünderer meldete. Doch hier handelte es sich nicht nur um einen *Djich*, nicht einmal um einen einfachen *Rezzou*, sondern um die vierhundert Männer des Esau, eine wahre *Harka*: »Und er teilte das Volk, das bei ihm war, und die Schafe und die Rinder und die Kamele in zwei Lager und sprach: Wenn Esau über das eine Lager kommt und macht es nieder, so wird das andere entrinnen« (1. Mose 32, 7–8).

Jakob und Esau – das sind heute der *Marabut* und der Krieger. Der Stamm der *Marabuts*, zum Beispiel in Mauretanien oder der sudanesischen Sahara, führt keine Kämpfe, muss sich aber mit den vorbeiziehenden *Rezzous* arrangieren. Eine schwierige Situation, denn der ungebildete Krieger hält sich manchmal von vornherein für berechtigt, dem *Marabut* einige Besitztümer einfach wegzunehmen – ein Umstand, dem sich Letzterer nicht zu widersetzen wagt und wozu er auch nicht in der Lage wäre. Nein, manchmal versucht er sogar, seine eigene Sicherheit zu erkaufen: »Und er [Jakob] … nahm von dem, was er erworben hatte, ein Geschenk für seinen Bruder Esau… zweihundert Ziegen, zwanzig Böcke, zweihundert Schafe, zwanzig Widder und dreißig säugende Kamele mit ihren Füllen, vierzig Kühe und zehn junge Stiere, zwanzig Eselinnen und zehn Esel«, denn er sagte sich: »Ich will ihn versöhnen mit dem Geschenk, das vor mir hergeht« (1. Mose 32, 13–15–20). Mag es dem *Marabut* auch einen noch so großen Stich versetzen, sich diese enorme, aber unvermeidliche »Großzügigkeit« aufzubürden, so zieht er ihn dennoch tausendmal jenem »Stich« vor, der ihm vielleicht durch einen tödlichen Speer des Angreifers zwischen den Schulterblättern zugefügt würde.

Doch es gibt auch Gelegenheiten, bei denen sich der *Marabut* Genugtuung verschafft und für die demütigenden Gemeinheiten des Kriegers rächt. Dieser ist nämlich viel zu einfältig, um nicht abergläubisch zu sein, und irgendwann kommt die Stunde, da sich die Rollen umkehren, der Mann des Schwertes vor dem Geistlichen zittert und vom Zauberer den Segen für den nächsten Raubzug erfleht. Denn wer würde es schon wagen, ohne die Zauberformel und das Amulett in die Schlacht zu ziehen, die den Erfolg des Vorhabens und die Unversehrtheit im Kampf garantieren sollen? Nur rückt der Mann Gottes das kostbare Wasser, mit dem er betraut ist, leider nicht umsonst heraus, und der Mann des Schwertes zahlt. Jetzt ist er mal an der Reihe.

»Als [Abram] nun zurückkam von dem Sieg über Kedor-Laomer ... [trug] Melchisedek, der König von Salem, Brot und Wein heraus. Und er war ein Priester Gottes des Höchsten und segnete ihn und sprach: Gesegnet seist du, Abram« (1. Mose, 14, 17–19). Abram fragte wahrscheinlich: »Was willst du dafür haben?« – »Nichts, mein edler Herr, ich *spende* dir meinen Segen, hörst du, ich *schenke* ihn dir.« – Und Abram warf sich vor ihm nieder, und weil er dachte, die *Baraka* sei nicht abgegolten und daher vielleicht nicht wirksam, und er zudem genau wusste, was sein Gegenüber für seine »Spende« erwartete, sagte er: »So höre, ich gebe dir den Preis für die *Baraka* und dazu Amulette für deine Kamele; nimm sie von mir an.« Und Melchisedek antwortete: »Der Herr möge nicht erzürnen und mich anhören: Ich verkaufe meine *Baraka* nicht an dich, ich mache sie dir zum Geschenk. Wenn du mir aber den zehnten Teil all deiner Güter geben möchtest, werde ich dir auch in Zukunft Segen spenden.« – Abram »gehorchte« (1. Mose 23, 16) Melchisedek und »gab ihm den Zehnten von allem« (1. Mose 14, 20).

Doch zurück zu unseren Plünderern, die soeben ein friedliches Lager angegriffen haben: Sie sind nun im Besitz der begehrten Herden, und nun gilt es, die Beute an einen sicheren Ort zu bringen, wo sie vor möglichen Verfolgern oder der Vergeltung des ausgeraubten Stammes geschützt ist – ein oft sehr viel heikleres Unterfangen als das Anpirschen und der Überraschungseffekt. Erschwerend kommt manchmal hinzu, dass die Zelte der *Razzieurs* weit vom Tatort entfernt liegen. Man hat schon *Rezzous regueïbat* ihre Kamele im Niger tränken oder Tuareg aus dem Hoggar mitten in Rio de Oro ihren Geschäften nachgehen sehen, beide etwa 1500 Kilometer von ihren heimatlichen Gefilden entfernt. Sie müssen also Hals über Kopf fliehen, manchmal so überhastet, dass unterwegs Tiere zurückgelassen werden müssen, die nicht mit der Herde Schritt halten können.

Doch es gilt nicht nur, die Beute vor eventueller »Wiedereroberung« zu schützen, sie muss auch aufgeteilt werden. Dies ist ein kritischer Augenblick für den *Rezzou*: Wie viele mit schwerer Beute beladene Expeditionen wähnten sich bereits in Sicherheit und außerhalb der Gefahr! Der *Rezzou* ist langsamer geworden, fühlt sich nicht verfolgt oder glaubt seine Verfolger abgeschüttelt zu haben; die Wachsamkeit lässt nach oder erlischt ganz. Und eines schönen Tages taucht in der Morgendämmerung plötzlich eine kleine Truppe hartnäckiger und geduldiger Verfolger hinter den Dünen auf, die das Lager im Schlaf überraschen, die Plünderer auseinander treiben, gefangen nehmen oder umbringen, bevor diese wissen, wie ihnen geschieht, und ihren Besitz endlich wieder an sich nehmen.

»Und sie fanden einen Ägypter auf dem Felde; den führten sie zu David und gaben ihm Brot zu essen und Wasser zu trinken und gaben ihm ein Stück Feigenkuchen und zwei Rosinenkuchen. Und als er gegessen hatte, kam er wieder zu sich; denn er hatte in drei Tagen und drei Nächten nichts gegessen und kein Wasser getrunken. David sprach zu ihm: Zu wem gehörst du? Und woher bist du? Er sprach: Ich bin ein junger Ägypter, eines Amalekiters Knecht, und mein Herr hat mich zurückgelassen; denn ich wurde vor drei Tagen krank. Wir sind eingefallen in das Südland der Kreter und in Juda und in das Südland Kalebs und haben Ziklag mit Feuer verbrannt. David sprach zu ihm: Willst du mich hinführen zu dieser Schar? Er sprach: Schwöre mir bei Gott, dass du mich nicht töten noch in meines Herrn Hand übergeben wirst, so will ich dich hinführen zu dieser Schar. Und er führte ihn hin.

Und siehe, sie hatten sich ausgebreitet über das ganze Land, aßen und tranken und feierten ein Fest wegen all der großen Beute, die sie mitgenommen hatten aus dem Philisterland und aus Juda. Und David schlug sie vom Morgen bis zum Abend des nächsten Tages, so dass keiner von ihnen entrann außer vierhundert jungen Männern; die stiegen auf die Kamele und flohen. So gewann David alles zurück, was die Amalekiter genommen hatten, auch seine beiden Frauen, und es fehlte nichts, weder klein noch groß, weder Söhne noch Töchter noch Beute noch alles, was sie sich genommen hatten; David brachte es alles zurück« (1. Samuel, 30, 11–19).

Mit diesem *Rezzou* nimmt es ein böses Ende, doch es gibt auch erfolgreiche Raubzüge, bei denen es nicht nur gelingt, Beute zu machen, sondern auch, sie unbehelligt ins eigene Lager zu bringen, wo das Volk die Rückkehr der Krieger feiert: »Die Hütten der Verwüster stehen ganz sicher, und Ruhe haben, die wider Gott toben, die Gott in ihrer Faust führen« (Hiob 12, 6).

Die Herden brauchen ausreichend Futter und Weideland oder den *Badourâche*, wie die arabischen Soldaten sagen. Wasser und Gras – oder Bäume, denn manchmal stellen auch Mimosen das Hauptgericht – sind die beiden Ansprüche, die der Nomade stellt. Natürlich muss man aber beides auf einmal finden, um sich in einer Gegend aufhalten zu können, was ein echtes Problem darstellt. Wie oft erweist sich eine prächtige Weide als nutzlos, da es kein Wasser in der Nähe gibt, und wie oft findet sich mitten in der Geröll- oder Sandwüste ein unerschöpflicher Brunnen, der zu weit vom nächsten Grasbüschel entfernt ist!

Die Nomaden ziehen von Weide zu Weide. Sobald aber ein Wadi erschöpft ist, die Kamele und Ziegen alles abgegrast haben und die kleine, zerstörerische und wilde Axt des Tuareg-Hirten die letzten Akazien niedergemetzelt hat, stellt sich die ewige Frage: Wohin? Wo hat es in den letzten Monaten geregnet? Wo hat Gott befohlen, »dass es regnet aufs Land, wo niemand ist, in der Wüste, wo kein Mensch ist, damit Einöde und Wildnis gesättigt werden und das Gras wächst?« (Hiob 38, 26–27).

Falls nun die vorüberziehenden Reisenden und Karawanenführer keine Auskunft hierüber geben können, wird ein Kundschafter, ein *Chouaf*, mit folgendem Auftrag entsandt: »Wohlan, wir wollen durchs Land ziehen zu allen Wasserquellen und Bächen, ob wir Gras finden und die Rosse und Maultiere erhalten könnten, damit nicht alles Vieh umkommt« (1. Könige, 18, 5).

Ist die begehrte Weide schon besetzt, kann man sie notfalls mit Gewalt an sich bringen: »Und sie zogen hin nach Gedor bis östlich des Tals, um Weide zu suchen für ihre Schafe, und fanden fette und gute Weide und ein Land weit an Raum, still und ruhig; denn früher wohnten dort die von Ham. Und diese mit Namen Genannten kamen zur Zeit Hiskias, des Königs von Juda, und fielen her über die Zelte Hams und über die Mëuniter, die sie dort fanden, und vollstreckten den Bann an ihnen bis auf diesen Tag und wohnten an ihrer Statt; denn dort war Weide für ihre Schafe« (1. Könige, 18, 5).

Ist die Weide nicht ergiebig genug, muss sich der Stamm entweder teilen oder aber weiterziehen. »Und Esau nahm seine Frauen, Söhne und Töchter und alle Leute seines Hauses, seine Habe und alles Vieh mit allen Gütern, die er im Lande Kanaan erworben hatte, und zog in das Land Seïr, hinweg von seinem Bruder Jakob. Denn ihre Habe war zu groß, als dass sie beieinander wohnen konnten; das Land, darin sie Fremdlinge waren, vermochte sie nicht zu ernähren wegen der Menge ihres Viehs« (1. Mose, 36, 6–7).

Und wie das Wasser ist eine schöne Weide bemerkenswert oft

Anlass für Streit: »Lot aber, der mit Abram zog, hatte auch Schafe und Rinder und Zelte. Und das Land konnte es nicht ertragen, dass sie beieinander wohnten; denn ihre Habe war groß, und sie konnten nicht beieinander wohnen. Und es war immer Zank zwischen den Hirten von Abrams Vieh und den Hirten von Lots Vieh. Es wohnten auch zu der Zeit die Kanaaniter und Perisiter im Lande. Da sprach Abram zu Lot: Lass doch nicht Zank sein zwischen mir und dir und zwischen meinen und deinen Hirten; denn wir sind Brüder. Steht dir nicht alles Land offen? Trenne dich doch von mir! Willst du zur Linken, so will ich zur Rechten, oder willst du zur Rechten, so will ich zur Linken. Da hob Lot seine Augen auf und besah die ganze Gegend am Jordan« (1. Mose 13, 5–10).

An einigen wenigen Stellen in der Wüste findet sich Raum für winzige Inseln sesshaften Lebens, die mit Wasser versorgt werden. Sei es durch gewöhnliche Brunnen (Heptapole von Mzad, Adrar in Mauretanien), durch aufsteigende sprudelnde Brunnen (Oued Rhir, Ouargla, El Goléa) oder durch Quellen, die mittels tiefer (Tidikelt, Touat) oder weniger tiefer (die *Arrems* im Hoggar) unterirdischer Stollen angezapft werden. Die Oase umfasst in ihrer allgemein bekannten, klischeehaften Form stets einen *Ksar* mit den typischen Lehmhäusern und Gärten, wo die Dattelpalme als wichtigste Pflanze niemals fehlen darf, so dass das Wort Oase ein Synonym für »Palmenhain« geworden ist.

»Und sie kamen nach Elim; da waren zwölf Wasserquellen und siebzig Palmbäume. Und sie lagerten sich dort am Wasser« (2. Mose 15, 27; vgl. 4.Mose 33,9). Dieses Elim ist aber nur eine winzige Oase und macht neben den Palmenhainen Algeriens eine klägliche Figur. Dort geht die Zahl der Dattelpalmen manchmal in die Hunderttausende.

Da es sich bei dem Wasser in den Oasen oft um Salzwasser handelt, ist es nicht immer genießbar: »Siehe, es ist gut wohnen in dieser Stadt, wie mein Herr sieht; aber es ist böses Wasser, und es macht unfruchtbar.« (2. Könige 2, 19).

Eine Oase bedeutet Sicherheit, Nahrung und Freude. Hat man die Tiere erst einmal in die Kameltrift gebracht (Hesekiel 25, 5) oder sie mit Fußfesseln versehen und laufen lassen, können die Reisenden nach den Entbehrungen der Wüste und den Strapazen der Reise Erholung und Überfluss finden. Spielstätten und verrufene Spelunken sind an diesem Tag voll besetzt und man vergisst die harten Stunden der Enthaltsamkeit, in denen das Volk ausrief: »Denn es ist kein Brot noch Wasser hier, und uns ekelt vor dieser mageren Speise« (4. Mose 21, 5).

»Als David nach Mahanajim gekommen war, da brachten Schobi, der Sohn des Nahasch von Rabba, der Stadt der Ammoniter, und Machir, der Sohn Ammïls von Lo-Dabar, und Barsillai, ein Gileaditer von Roglim, Betten, Becken, irdene Gefäße, Weizen, Gerste, Mehl, geröstete Körner, Bohnen, Linsen, Honig, Butter, Kuh- und Schafkäse, um David und das Volk, das bei ihm war, zu stärken. Denn sie dachten: Das Volk wird hungrig, müde und durstig geworden sein in der Wüste« (2. Samuel 17, 27–29).

# Küstenfahrten

Surging somptuous skies,
For ever a new surprise,
Clouds eternally new…

D. G. ROSSETTI

*Ballade von meiner Zeit in Afrika. – Fahrzeuge. –*
*Mahlzeiten. – Architektur. – Beim Schneider. – Wieder in*
*der Sahara. – Tagesmärsche. – Zwei kleine Schlappschwänze. –*
*Prachtkäfer. – Tropfen des Mondes. – Der fossile Ertrunkene. –*
*Seerosen. – Langsame Fahrt durch die Sümpfe. – Schiffbruch. –*
*Saharabewohner zweiter Klasse. – »Nichts, mein General.« –*
*Der hellwache Schlaf des Ministers. – Fünfzig Grad. –*
*Literarischer Zirkel. – Die kannibalische Schlange. – Die*
*Holzviper. – Rosa Schnee und trockener Regen. – Ein schönes*
*Gasthaus.*

## BALLADE VON MEINER ZEIT IN AFRIKA

### I. STROPHE,
#### DIE VON MEINEN FAHRZEUGEN ERZÄHLT

*Ich bin in die Steigbügel der Fulbe-Krieger gestiegen, aus Leder*
*und so klein, dass nur der große Zeh hineinpasst;*
*    und in den Kotoko-Steigbügel, groß wie eine Kohlenschaufel,*

der in den Büschen klappert und dessen scharfe Kanten als Sporen dienen;

doch ich bin auch zu Fuß gegangen...

Ich bin über die bewegte See gefahren, wo die pulsierenden Schirme der Quallen und die schweren, muschelbedeckten Meeresschildkröten langsam vorbeiziehen;

über die schwarzen, schattigen, finsteren Gewässer der Urwaldflüsse;

über die grünen, sonnendurchfluteten Ströme der sudanesischen Flüsse, deren Windungen sich durch die unendlichen Savannen schlängeln, wo die Antilope inmitten der Mimosen die Flucht ergreift;

bis zu den verlassenen Stränden des Tschadsees, wo die kleinen wilden Wellen aus Kanem und dem geheimnisvollen Land der schwimmenden Inseln vor der ehrwürdigen Versammlung der Pelikane im grauen Sand branden.

Ich bin an Bord der schönen scharlachroten Pirogen des Südens gegangen, die aus einem einzigen Stück Korallenholz gefertigt werden und die durch die Kraft der langen, dünnen Paddel dem Ufer entgegenzufliegen scheinen;

und an Bord der winzigen Paddelboote aus Pinienholz, die die Fischer in Batangafo benutzen und die so leicht sind, dass man sie auf dem Kopf trägt, und noch dazu so klein, dass man sich nur in ihnen halten kann, wenn man wie zu Pferde sitzt und die Beine ins Wasser baumeln lässt – und doch bin ich schnell gekentert!

Und an Bord der schweren Barkassen auf dem Logone, tief in den glühend heißen Steppen des Sudan; hier gibt es weit und breit keine Bäume: die Pirogen bestehen aus schmalen Planken, die von Rinde und Stroh zusammengehalten werden;

und an Bord der Flöße der Araber aus Schoa, einfache Bündel aus Ambatschholz; man setzt sich rittlings darauf und rudert mit den Händen.

## II. STROPHE,

### DIE ERZÄHLT, WIE MEIN DURST GELÖSCHT WURDE

*Ich habe die Milch der Kokospalmen an der Küste getrunken – die süße Milch der jungen Nüsse, die säuerliche Milch alter Früchte – während ich im weißen Sand des Atlantikufers saß, wo die Palmen im stürmischen Seewind rauschen;*

*den Saft der grün und weiß gestreiften Wassermelonen mit dem wässrigen Fruchtfleisch und den roten Kernen, den man in den arabischen Dörfern des Tschad trinkt;*

*den bitteren Nektar der Nüsse der thebanischen Palme, den süßen Saft der Ölpalme, der gegoren die Schwarzen übermütig und trunken macht, und den Sirup aus zerstoßenem Zuckerrohr;*

*Wasser – alle Arten von Wasser: klares, frisches Wasser in den Bergen; warmes, trübes Wasser; fades Wasser; widerliches Wasser in den Ebenen; und Wasser, das man nur trinken kann, wenn man von Durst gepeinigt und von der Sonne ausgedörrt ist;*

*das leicht sprudelnde, prickelnde Mineralwasser der Vulkanlandschaften; aromatisierte Tees aus Zitronenbaumblättern, afrikanischer Minze, Borstengras – das hier keinen großen Wert besitzt, da es an Straßenböschungen gepflanzt wird –, aus gelben Kinkélibah-Blüten und vielem mehr;*

*und die Milch der nördlichen Herden, des arabischen Viehs in den Tiefebenen des Tschad, der Kühe der Fulbe in den Savannen Adamauas.*

## III. STROPHE,

### DIE ERZÄHLT, WIE MAN SICH IN AFRIKA ERNÄHRT

*Ich habe gegessen … Wie viele Speisen ich gekostet habe! Ich kann dir nur eine Zusammenfassung all dessen geben, meine Liebste.*

*Alle Arten von Fleisch: weißes Fleisch, rotes Fleisch, Krokodil – gebratenes Schwanzfilet mit Zwiebeln – und Antilope;*

*den Turako – den blauen Vogel –, das Perlhuhn – ein wenig zäh*
*– und Papageiensuppe: Wenigstens hältst du jetzt mal den Mund,*
*du geschwätziger Schreihals!*

*Den Affen – bei ihrem menschlichen Körperbau wird man fast*
*zum Kannibalen! – und das fade, kümmerliche, allzu alltägliche*
*und hoffnungslos langweilige Schwarzhuhn;*

*alle Arten von Fischen – aus dem Meer, dem See und Flüssen;*

*den riesigen Nilbarsch, der im alten Griechenland als Gott*
*verehrt wurde und dessen Name in der Sprache der Hausa*
*»Wasserelefant« bedeutet; und die winzigen weißen Larven der*
*Alse;*

*die Krustentiere, den Einsiedlerkrebs mit seinen haarigen Sche-*
*ren, Suppe mit* Tourlourous, *den hübschen rosafarbenen Krabben*
*von den Stränden Souelabas, Riesengarnelen an den Wasserfäl-*
*len von Kienké;*

*die Weichtiere, Mangrovenaustern, flache Austern auf den Fel-*
*sen von Kribi, stachlige Süßwasseraustern, Strandschnecken am*
*Meeresufer, und im Wald die riesigen Schnecken, die von den*
*Muschelforschern* Achatina marginata *genannt werden;*

*alle Arten von Gemüse, Yamswurzeln, mehlige Taros, süßliche*
*Kartoffeln, die wie Kastanien schmecken;*

*Spinatersatz, gegrillter Mais – am ersten Tag ist man ganz ver-*
*sessen darauf! –, Kürbiskerne, Palmkohl, der eigentlich nur aus*
*der Endknospe des Baumes besteht, Salat aus Ananastrieben, ein-*
*heimische Bohnen, gebackener Maniok und grüne Papayas, die*
*wie weiße Rüben aussehen;*

*alle Arten von Brotersatz: gekochten Wegerich – den man hier*
*auch* Schweinebanane *nennt –, Brotfrucht aus dem Ofen – die*
*reinste Watte –, armselige Kuchen aus Hirse, Reis oder Mais: ach!*
*Was für ein erbärmlicher Ersatz!*

*Und ein paar europäische, auf den Hochebenen angebaute Ge-*
*müsesorten: Tomaten, Karotten, Auberginen, Kohl, Rüben (dies-*

*mal echte) und Salat ohne Essig und Öl, stattdessen mit Zitronensaft und zerlassener Butter.*

*Alle Arten von Früchten, zunächst die dort angebauten: Orangen – mit grüner Schale, aber trotzdem reif –, Bananen – alle Arten von Bananen –, von denen die wohlriechendste eine kürzere und dickere, zylinderförmige rote Frucht aus dem Land der Fang ist; Ananas, alle Arten von Ananas, die größten, neun Pfund schweren aus Onana-Bessa und die saftigsten, honiggelben, die aus dem heißen Sandboden von Campo sprießen;*

*Avocados, eine pflanzliche Butter, die man anfangs etwas widerlich findet, aber schnell zu schätzen lernt; Mangos – ich liebe diesen terpentinartigen Geschmack, doch wie schwer ist es, sie anständig zu essen! – und Guajaven, von denen die beste nach Erdbeeren riecht.*

*Papayas – eine etwas fade falsche Melone, doch mit etwas Zitrone gewöhnt man sich daran; säuerliche Cayennekirschen; saure Sternfrüchte vom Baum; und noch andere, denn hier wachsen noch unzählige andere!*

*Alle Früchte Afrikas würde ich geben, meine Liebste, für eine gute französische Birne, einen Pfirsich von unseren Spalieren, eine Weintraube, ein paar Haferpflaumen oder auch nur eine Brombeere von unseren Hängen!*

*Und auch die wild wachsenden Buschfrüchte, die man unterwegs isst: kleine, süßliche gelbe Beeren; Feigen aus den nördlichen Savannen, die außer dem Namen nichts mit Feigen gemeinsam haben; Brustbeeren aus dem Tschad, wo die Klauen des Ameisenbärs Spuren in den Termitenhügeln hinterlassen; riesige orangefarbene Kugeln der Palmyrapalme, die »besser riechen als schmecken«, wie Doktor Schultze,* Kaiserlicher Oberleutnant a. D., *in einem äußerst gelehrten Werk über* Das Sultanat Bornu *bemerkt; Anemonengewächse mit gelben Früchten, deren Kerne einzeln von süßem Fruchtfleisch umhüllt sind und mit denen sich die*

Zähne während der langsam dahinziehenden Stunden des Marsches amüsieren können;

eine Art saure Reineclaude; violette Beeren in Trauben; Schoten der Tamarinde, bräunliche Beeren, die man von den feuchten Blättern des Waldbodens aufsammelt;

und Eier – die winzig kleinen Eier der afrikanischen Hühner –, Sauermilch, weißer Käse;

brauner, bernsteinfarbener, dunkler Wildhonig, der scharf und bitter auf der Zunge schmeckt und den man in großen Tonkrügen bekommt – auf arabisch nennt man ihn Bourma –, ein duftendes Mus aus Honig, Wachs, gebrochenen Waben, festklebenden Larven und ertrunkenen Bienen: Aber man reist schließlich nicht in den Sudan, um sich wählerisch zu zeigen, meine Liebste!

### IV. STROPHE,
#### DIE VON DEN WOHNSTÄTTEN ERZÄHLT

Ich habe im Urwald geschlafen, ganz ohne Dach über dem Kopf, direkt auf den feuchten Blättern. Und in genau dieser Nacht – an einem Dezemberabend zwischen Sanaga und Nyong – zeigte sich der Himmel wie in dem Gleichnis, meine Liebste: »Der Regen fiel, die Flüsse traten über die Ufer, die Winde wehten«, und der tropische Wirbelsturm brach über diesen Wald herein.... Ich kauerte auf dem aufgeweichten Boden vor meiner ausgelöschten Feuerstelle, triefte vor Nässe unter einer lauwarmen, von Blitzen durchzuckten Sintflut, wartete auf das Morgenlicht und beobachtete dabei das schwache bläuliche Schimmern des phosphoreszierenden, faulenden Holzes vor mir auf dem Boden.

Ich habe im Tschad unter freiem Himmel geschlafen, im rosafarbenen Staub von Borno, auf einer schönen bunten Matte, wie sie die Kotoko von Makari flechten.

Ich habe in einer Piroge geschlafen, die stromabwärts den Be-

*nue hinuntertrieb, während das nahe Keuchen der Flusspferde –* Dorina *in der Sprache der Hausa – die Ruderer ängstigte.*

*Ich habe in den Hütten der Einheimischen genächtigt, in allen Arten von Hütten, denn bedenke, meine Liebste, dass jede Gegend und jede Volksgruppe ihre ganz eigene Bauweise besitzt;*

*in den rechteckigen Hütten der Fang tief im undurchdringlichen Wald, mit Wänden aus ausgerollter Baumrinde; in denen der Douala, deren Wände und Dächer vollständig aus Blättern der Bambuspalme bestehen; in denen der Ewondo, deren Wände aus gestampfter Erde auf einem Tragwerk aus Holz angebracht werden;*

*in den Hütten der Bamum, hohe quadratische Tonbauten mit einem riesigen kegelförmigen Grasdach; in denen der Fulbe – die klassische Strohhütte, wie sie im Buche steht –, ein rundes Gebäude mit spitzem Dach und einem Grundstück, das von hohen, auf Stangen gespannten Matten eingeschlossen wird;*

*in den Hütten der Araber im Tschad, die ebenfalls kreisförmig gebaut sind, aber ganz aus Stroh bestehen; in den einfachen, provisorischen Behausungen der Bororo-Hirten, der schönsten und reinsten Angehörigen der Fulbe – wie geschmeidig und anmutig ihre hoch gewachsenen, schlanken Frauen sind – ganz in blaues Tuch gehüllt! Ihr Unterschlupf besteht nur aus einer Gräser- oder Blätterdecke über ein paar gekrümmten Zweigen;*

*in den Hütten der Moundang, eigentümlichen kleinen Festungen mit Terrassen, die von Kuppeln überragt werden, in denen die Hirsespeicher untergebracht sind, und die kreisrunde Öffnungen als Türen haben; in denen der Mousgoum – oh! Der seltsame Anblick der riesigen weiten Ebene am Logone mit ihren Palmyrapalmenwäldchen und dazwischen diese erstaunlichen Zuckerhüte aus geriffeltem Lehm!*

*In den Hütten der Kotoko, der großen Baukünstler und Lehmverarbeiter: mehrstöckige Gebäude, ehrwürdige, mittelalterlich wirkende Burgen mit engen Gängen, Paläste mit unzähligen Räu-*

men und dunklen Korridoren, Terrassen, Emporen, hohen Zimmern, flachen Dächern, rustikalen Treppen, Mauern mit Schießscharten und – du wirst diese Kleinigkeit, die das Versailles des Sonnenkönigs beschämen wird, sicher verzeihen, meine Liebste – einem Abort im ersten Stock!

### V. STROPHE,
#### DIE VON DEN »LATEST AFRICAN FASHIONS« ERZÄHLT

Ich habe alle Moderichtungen kennen gelernt, meine Liebste, alle neuesten Kreationen, die die modebewussten Damen des Urwalds und die Dandys im mittleren Sudan tragen.

Der letzte Schrei der Herrenmode bei den Kirdis aus Matafal ist ein einteiliges Gewand aus feiner Flechtarbeit, für die Aristokraten auch in zweifarbiger Luxusausführung, altrosa auf strohgelb – der feine modische Unterschied.

Bei den Bamileke besteht die einzige Kleidung der Frauen und jungen Mädchen aus einer Kordel aus Lohe um die Hüfte; einige tragen sogar gar nichts am Leibe, ein für Personen mit derartigem Gesäß wenig vorteilhafter Aufzug.

Das Trachtengewand der kräftigen Männer im Lande der Masai am Logone heißt Kanamaï, Ziegenhaut, die sich der sudanesische Geck sorgfältig um die Taille schnürt und mit ihren langen Falten das Gesäß bedeckt:

> Denn wenn er hinten sich verhülle
> Wo die Winde streichen
> Auf dass alle Fülle
> Möge nach vorne entweichen.

Die Frauen der Fang tragen vorne ein Stück Stoff oder in Ermangelung dessen auch einige Blätter und hinten einen kleinen Besen mit pflanzlichen Fasern, manchmal rot oder schwarz gefärbt, der

71

*beim Gehen und Tanzen ständig über dem Hinterteil auf und ab hüpft. Auch beim Sitzen leistet er gute Dienste.*

*An den Ufern des Léré-Sees habe ich Moundang-Frauen gesehen, die ein weißes Stäbchen durch den rechten Nasenflügel trugen.*

*Ihr muslimischen Völker, Fulbe, Araber, Kotoko, Bornos, Hausa und alle anderen – ich preise euch dafür, dass ihr die vollkommenste Kunst der Kleidung bewahrt habt, die harmonische Schlichtheit der* Gandoura, *die Lehre von der Toga, das Wissen um Falten und Tücher; ach, welch wunderbare Kleidung des Islam, die langen, farbenfrohen, prachtvoll bestickten Gewänder, die weiten* Sérouals, *die kunstvoll gewundenen Bänder!*

*Doch kann man niemanden zu seinem Glück zwingen.*

Natürlich nicht. Außerdem sind der Urwald und die Savanne nur Intermezzi, Zwischenspiele. Das eigentliche Stück spielt sich in der Wüste ab, und dorthin ruft man mich bald wieder zum zweiten Akt.

Ich werde nämlich als Naturwissenschaftler (für Zoologie und Botanik) an der Saharamission Augiéras-Draper teilnehmen, die uns vom Hoggar in die südwestliche Sahara führen und 1927–1928 im Senegal enden wird.

Die plötzliche Berührung mit der mauretanischen Wüste war nur ein flüchtiges Liebesabenteuer; nun ist es an der Zeit, genauere Bekanntschaft zu machen. Saharabewohner wird man genauso wenig über Nacht wie Seemann, Astronom oder Tischler. Man muss eine lange und harte, körperliche wie geistige Lehrzeit durchlaufen. Eine einmalige Gelegenheit, damit zu beginnen.

»Einen Monat lang«, fährt Ibn Battúta im vierzehnten Jahrhundert fort, während die dreißig Bretonen des Sire de Beaumanoir ihre dreißig britischen Gefährten niedermetzeln, »bereisten wir die Gegend von Haccâr; dort gibt es wenig Pflanzen, viele Steine, und der Weg ist beschwerlich. Die Haccâr oder Haggâr sind ein Berberstamm, der einen Schleier im Gesicht trägt; über sie lässt sich wenig Gutes sagen, es sind Taugenichtse.«

Dem haben wir nichts hinzuzufügen. Übrigens bringt eine Autobuslinie die Neugierigen mitten in den Hoggar hinein: Tourismus, Kameras, Reporter stellen sich ein. Stoßen wir also weiter vor.

Mühevolle Märsche: Besnard, der Geologe mit dem turkmenischen Käppchen, und ich haben es uns zur Regel gemacht, die Hälfte eines Tagesmarsches zu Fuß hinter uns zu bringen, von der Morgendämmerung bis zur Mittagspause – zwanzig bis fünfundzwanzig Kilometer. Eine »eindrückliche«, aber schonungslose Erfahrung: Akaziennadeln, Igelgrasdornen mit Widerhaken, wundgescheuerte Füße in den Sandalen, Blasen. Das Vergnügen hält sich in Grenzen, wenn einem auf der einen Seite ein Sack mit Einmachgläsern die Hüfte zerschrammt und auf der anderen ein Herbarium mit schweren Brettern gegen das Gesäß schlägt. Wir können uns nicht einmal in den heißen Stunden unserer Jacken entledigen, denn ihre unverzichtbaren Taschen enthalten Dinge wie Uhr, Röhrchen, Lupe, Messer, Notizbuch und dergleichen mehr.

Timmissao: eine große Sandsteinfläche auf einer Rumpfebene; die blaue Wand des Tassili, über den wir seit gestern marschieren, öffnet sich halb und verschlingt uns. Ein mit weichem, staubfeinem Sand bedeckter Cañon zwischen hohen, zart gefärbten, oft weinroten Felswänden. Der süße Duft von Seidenpflanzen, auf denen Tagpfauenaugen Blütenstaub sammeln. An der Decke einer Höhle arabische Schriftzeichen, ein Vers der Sure der Kuh: »Und so wird Gott dich vor ihnen retten, der alles hört und der alles weiß.«

Zwei Tage später Tigueurt, eine verlassene Quelle im Einschnitt einer Felswand; vom Einsturz bedrohte Schutthalden und dahinter eine leuchtend grüne Wiese, oh! – zwar winzig, aber trotzdem eine Wiese mit Minze, Moos, Farnen und einer anmutigen Salzbunge, dem *Samolus valerandi*.

Auf dem Rückweg sehen wir eine Spießente, ein erschöpfter Zugvogel.

Schmetterlingseier: zierliche gelbe Zitronen mit gepunkteten Rippen, manchmal auch purpurrot gestreift.

Am Abend ein prächtiger, malvenfarbener Sonnenuntergang. Gazellen springen zwischen blühenden Mimosen umher, wo noch schwarze Bienen summen.

Jeden Tag sind wir vom Morgengrauen bis in die Nacht beschäftigt, manchmal auch schon lange vorher. Sobald es tagt, müssen wir uns von unseren kuschelig warmen *Burnussen* trennen und uns in schäbigen *Sérouals* aus hauchdünner Baumwolle und mit nackten Füßen auf kaltem Sand schlotternd in den eisigen Morgen wagen. Das prasselnde Feuer aus angezündeten Hirsebüscheln wärmt uns für einen Augenblick – eine kleine Insel des Wohlbefindens und der Klarheit in einer windigen und kalten Umwelt.

Nach dem Aufladen der Pflanzenbretter beginnen wir unseren täglichen Fußmarsch. Gegen elf Uhr ein kurzer Halt: rauf auf die Kamele. Am Nachmittag schlagen wir ein Lager auf. Bald wird es Nacht und die Arbeit – Notizen, Beschriftungen – ist noch lange nicht beendet. Am Abend bringt man uns zwei Hyänenhunde aus einem Feld mit violetten Kreuzblütlern, so dass Besnard und ich noch bis Mitternacht zu tun haben. Vier Stunden später werden wir wieder geweckt.

Auch am nächsten Tag, dem 27. November 1927, dem ersten Adventssonntag, erreiche ich das Ziel entkräftet. Gleich nach der

Ankunft im Lager lege ich mich schlafen, Besnard ebenfalls. Beim Aufwachen bemerkt er freudestrahlend meine Erschöpfung und fragt voller Erleichterung darüber, dass es uns ähnlich ergeht: »Aha, Sie machen also *auch* schlapp?«

Auf den Akazienkätzchen wunderschöne Prachtkäfer, deren metallisch grüne Deckflügel in schwefelgelben und orangefarbenen Facetten schimmern.

Tisserlitine. Grauer oder bräunlicher Schotter, so weit das Auge reicht, durchzogen von kleinen Schluchten, aus denen grüner Mergel und Gips hervorschauen. Unendliche Trostlosigkeit. Mit Sand bedeckter Kies. Doch diese armseligen, farblosen Ebenen sind mit matten Quarzkieseln übersät: Tropfen des Mondes, Körner der Morgendämmerung, durchsichtiger Frost, mattes Gelb, Honiggelb, rosiger Bernstein. Vom Jäger der Insekten und Pflanzen bin ich zum Jäger der Steine geworden: Meine Taschen sind prall gefüllt.

Eine grüne Heuschrecke mit einem feinen, baumartigen weißen Muster, dass durch karmesinrote Linien betont wird.

12. Dezember: Meine erste Laus diesen Winter. Doch Besnard hat bereits zwei davon gefangen, und der Oberleutnant gibt mir für meine zoologische Sammlung ein ganzes Fläschchen davon. Es ist Nacht unter dem triumphierenden Sternbild des *Mejbou'a* – an unserem heimischen Himmel der Orion, doch hier steht er höher, hat den Zenit erklommen und sich umgedreht.

Asselar: ausgetrocknete Seen, Muscheln, Gerippe von Fischen, Krokodilen und Flusspferden, das fossile menschliche Skelett eines vor Urzeiten Ertrunkenen, der in den wissenschaftlichen Abhandlungen als *Mann von Asselar* seinen Platz finden wird – trotz all der hochtrabenden, grotesken und erlogenen Behauptungen in den Schlagzeilen: *Der Affenmensch der Sahara, affenähnliche Züge* und so weiter.

Am nächsten Tag ein langer Marsch durch die Sonne der Steinwüste, gleichsam als Strafe: Gestern entdeckte ich vom Rücken meines Kamels aus eine unbekannte blaue Blume (für mein Herbarium), wagte jedoch nicht, das Kamel knien zu lassen, um sie zu pflücken. Jetzt kehre ich dorthin zurück, um sie in meine Liste aufzunehmen – eine Kleinigkeit.

Wir nähern uns dem Sudan mit seiner trostlosen Steppe, trister, geschorener Kahlheit, grindig, grau, schmutzig, unförmig, reizlos und mager bewachsen mit ausgetrockneten Pflanzen und gelbem Gestrüpp.

Bei In Tassit ein wahrer Wald aus Sodomsapfelbäumen, eine baumartige Seidenpflanzenart, bewundernswert kraftvoll, rein und klar strukturiert. Kerzengerader Wuchs ohne störende, breite Verästelungen. Blätter mit ganzem Rand, rundlich, dick, fleischig, glänzend und wie mit grünem, leicht ins blaue spielendem Lack bestrichen. Blüten in gipfelständigen Doldentrauben, samtig, malvenfarben, exakt gezähnt, tadellos, ohne Schnörkel. Ein herrlicher Duft. Ovale Frucht, zuerst grün, dann gelblich, deren Samen wie die Schuppen eines Fisches angeordnet sind; sie schimmern zunächst silbern, dann bräunlich und wirken wie von Damhirschleder überzogen. Jeder Samen enthält einen Flugschirm mit feinen Härchen, deren Vereinigung in der Frucht dann einen samtigen, weichen Flaum ergibt, glänzende Seide, die in leichten Faserbüscheln entschwebt.

Ein Schritt weiter, und wir befinden uns – am 1. Januar 1928, nach den Neujahrswünschen – am Niger, der gerade Hochwasser führt: breit, tiefblau und voller dicker Schichten prächtiger grüner Wasserpflanzen – doch trotz seiner Größe ist er innerhalb der kahlen Uferböschungen von schäbigem, kargem Sand gesäumt, der an die Sahara erinnert.

Wasser schwappt in die kleine Piroge aus schlecht verarbeiteten Brettern, die sich schwankend ihren Weg bahnt, mitten durch die Stoppelfelder mit wildem Reis, deren Ränder mit purpurnen Winden geschmückt sind. Schwimmende Wiesen: winzige Köpfe des Wassersalats, weiße Sumpfblumen mit geschlitzten Blättern und gelben Blütenböden – hat es geschneit? –, ganze Felder von rosafarbenen, weißen, violetten und blauen Seerosen, und makelloser Riesenlotos mit gekerbten Blättern.

Die Reinheit dieser Seerosen ist beinahe unangenehm, die Blütenkronen sind so unverdorben und von solch intimer Jungfräulichkeit, dass man sich fast schämt, sie anzusehen, da man dabei das Gefühl hat, ein Geheimnis zu entdecken, das nur für andere bestimmt ist; man glaubt, eine Taktlosigkeit zu begehen, ja fast ein Schamgefühl zu verletzen.

Wieder unterwegs. Unveränderte Landschaft: immer noch das graue Wasser, das Schilfrohr, die Reiher, die Ibisse und die Eisvögel mit Schopf.

Besnards Verzückung nimmt kein Ende, alles bezaubert ihn: eine Blume, eine Wolke, der Flügel eines Vogels, ein schwarzes Kind: »*Mir Bôji*...«, sagt er, »die Erde des Herrn...« – »Mir geht es genauso«, erwidert M., »doch in meine Neugier mischt sich ein alter bitterer Beigeschmack, der mir die Kehle zuschnürt. Denn was kommt danach? Wenn das Kaleidoskop funktioniert hat, wenn die Jagd nach Bildern und Eindrücken den Sammler hat müde werden lassen, was passiert dann? Werden diese einzeln aneinander gereihten Eindrücke ineinander verschmelzen, wird diese Saat aufgehen, wird sie Früchte tragen? ›Und was nutzt es dem Mensch, die ganze Welt zu besitzen‹ – oder sie einfach in simpler Neugier zu durchreisen –, wenn er dabei seine Seele verliert?«

Timbuktu, der ehemals mysteriöse, ärmliche Marktflecken für Töpferei.

Im Sumpf, ja sogar im Wald kommt man nur langsam vorwärts, denn die Lastkähne fahren manchmal zwischen den Akazienästen hindurch, die voller Nester hängen.

Ein smaragdgrüner Bienenfresser mit dunklem Federkragen – ein tiefschwarzer Sperlingsvogel mit goldener Haube und samtener purpurfarbener Brust.

Hochwasser, starker Wind, schäumende Wellen, das Segel löst sich, der Mast stürzt um, Wanten und Rahe zerbersten, wir liegen quer zu den Wellen und schlingern heftig. Letztes Jahr sind nicht weit von hier einige Pirogen gekentert: dreißig Schwarze ertranken.

Merkwürdiges Tagesende: Genau so stelle ich mir das friesische Moorland im Herbst an der Nordsee vor. Eine geheimnisvolle Landschaft voller stiller, grasbewachsener Gewässer – unendliche, von Pfützen durchlöcherte Flächen von Wassergras, die von einer blasssilbernen, im Nebel versunkenen Scheibe erhellt werden; ein farbloser, verwaschener Himmel wie aus trübem, glanzlosem Metall; ein unwirkliches, überirdisches Licht, das mir auf unerklärliche Weise Angst einjagt. Nur in der Abenddämmerung färbt sich die Sonne leicht orangefarben und verleiht einigen Wolken eine rosige Farbe.

Schiffbruch am Ufer des Débo-Sees, der sich um diese Jahreszeit mit seinen Wellen und Stürmen in ein Binnenmeer verwandelt. Felsen werden von der Brandung bespritzt, die sich am Fuße der Affenbrotbäume und der gegabelten Palmen bricht.

Im kalten Abendwind klettere ich eine hohe Felswand aus Sandstein hinauf. Gerade geht die Sonne am Horizont des Meeres unter:

> Break, break, break,
> At the foot of thy crags, O Sea!
> And I would that my tongue could utter
> The thoughts that arise in me…

Ein lauter Schwarm von Kronenkranichen zieht vorbei. Vogelschreie, die wie schnelle Schläge auf einem silbernen Amboss klingen. Schwärme von Möwen mit großen orangefarbenen Schnäbeln.

Baden. Unsere Haut ist eindeutig nicht vorzeigbar. Unter freiem Himmel, unter der Sonne Gottes, sehen wir aus wie Engerlinge und Salatherzen: larvenartig, kränklich, etwas abstoßend und beinahe obszön, während die sogar vollkommen nackten Eingeborenen sich ihre Makellosigkeit bewahren.

Ich komme mit einem wunderschönen kleinen grüngelben Papagei auf der Schulter zurück. Er sieht grotesk aus, fast wie im Karneval, ist aber sehr gut erzogen. Ich fühle mich wie der typische Südseeheimkehrer.

Na schön, es verhält sich mit Saharareisen wie mit Prüfungen: Die erste ist Zufall, die zweite Fügung und die dritte Gewohnheit.

Ich bin mit diesem neuen Aufbruch in die Sahara bei der Gewohnheit angelangt, wenn auch bei einer besonderen Art von Gewohnheit.

Als Günstling der Götter werde ich meine Zeit als Rekrut nicht etwa in einer Kaserne absitzen und sie auf diese Weise vergeuden. Man hat mich als Saharabewohner zweiter Klasse in die *Compagnie Saharienne du Tidikelt-Hoggar* aufgenommen, und so wird mein »Dienst« wenigstens von Nutzen sein, da ich unterwegs Material für eine Monografie über den Ahnet-Adrar sammeln werde.

In Salah, Januar 1929. Ich mache mich wieder auf den Weg, und selbst nach nur wenigen Monaten in Europa muss ich mich wieder neu an das Klima gewöhnen: Füße, Augen und Haut bedürfen einer erneuten Akklimatisierung.

Die Jahreszeit der Verbrennungen. Man muss das Gesicht schützen: Der um den Kopf gewickelte *Chech* lässt nur einen schmalen Spalt für die Augen frei. Das Gesichtsfeld hat die Form eines schmalen Halbmonds, durch den man einen winzigen Teil des *Regs* und zwei Kamelhufe wahrnimmt. Mittelalterliche, ritterähnliche Eindrücke, denn ein Helm ist genauso ein Turban aus Stahl wie der *Chech* ein Helm aus Musselin: zwei gleiche Vorrichtungen mit ähnlichem Zweck, nämlich dem, Angriffe abzuwehren, der eine die von Pfeilen, der andere die der Sonne.

Tajmout, ein winziges *Bordj* mitten in einem schwarzen Felsenmeer. Festmahl auf einer Decke im Hof der kleinen Festung: eine Schale Suppe – Nudeln und Trüffeln aus der Sahara – und *Kessera*. Gäste: zwei arabische Kamelreiter, ein französischer Rekrut, ein deutscher Gefreiter, ein erwachsener Schwarzer, ein halbwüchsiger Schwarzer, eine erwachsene Schwarze und ein kleiner Junge, der Mischling eines hannoveranischen Freimaurers und einer Schwarzen sowie Enkel des Stallmeisters von Ulrich von Wüstenstein.

15. März: ein kleines Lager von Kamelreitern nahe der Piste zum Hoggar. Ein *Génénar* ist soeben im Automobil vorbeigefahren. Wir haben unsere Gewehre präsentiert. Er hielt jedoch nicht an: »Und sonst, irgendwas Besonderes?« – »Nichts, mein General.« Wir trauten uns nicht hinzuzufügen: »Außer dass wir seit achtzehn Tagen in der Wüste gestrandet sind, auf den leicht verspäteten Lebensmittelkonvoi warten und nichts mehr zu essen haben – zwanzig Löffel Suppe in vierundzwanzig Stunden!«

Einige Tage später stoße ich in einem Talkessel zur mobilen Einsatztruppe des Ahnet, der ich zugeteilt bin und die gerade aus dem Westen kommt.

Man hatte sie auf die Transsaharastraße mitten in die Tanezrouft geschickt – eine Reise von zweihundert Kilometern –, um Monsieur Maginot, dem Kolonialminister, der per Autobus aus dem Sudan zurückkehrte, die Ehre zu erweisen. Am bewussten Tag sind die vierzig bedauernswerten Männer auf ihrem Posten. Die Nacht bricht herein. Sie werden auf dem *Reg* übernachten.

Ein schwaches Licht am Horizont, Scheinwerfer ... »Präsentiert das Gewehr!« Und schon fährt der Bus des Ministers mit geschlossenen Vorhängen und seiner eingeschlafenen Exzellenz in Windeseile und mit unvermindertem Tempo vorbei. Ein zweiter Wagen hält dagegen an, da ihm die Straße versperrt wird.

Monsieur le Ministre erfährt also am nächsten Tag beim Aufstehen, wie er an den Kamelreitern vorbeigesaust ist. Und bald wird auch bekannt, dass der Schlafende entgegen des Anscheins die Abteilung sehr wohl bemerkt und das »gute Benehmen der Truppe« in den höchsten Tönen gelobt habe.

Nomadentum im Kleinen: langer Halt und kurze Wege. Ein Jahr in der *Zériba*: In jedem neuen Lager werden neue Strohhütten aus zusammengebundenem Gras auf einem Gerüst von Ästen gebaut. Im heißen Sommer des Ahnet ist ein Zelt nicht zu gebrauchen: siebenundvierzig Grad am 2. Juli, gar fünfzigeinhalb Grad – in der *Zériba* – am 20. September 1929 um 14.04 Uhr im Oued Adoukrouz.

Wir trinken zehn Liter während der fünfzehn Stunden unseres täglichen Nichtstuns, und das Leben pendelt sich auf einen ungewohnten Rhythmus ein: zwei ganz kurze Tage – von der Morgendämmerung bis acht Uhr und von fünf Uhr nachmittags bis zum Sonnenuntergang – getrennt durch zwei Nächte, die dunkle und die sengend heiße, die des Tanit und die des Baal, von denen die eine Verbrennungen hervorruft und die andere immer noch mild ist: zweiundvierzig Grad um 20.30 Uhr, fünfunddreißig Grad um 1.30 Uhr ...

Von der Herde, die jeden Abend im Lager zusammengepfercht

wird, geht ein ekelhafter Wiederkäuergeruch aus. Ein starker, schwerer Gestank, der sich in Wellen ausbreitet, dicht über dem Boden stehen bleibt und die Schlafenden in Wolken einhüllt, die einem den Magen umdrehen.

Man ist von Hitze und Wind ganz benommen, der Körper erschlafft und verfällt gleichsam in eine Art Winterschlaf.


Lesestunde. Jeden Tag lese ich meinen zwei Gefährten laut vor. *Salammbô*: Mein Kamerad, der bretonische Obergefreite, lächelt süffisant und trägt dabei die amüsierte, skeptische Miene des »Herrn-dem-man-so-was-nicht-erzählen-kann« zur Schau, als ich ihm versichere, dass Karthago wirklich eine große Stadt war. Und das Ende des ersten Kapitels, »Der Schmaus von Mégara«, entlockt ihm folgenden geistreichen Ausspruch: »Die haben den Mund ja ganz schön voll genommen damals ...«

Auf dem Weg nach In Zize ist *Die Prinzessin von Clèves* an der Reihe. Der Beginn lässt an ein gut organisiertes Feuerwerk denken. Zunächst ein Hervorschießen zahlreicher ähnlicher glitzernder Sterne in mittlere Höhe: der Hof Heinrichs des Zweiten.

Dann löst sich aus dieser anonymen Menge plötzlich eine rötliche Linie, ein dünner, gewundener Stängel, der sich kurz darauf mit einem Mal zu einer Feuerblüte entfaltet, einem Gestirn, das zugleich strahlender und erhabener ist als die Masse der unteren Sternbilder. Dann folgt ein weiteres von gleicher Größe. Und darauf ein drittes, das alle anderen übersteigt.

Und so geht es weiter; nach ein paar Funkengarben wird Monsieur de Clèves vorgestellt, »der eine Umsicht besaß, wie sie sich kaum bei der Jugend findet«. Einen Augenblick später taucht ein neuer Stern auf, der alle anderen überstrahlt: der Herzog von Nemours, »von unvergleichlichem Wert und derartiger Anmut in Geist, Gesichtszügen und Taten, die man allein bei ihm je gesehen hat«.

Doch erst das dritte Feuer steigt bis in den Zenit und bildet nach den Unterhandlungen für den spanischen Frieden das Bukett am Himmelszelt: »Nun erschien bei Hofe eine Schönheit, die alle Blicke auf sich zog...«

Im Ahnet ist es heiß im Sommer, aber auch sehr windig. Sandstürme, noch mehr Sandstürme, weitere Sandstürme und immer so weiter. Hier mangelt es eindeutig an Abwechslung: Einen Sturm aus Puderzucker, Heringsschuppen oder Gurkenkernen ließe ich mir ja noch gefallen, aber immer nur Quarzkörnchen sind auf die Dauer doch langweilig.

Das Ende der Welt oder der Anfang? Genese oder Apokalypse? Die Erde, ein schaukelndes Floß, taucht ein in ein farbloses Chaos.

Aufteilung der Lebensmittel aus einem Konvoi. Ein malerisches Schauspiel. Hügel aus Zuckerhüten, Berge von Makkaroni, auf denen ein großer fröhlicher Beduine tanzt, um sie zu zerkleinern, Pyramiden aus grünem Tee. Der Zucker wird zu möglichst gleich großen Häufchen zusammengeschichtet. Dann entfernt sich ein Soldat, stellt sich mit dem Rücken zum Zucker und ruft auf die Frage »Wer bekommt diesen da?« den Namen eines Rationsempfängers, so dass der pure Zufall über die Verteilung der Rationen entscheidet.

In meiner *Zériba* am 22. Oktober 1929: Eine goldgelbe Natter verschlingt eine Artgenossin. Ich kannte diese Art von Kannibalismus vorher nicht. Der Anfang ist schnell gemacht, und schon gibt es für die Beute kein Zurück: Was einmal drinnen ist, kann nicht wieder heraus. Auch als ich das Opfer am Schwanz packe, reagiert sein Mörder wie verstört, überrumpelt von dieser seltsamen List, und erweckt trotz seiner Bemühungen, eine gleichgültige und trotzige

Miene zu bewahren, den hinreißenden Eindruck eines Fisches, der an der Leine zappelt.

Unsere Reptilienforschung geht weiter. Eines Septemberabends versetze ich das Lager mittels einer Viper aus Holz in Aufregung: eine ungewöhnlich geformte Tamariskenwurzel, die durch einen schwarzen Bindfaden, der über einen Baumstumpf als Rolle läuft, mit meiner Hand verbunden ist.

So reicht es im Dunkeln aus – wir hocken gerade auf einer Decke und essen –, so zu tun, als hörte ich ein Geräusch, »wahrscheinlich eine Maus...«, um dann hastig zurückzuweichen und mich zu korrigieren: »Ja, ein Tier, da... Aber das ist ja eine Viper!«, und das weißliche, sich windende, verteufelt nach Schlange aussehende Ding beginnt, auf die Decke zu kriechen.

Alle springen auf und schreien. Zehn Soldaten stürzen mit Knüppeln und Fackeln los. Sie haben das Tier gesehen, das sich auf einen Sandhügel zubewegt. Sie müssen es erwischen, bevor es das schützende Blätterdach erreicht. Der besonders tapfere Hamalarbi schwingt seinen riesigen Knüttel und versetzt dem Tier einen so furchtbaren Schlag, dass meine Holzviper mit einem wenig nach Tier klingenden Krachen in tausend Stücke zerspringt. »Du hast sie verfehlt... Du hast nur ein Stück Holz getroffen... Dummkopf... Bringt mal eine Fackel her... Sicher ist sie entkommen... Da ist ihre Spur... Hier lang...!«

Der Streich mit der Holzviper geht in die Annalen der mobilen Einsatztruppe des Ahnet ein. »Mensch, Monod, du bist echt ein Verrückter...«, lautet der abschließende Kommentar des bretonischen Obergefreiten.

Tagesmärsche. Wir kampieren jeden Abend an einem anderen namenlosen Ort, den wir niemals wieder sehen werden. Das Aufbrechen, das ständige Aufbrechen, ohne jemals anzukommen, spiegelt in einem Maße unsere Reise zu uns selbst wider, dass es uns innerlich zerreißt. Eine ewige Flucht in einer Welt, in der die »Flüsse Babylons« – ob aus Wasser, Wind oder Staub – »herabstürzen, fließen und reißen… O Heiliges Zion, wo alles sicher ist und nichts herabstürzt!«

Heuschrecken. In der Morgendämmerung hocken sie noch da und die kleinen Akazien verschwinden unter rosigem, korallenrotem oder lachsfarbenem Schaum. Bald wird sich die lebende Wolke erheben und in geflügelte Flocken auflösen; ein Schneegestöber, schwarz am Himmel, hell auf dem dunklen Sandsteinboden.

Ein grauer Dunst schmückt die Berge: Sind die alten Vulkane wieder zum Leben erwacht? Vor die Sonne schiebt sich eine Milchstraße aus glitzernden Punkten, doch sie zittert und ist von schwebenden Sternen, sich öffnenden und wieder schließenden Ringen, zusammengerollten Spiralen, Voluten, Kometenschweifen und Nebelwolken durchzogen. Es wird einem schwindelig, wenn man diesen Wirbel aus Heuschrecken zu lange betrachtet: Nimmt man so unser Universum von außen wahr?

In der Abenddämmerung entlädt sich die Wolke: ein prasselnder, rauschender, trockener Regen. Danach legen sich die rosafarbenen Heuschrecken dicht aneinandergedrängt schlafen. Die Sonne verschwindet unter dem Schauer.

Kies, Flöze, Schichten, Skizzen von Felsmalereien, Ausgrabungen uralter Gräber. Als Werkzeuge nur Kompass, Stift und Thermometer. Die Geologie ohne Hammer… pure Steinzeit, doch wie sehr lernt man durch sie die Eisenzeit schätzen!

Marmorfelder bei Amasine, strahlend weiß mit rosafarbener, blassgrüner oder malvenfarbener Maserung, außerdem dunkelblau, grün, wein- und karminrot. Schnee, Seife, Beckenränder am Trianon, Kandiszucker der Süßwarenhändler, Kerzen am Weihnachtsbaum. Der feine, pastellfarbene, wächserne Zwiebelmarmor ist in dieser schwarzen Landschaft eine Seltenheit – der einzige Fels hier, dem die bräunenden Sonnenstrahlen nichts anhaben und der auch nach hunderttausend Jahren Sonne seine Reinheit bewahrt.

Etwas weiter entfernt gibt es in einer Hölle aus Schutt und Felsen Schwindel erregend steile Cañons, die mit großen, farblich an Amseleier erinnernden grünblauen Kieseln bedeckt sind. Und azurblaue und rosafarbene Quarzkiesel, die den großen schwarzen Kadaver von Adjerazraz mit blassen Adern durchziehen.

Die Heimkehr steht bevor. Ich verlasse meine Berge. *Reg* und *Erg* außerhalb des Massivs, die steinige Ebene und die Düne, die unendlich weiten, ernsten, starken und wenn auch sonnendurchfluteten, trostlosen Landschaften – trostlos, weil sie wahrhaftig sind, weil sie nicht trügen. Die Wahrheit kann zur Freude gereichen, aber nicht zur Fröhlichkeit. Die Fröhlichkeit ist nur die Maske, mit der wir das Gesicht der Wahrheit ausstaffieren – aus Angst, wie Pascal sagen würde, dass sie uns mit all unseren Lastern nicht in Frieden lassen könnte.

Januar 1930. Die Rundreise ist beendet. Abschied von Tidikelt, doch wir stimmen nicht das grimmige Lied der »Entlassenen« an:

> *Langweilt euch tot in In Salah!*
> *Uns doch egal, wir sind bald nicht mehr da …*

Letzte Etappe: Algier und ein schönes Gasthaus, »die Sammelstelle für Versprengte«. Eine unterirdische, düstere Zelle mit dicken Gitterstäben –, dessen Verwalter mich gutmütig empfängt: »Nimm deine Decken und leg dich aufs Ohr.«

# Archive auf Stein und Angler

Ich machte Halt und fragte,
doch was nützen all die Fragen
an stumme, starre Dinge
deren Sprache ich nicht spreche?

LABID BEN RABI'A

Eine Frechheit, dieses Land! – *Weibliche Silhouetten. – Müllhaufen. – Im Zeitalter der Angler. – Seen und Lagunen. – Eine
venezianische Sahara. – Prähistorische Chronologie. – Eine
Bibliothek auf Stein. – Und ein Bilderbuch. – Felsmalereien. –
Inschriften. – Liebe und Theologie. – Geheime Schriftzeichen.*

Wir kommen aus dem Süden Marokkos, von dem uns nun acht-
hundert Kilometer Schotter und Dünen trennen (und was für
Dünen!): der Erg Chech von Taghmanant-El Habib, durch den wir
mühevoll gestapft sind. Acht große Seitenarme des Erg und drei
kleine an einem Tag – wer sie kennt, versteht, was das bedeutet.

Nun kampieren wir am Rande der Tanezrouft. Hinter uns liegt
In Dagouber, die letzte Wasserstelle im Sudan, fünfzehn Kilome-
ter entfernt; vor uns 450 Kilometer unendliche Sandwüste, ohne
jede Unebenheit im Boden, ohne Wadi, ohne Baum, sogar ohne
Felsen, bis zu den Bergen des Ahnet und dem ersten Brunnen im
Land der Tuareg.

»Eine Frechheit, dieses Land …«, stößt der Oberleutnant hervor und versucht dabei, den größten Teil des Sandes auszuspucken, den er gerade aus Versehen mit dem Satz seines aus Brackwasser gebrühten Kaffees zu sich genommen hat.»… und nicht mal Holz, um heute Abend diese finstere Nacht aufzuhellen. Sie wird kalt und genauso windig sein wie der Tag.« – »Und das will etwas heißen«, füge ich hinzu. Tatsächlich hatte uns der Wind großzügig »bedient«, eingesandet und eingefroren; und tatsächlich entsprach dieses Land genau der markigen Diagnose meines Kameraden.

Nichts als Kiesel und Sand. Ein steiniger Horizont. Eine Minerallandschaft mit Hügeln ohne die runde Form und die unregelmäßigen Umrisse, die Humus und Pflanzen den unsrigen schenken. Diese hier zeichnen sich mit der brutalen Klarheit einer Kulisse ab, ein nacktes Skelett vor dem farblosen Himmel. Eine vollkommen tote, unbewohnte und unbewohnbare Gegend.

Heutzutage jedenfalls; doch gerade habe ich in einer Felswand eine geräumige Höhle entdeckt, deren Wände von prähistorischen Künstlern ausgiebig mit Zeichnungen versehen worden sind. Tierfiguren, Frauengestalten mit Steatopygie, wie die Ethnologen sagen, oder um mit Jean Temporal zu sprechen, Frauen, »deren Hinterteile dick und rund sind«. In der Nähe Tonscherben, Flächen zum Mahlen von Korn, Steinwerkzeuge und Küchenabfälle, Hinweise auf das, was die Archäologen als Kjökkenmöddinger und normale Menschen als Müllhaufen bezeichnen.

Diese Müllhaufen sind übrigens in jedem Zeitalter von größtem Interesse, und auch unsere werden in hunderttausend Jahren den Forschern Freude bereiten und die Museen mit Stolz erfüllen. Hier ist die Ausbeute mager, aber aufschlussreich: Fragmente von Fischen, Schildkröten und Krokodilen.

Wassertiere, also gab es hier Wasser. Fließendes Wasser an der Oberfläche, Seen…

So tauchen am Rande der Tanezrouft plötzlich reizvolle, fast groteske Bilder einer Vergangenheit auf, die sich nicht klarer vom Hier und Jetzt unterscheiden könnten: Segel am Horizont, die Rückkehr der Pirogen, Rinder, die durch das Schilf streifen, Angler, badende Frauen am Strand, die Ernte goldgelber Ähren, ein friedlicher See, genau dort, wo heute ab und zu eine kleine Karawane – der es ironischerweise an Wasser mangelt! – im Eilmarsch zum noch fernen Brunnen zieht.

Auf der Ebene, wo gerade ein Unwetter tobt und uns mit winzigen Quarzkörnchen bombardiert, höre ich das Klatschen der Wellen, das Horn der Seeleute, das Schnaufen der Nilpferde, den Singsang der Erntearbeiter und den Gesang der Müller, in den sich das rhythmische Knarren der Mühlen mischt, genau dort, wo unsere Kamele heute Nacht wieder einmal ohne Fressen einschlafen werden.

Der Oberleutnant blickt mich etwas skeptisch mit einem Auge an und scheint nicht gänzlich überzeugt zu sein; es fehlt nicht viel, und er würde mir den Puls fühlen.

Nein, ich habe kein Fieber, aber trotzdem muss ich hin und wieder die unwiderlegbaren Beweisstücke mit meinen Fingern umfassen: dieses versteinerte Stück Schilf, jenen Rückenwirbel eines Barsches, diese Harpune aus Knochen. Diese sinnliche Berührung hilft mir, die Gewissheit einer Realität wiederzuerlangen, die noch unwahrscheinlicher ist als ein Traum.

»Na so was! Das hat sich ja wirklich ganz schön verändert hier…«, stimmt mein Kamerad zu, der noch sosehr die Augen aufreißen und die Ohren spitzen und trotzdem weder Weizenfelder noch ankernde Flottillen sehen und auch nicht das leiseste Paddeln hören kann. Und diese Bemerkung ist in der Tat das Mindeste, was man sagen kann.

Beweise für diese Veränderung gibt es in Hülle und Fülle, nämlich subfossile Spuren von Pflanzen und Meerestieren auf dem Grund der heute ausgetrockneten Seen: Fische, Krokodile, Flusspferde, Weichtiere, Krustentiere, Kieselalgen, Schilf und so weiter. Das häufige Vorkommen einiger Arten an manchen Orten sowie ihre heutige Verbreitung lässt auf ein anderes Klima in der Vergangenheit und ein lebendiges Flussnetz schließen (Krokodile im Tagant, im Tibesti und Ajjers, Fische in Mauretanien und in der Zentralsahara, Garnelen von Djanet); mittelmeertypische Bergpflanzen im Hoggar; Spuren verschwundener Wälder (Zypressen im Tassili) und so weiter; eine zum Teil erstaunliche Fülle von Anzeichen, dass sich auch Menschen in Gebieten angesiedelt hatten, die heute vollkommen verlassen und im Umkreis von mehreren hundert Kilometern ohne Wasserstellen sind.

Der Mensch aus der Urzeit kannte also eine völlig andere Sahara als die heutige. Vor der Sahara mit Kavalleristen und libyschen Kamelreitern gab es also eine Sahara mit Bauern, Hirten und jungsteinzeitlichen Fischern; die Vorfahren der Berbernomaden von heute in einer Sahara voller Seen.

Diese Seen erreichten beachtliche Dimensionen, manchmal einen Durchmesser von mehreren hundert Kilometern. Man muss sich die Landschaft ähnlich wie im heutigen Tschad vorstellen: weite, aber seichte Flächen mit Schlammgründen, dicht von Schilf und Papyrus bewachsene Ufer und warmes Wasser, das von blauen oder rosafarbenen Seerosen und weißen Enziangewächsen bedeckt ist.

Es wimmelte dort von Krokodilen und Fischen, besonders von Welsen, den so genannten Katzenfischen, und riesigen Barschen. Auch Flusspferde gab es zuhauf, und unter dem Schutz der bewaldeten Ufer, in den Lichtungen, in den Steppen ringsumher und in den Mimosenwäldern tummelten sich Antilopen, Elefanten, Warzenschweine, Strauße, Löwen, Panther, Affen und Giraffen.

Hat der Mensch die letzten dieser Seen noch erlebt? Sicherlich, denn wie mir ihre Haken aus Krokodilknochen verraten, angelten sie – eine Beschäftigung, die in der heutigen Sahara eher selten ausgeübt wird.

Derart wundersame Veränderungen im Erscheinungsbild eines Landes geben zu denken und sprechen in besonderem Maße die Phantasie an: Der Rausch der Zeit und des ewigen Werdens materieller Dinge wühlen einen bis ins Innerste auf. Wie heißt es so richtig in der Heiligen Schrift: »Denn das Wesen dieser Welt vergeht…«

Wenn der Oberleutnant nicht eingeschlafen wäre, eingerollt in zwei *Burnusse,* von denen einer früher weiß war und der andere noch immer krapprot ist, würde er mich fragen: »Wie lange ist das her?«

Alle stellen mir die gleiche Frage: »Wann?« Und jedes Mal muss ich wieder zerknirscht zugeben, dass ich es nicht weiß. Ich sehe mich leider außerstande, ihre Neugier zu befriedigen, genauso wie meine eigene, denn auch ich wünsche mir nichts sehnlicher, als dieser von Barkassen durchkreuzten venezianischen Sahara ein Datum zuordnen zu können.

Doch im Augenblick gibt es für uns keinerlei Anhaltspunkte. Die einzige Region Afrikas mit einer längeren und einigermaßen verlässlichen Chronologie ist das Niltal, und der aktuelle Stand der Forschung lässt es noch nicht zu, eine befriedigende Parallele zwischen der Geschichte Ägyptens und der Geschichte der eigentlichen Sahara zu ziehen.

Bewahren wir uns eine weise Vorsicht, geben uns mit dem »Es war einmal vor langer, langer Zeit« der Märchen zufrieden und setzen noch ein »vor Tausenden von Jahren« davor. Umso mehr als die Geschichte des Quartärs der Sahara zweifellos kompliziert ist: Sogar mehrere sumpfige Phasen hintereinander erscheinen durchaus möglich.

Übrigens muss man in der Prähistorie, um den lateinischen Begriff zu verwenden, eine Reihe von Zeitaltern unterscheiden, die sich durch verschiedene, meist steinerne Werkzeuge auszeichnen und die mehr oder weniger den archäologischen Einteilungen in Europa entsprechen. Eine sehr oberflächliche Entsprechung, eine rein äußerliche Ähnlichkeit, die wohlgemerkt keinerlei Gleichzeitigkeit enthalten muss.

Die Prähistorie der Sahara, die tief in der Wagenspur der einfachen »Typologie« festsitzt, ist zu oft nichts anderes als Briefmarkenkunde: Man hat Tonnen von behauenen Gegenständen zusammengetragen, doch stets nur oberirdisch und vereinzelt. Man streift durch *Reg* oder Dünen und sammelt die unterschiedlichsten nebeneinander liegenden Stücke ein, ohne sie jemals an Ort und Stelle in den Sedimenten zu sehen.

Wer von Chronologie spricht, spricht aber zugleich auch von übereinander liegenden Schichten: Die genaue Chronologie des europäischen Quartärs verdanken wir Ausgrabungen, zum Beispiel von Höhlenböden. Eine Schicht liegt über der anderen und jede weist ihre charakteristische Fauna auf, so dass man Aufschluss erhält über die verschiedenen Kulturstufen der Altsteinzeit wie das Abbevillien oder das Moustérien. In der Sahara gibt es nichts Vergleichbares. Keine Überlagerungen, keine Entwicklungsstufen und folglich auch keine Chronologie.

Gleichwohl umfasst die Geschichte des urzeitlichen Menschen der Sahara mindestens zwei große Perioden. Die erste ist von Werkzeugen gekennzeichnet, die mit denen der frühen europäischen Altsteinzeit übereinstimmen: Faustkeile und Beile. Die zweite gehört bereits in die Jungsteinzeit: unzählige Äxte in allen Formen, Rollen, Stößel, Stampfer, Bodensteine, Messer, Schabeisen, Kerbwerkzeuge, Lorbeerblätter, Pfeilspitzen, bemalte Straußeneier, Keramik, Schmuckstücke (Perlen aus Quarz oder Amazonit etc.), Werkzeuge aus Knochen (Prägestempel, Harpunen, Angelhaken).

Innerhalb dieser beiden großen Gruppen gibt es in Europa kleinere Zwischenperioden, die Abfolge ist homogen und fortlaufend. In der Sahara dagegen scheint inmitten der Prähistorie ein riesiges Loch zu klaffen. Es gibt Anfang und Ende, aber nichts dazwischen.

Also? – Also stellt sich hier ein Problem, für das es kaum eine andere Lösung zu geben scheint als die folgende Hypothese: Demnach wäre die Sahara nach einer ersten Periode der Bevölkerung (untere und mittlere Altsteinzeit) unbewohnbar geworden (Phase extremer Trockenheit), bis eine zweite Bevölkerungswelle (in der Jungsteinzeit) begann, die dann mit einer neuen Trockenheitsphase, der heutigen, wieder aus der Wüste verschwand.

All das wird nun ein wenig »speziell«. Der Oberleutnant schnarcht friedlich, die *Goumiers* ebenfalls. Und was die Kamele angeht: voller aristokratischer Würde, feierlich, geringschätzig und ganz altväterlich käuen sie leise ihre Nahrung von vorgestern wieder und ignorieren mich und meine Vorgeschichte. Selbst schuld.


In allen Ländern der Welt und in allen Zeitaltern haben Schuljungen, Müßiggänger, Künstler und Verliebte großen Wert darauf gelegt, Mauern – natürlich oder nicht –, Baumstämme, Bänke, Schreibtische, Türen, Säulen, Schiffe – in der Kirche oder auf dem Meer – und alle anderen sich bietenden Oberflächen mit Zeichnungen zu verzieren.

Von den Kritzeleien, in denen Schüler mit Kohle das Gesicht des Lehrers an der Schulhofwand verewigen, über Michelangelo, der das Antlitz Gottes an die Decke der Sixtinischen Kapelle malte, oder die Silhouetten der Bisons, die der Höhlenmensch zeichnete, bis hin zu den modernen politischen Karikaturisten unserer Zeit – die Tradition bleibt bestehen, die künstlerische Versuchung unwiderstehlich.

Und dieser konnten sich die Saharabewohner von einst genauso wenig entziehen wie wir: Sie bedeckten die verschiedensten Felsen aus Sandstein oder Granit mit Bildern oder Texten, wie zur Unterweisung – oder zum Verdruss – des Archäologen, der heute alle Kräfte aufbietet, um diese Bibliothek auf Stein zu ordnen und zu entschlüsseln – natürlich, ohne dass es ihm je gelingen würde.

Es sind zerbrechliche Archive, die man schnellstens durchblättern muss, bevor die Zeit ihre schon jetzt oft unleserlichen Linien endgültig auslöscht.

Jeder weiß, dass die Höhlen im Südwesten Frankreichs und Spaniens erstaunliche Bilder von Hirschen, Bisons und Wildschweinen hervorgebracht haben und dass die Buschmänner im südlichen Afrika die Wände ihrer Höhlen mit roten und schwarzen Zeichnungen bedeckt haben. Wir kennen die Reste der skandinavischen Felsen, die nestorianischen Grabsäulen von Singanfou, den nicht für die Öffentlichkeit bestimmten, zuverlässigen, versteckten Text von Behistun und die Zeichnung des gekreuzigten Jesus mit dem Eselskopf und dem Körper eines Wächters aus Palästina, doch kaum jemand weiß, wie reich die Sahara an Felsgravuren, Inschriften und Malereien ist.

Wo ist sie das? Eigentlich überall, zumindest überall dort, wo es Kieselsteine gibt (folglich weder in den Dünen noch im *Reg*) – und zwar geeignete Kieselsteine. Das ist nicht bei allen der Fall. Man kann nicht auf jeder beliebigen Fläche gravieren, schreiben oder zeichnen, sondern braucht einen makellosen, feinkörnigen Stein mit ausreichend kompakter Struktur, der bei Berührung nicht zu Staub zerfällt und eine glatte Fläche aufweist.

Bestimmte Sandsteinformen, Trümmergestein mit glatten Bruchstellen, liefern so wunderschöne Wände, Steinplatten und Blöcke. Sandstein ist übrigens der am meisten verbreitete Untergrund für Gravuren und bevorzugtes Material bei der Anfertigung von Steininschriften.

Das liegt an der Patina. Dieses Ursandgestein aus dem Silur und dem Devon hat einen weißen Kern unter einer dunklen Oberschicht, und der Stein verändert sich unter den Wettereinflüssen wie Regen, Sonneneinstrahlung usw. Eine schwarze Glasur auf Zucker. Ritzt man diese Hülle ein, erscheint ein weißer Strich auf dunklem Grund.

Eine Gravur, die ich heute selbst vornehmen würde, wäre also weiß. Nur dass der helle Strich, nun der schützenden Schicht beraubt, genau den gleichen Einflüssen der »Patinisierung« ausgesetzt sein wird wie der Rest des Steins. Im Laufe der Jahrhunderte wird er langsam die Farbe verändern, nach und nach dunkler werden, aus weiß wird gelbbraun, dann grau, und schließlich wird er voll und ganz die Farbe des Untergrunds annehmen, auf dem er sich nicht mehr abzeichnet – Bild und Stein haben dann dieselbe Färbung.

Daher die offensichtliche Schlussfolgerung: je dunkler eine Gravur, desto älter ist sie auch; was oft zutrifft, wenigstens auf Zeichnungen, die sich auf ein und demselben Stein befinden und daher gleichen Bedingungen (wie Ausrichtung, Sonneneinstrahlung usw.) unterliegen. Die stark patinierten Gravuren der Vorzeit sind manchmal sehr schwer zu erkennen. Es erfordert also große Aufmerksamkeit, wenn man ihren Linien folgen will. Zeichnungen neueren Datums stechen dagegen eindeutig aus dem dunklen Grund des Steines hervor und sind schon von weitem mühelos erkennbar.

Bei der Anfertigung solcher Gravuren wurden hauptsächlich zweierlei Techniken angewandt. Dabei handelt es sich einerseits um schön ausgeführte Zeichnungen beachtlicher Größe mit tief eingeritzten, geglätteten Linien, andererseits um kleine, stümperhafte Darstellungen, die durch einfache Schläge auf den Stein entstanden sind – ein mehr oder weniger grobes Nebeneinander von

Stößen, die punktierte Linien ergeben, und oberflächlichen Einkerbungen.

Auf der einen Seite naturalistische Arbeiten, wahrhafte Kunstwerke, auf der anderen kindliche, schemenhafte Skizzen, einfache Kritzeleien von Reisenden, die nichts Besseres zu tun hatten.

Allerdings darf man diesen Unterschied auch nicht zu genau nehmen: Die Tatsachen bleiben immer noch komplexer als die vereinfachten Folgerungen, die wir uns zusammenreimen. In allen Fällen sind die hauptsächlichen Elemente, über die wir beim Studium der Zeichnungen verfügen können, die *Patina*, die *Technik*, der *Stil* und, *last but not least*, das *Thema*, dem größere Bedeutung zukommt als allen anderen zusammen.

In folgenden Regionen der Sahara hat sich die Felskunst hauptsächlich entwickelt: in den mauretanisch-sudanesischen Hochebenen (Dhar Chinguetti und Dhar Tichitt-Oualata), im südlichen Marokko, im südlichem Oran (Figuig, Berge von Ksour, Saoura), im Zentralmassiv (Hoggar, Ahnet, Tassili von Ajjers), im Adrar des Iforhas, Fezzan, Tibesti und in der ägyptischen Wüste. Die bemerkenswertesten Dokumente stammen aus dem südlichen Oran und vor allem aus der Provinz Fezzan-Tassili: Deutsche, französische und italienische Expeditionen haben in den letzten Jahren Tausende von Darstellungen (Inschriften und Zeichnungen) in dieser Region erfasst und darüber berichtet. Unter ihnen befinden sich einige der erstaunlichsten Bilder, die wir aus der Sahara kennen.

Und auch einige der gewaltigsten: Man berichtet von einer Giraffe, die 27 Meter hoch ist. Neben Giraffen, die im Überfluss zu finden sind, gibt es Zeichnungen von Nashörnern, Krokodilen mit Jungtieren, Elefanten, Wasserbüffeln mit riesigen Hörnern, Flusspferden, Straußen, Szenen aus Jagd und Krieg, maskierten Menschen, antiken Wagen, Spiralen und eingeschlossenen Kreisen, viele Elemente also, die wir nicht entschlüsseln können und die natürlich in einer bunten Mischung aus verschiedenen Zeitaltern und Stilen nebeneinander stehen.

Die Felsdokumente der Sahara gehören verschiedenen Epochen an: Auf demselben Stein kann man, nebeneinander oder übereinander, prähistorische und moderne Gravuren sehen. Die Archäologen geben sich die größte Mühe, dieses Material zu entwirren, es zu ordnen und zu datieren, doch von diesem Ziel sind sie noch sehr weit entfernt.

Trotzdem kann man es als sicher ansehen, dass die alten Zeichnungen tatsächlich aus der Vorgeschichte stammen, aus dem Ende der Vorgeschichte, um genauer zu sein, und zwar aus dem Neolithikum. Wir wissen nicht, ob es noch ältere gibt.

Um unsere Erkenntnisse festzuhalten, versuchen wir die Werke der Felskunst in der westlichen Sahara im Großen und Ganzen folgendermaßen einzuteilen:

A. Prähistorie (Steinzeit)
– *Archaische Gruppen der Prä-Kamel- und Elefanten-/Rinderzeit, die noch keine Schrift besaßen.* – Sudanesische Fauna und Rinderherden. Datierung: ca. 5000 v. Chr. bis zum Beginn der christlichen Zeitrechnung (?).

B. Historie (Eisenzeit)
– *Gruppen der jüngeren Vergangenheit, der Kamelzeit, die bereits alphabetisiert sind*
   *a)* präislamische Untergruppe, *libysch-berberisch.*
– Altertümliche *Tifinagh*-Schriftzeichen, Krieger mit runden Schilden, Speeren und libysche Schrift; Wagen.
– Datierung: 0–1000 n. Chr. (?);
   *b)* islamische Untergruppe, *arabisch-berberisch.* – Jüngere *Tifinagh*-Schriftzeichen, arabische Inschriften.
– Datierung: 1000 n. Chr. bis heute.

Die Felsbemalungen der Sahara weisen verblüffende Ähnlichkeiten mit Felsmalereien in Ostspanien und mit denen der Buschmänner auf. Solche Übereinstimmungen können kein Zufall sein.

Was die sehr berechtigte Frage nach der Rolle betrifft, die diese Gravuren spielen und welche Bedeutung ihnen tatsächlich zukommt: Es ist noch alles offen. Die Ethnologen, ein Volk mit gefürchteter Vorstellungskraft und grenzenloser Großzügigkeit, können sich nicht einigen.

Neben der Theorie des l'Art pour l'Art, einem selbstlosen, nur auf Imitation des Originals bedachten Kunstbegriff, hat man versucht, bestimmten Bildern eine religiöse oder magische Bedeutung zu verleihen, als Ausdruck einer Mythologie oder als Gegenstand eines Ritus (der Jagd, des Weihwassers etc.) oder eines Kultes.

Nichts davon ist von vornherein unwahrscheinlich, das belegen zahlreiche Dokumente: Doch man muss sich davor hüten, irgendetwas zu verallgemeinern. Nach unserem heutigen Wissensstand handelt es sich lediglich um Hypothesen, die immer noch ins Reich der subjektiven individuellen Meinung gehören.

Die prähistorischen Zeichnungen werden nicht von Inschriften begleitet; diese tauchen erst in der jüngeren Gruppe auf.

Zunächst sind es Texte in *Tifinagh*-Schriftzeichen, dem Alphabet der Tuareg, das als einziges der unter dem Begriff »Berber« zusammengefassten Völker eine richtige Schrift entwickelt hat.

Kurze Sätze. Sehr oft: »ich [*ein er*] liebe [*eine sie*].« Manchmal magische Anrufungen: »Ich möchte« oder »ich besitze« (wenn der Wunsch bereits als Wirklichkeit betrachtet wird) – »Dies oder das, diese Waffen, jenes Tier«. Insgesamt nichts Bedeutsames, außer für den Sprachwissenschaftler; auf jeden Fall keine historisch interessanten Informationen.

Im Westen, einem seit Jahrhunderten arabischsprachigen Land, zeugen die *Tifinagh*-Schriftzeichen von einer früheren Verbreitung der Berber bis zur atlantischen Sahara, in einem Gebiet, das geografisch genau zwischen den heute noch gebräuchlichen *Tifinagh*-Zeichen im Land der Tuareg und den Guanchen-Inschriften der Kanarischen Inseln liegt.

Die arabischen Texte sind eintönig: Sie ähneln dem, was auch an unseren Wänden steht, enthalten Namen von Personen, Beleidigungen, schmeichelhafte Anträge – in der Art »Liebe sei der Tochter von Abd Allah, dies schrieb Mohammed ibn Ahmed«, das genaue Gegenstück zum »Toto liebt Julia« an unseren Zäunen – und zusätzlich eine Reihe von Wörtern wie streng, glorreich, furchtbar, eine Abfolge von Eigenschaften eines Wesens, das in unseren modernen Inschriften selten Erwähnung findet: Gott.

Hier und dort, wie um uns über die Mittelmäßigkeit des Ganzen hinwegzutrösten, einige amüsante Details, Kalligrafien oder Stilisierungen der Chehada, des muselmanischen Glaubensbekenntnisses: »Es gibt keinen Gott außer Allah« usw. Außerdem noch Spuren zweier Geheimschriften mit verschiedenen Zeichen: die *Saryaniyya* – Sprache Adams und der Engel, gibt der Mann Auskunft, der sich für informiert hält – und die *Hibraniyya*, das Hebräische, wenn man einer vagen Ähnlichkeit der Buchstaben glauben mag.

In Chinguetti traf ich zufällig einen Gelehrten vom Stamm der *Marabut* der Barik Allah, der mir anhand zweier poetischer Eselsbrücken des Scheichs Mohammed El Mami ibn Bokhari, die den Gebrauch vereinfachen sollen, den Schlüssel zu diesen kryptischen Schriftzeichen verriet: »O der du die *Saryaniyya* suchst, hier ist sie in vier Strophen, usw.«

Übrigens kennt niemand mehr diese Systeme. Sie dienen nur noch dem Zeitvertreib der Wissenschaftler und der Profilierung der Schriftgelehrten, die auf diese esoterischen Fantasien genauso stolz sind wie auf alle anderen Überreste einer großen Vergangenheit, deren Andenken kaum noch jemand aufrecht erhält.

# Von der blanken Axt
# zur emaillierten Teekanne

> Alle diejenigen unter den Arabern, die solche Tiere
> [die Kamele] besitzen, leben in Freiheit,
> denn sie erlauben ihnen die Wüsten zu bewohnen.
> Das können weder Könige noch Prinzen –
> wegen der zu großen Trockenheit derselben.
>
> LÉON

*Die magische Laterne. – Was man dort sieht. – Der Mann
mit dem Krug gibt auf. – Die Weißen sind am Zug und
gewinnen. – Dem Kamel sei Dank. – Die Menschen mit Schleier.
– Menschliche Gezeiten: Ebbe und Flut. – Die Christen am
Werk. – Ein Sommernachtstraum. – Berberischer Kern,
arabischer Anstrich. – Die aus der Steppe. – Und die aus der
Wüste. – Die Besonderheiten des Wortschatzes. – Ein
historisches Problem.*

So erscheinen die Kamele auf der Bildfläche der Sahara, geritten
von Kriegern, die mit runden Schilden, »aus Leder«, wie Strabon
präzisiert, und Speeren aus »flachem Eisen« in den schon stark ab-
geholzten Steppen und an ausgetrockneten Seen Jagd auf Strauße,
Ameisenbären und die letzten Schwarzen der Sahara machen. Sie
gebrauchen das *Tifinagh*-Alphabet, schmieden metallene Pfeilspitzen für den Tauschhandel, beerdigen ihre Toten mit angezoge-
nen Beinen unter kleinen Grabhügeln aus trockener Erde, und be-

kleiden ihre Frauen mit roten, fransenverzierten Kleidern aus Ziegenleder.

Es sind die Libyer, und hier stehen wir an der Schwelle zur Geschichte.

Eine Geschichte, die für den, der sie zu betrachten weiß, reich an malerischen Darstellungen ist, die plötzlich auf der Leinwand der Jahrhunderte auftauchen. Von den ersten kolonialen Raubzügen Hannos, des *Duce* der Karthager, *Carthaginensum Dux*, bis zum unglücklichen Tode des Majors Alexander Gordon Laing, der am 23. September 1826 an einem großen *Atil* in Seheb gehängt wurde, im Westen der Piste von Taoudenni, wie die Chronik von Araouan im Kapitel »Ein Mensch unter Engländern« zu berichten weiß.

Es folgen einige Schlaglichter, wie zufällig von der Laterna Magica beleuchtet: Aoudaghost, von der uns El Bekri berichtet, im elften Jahrhundert eine Stadt voller Makkaroni mit Honig, tüchtigen schwarzen Köchinnen (die hundert Goldstücke *oder mehr* wert waren) und Frauen mit vollkommenen Formen, deren »untere Rückenpartie«, wie unser gewissenhafter Gelehrter erläutert, »beachtliche Rundungen« aufwies.

Die Mönchs-Krieger aus dem Epos der Almoraviden und ihr Kapitel über die Bußgelder für Sünden: Unzucht: hundert Schläge, Lüge: achtzig, Genuss berauschender Getränke: dito, Unpünktlichkeit beim öffentlichen Gebet: fünf, Unterlassen des Niederkniens, das – wenn man so sagen kann – den Höhepunkt dieser Liturgie darstellt: zwanzig Schläge, Reden in der Moschee: *ad voluntatem judicis.*

Die Reisen des liebenswürdigen, frommen und wortgewandten Globetrotters Ibn Battúta, zu seiner Zeit als Magier sehr verehrt – was er in seinen Memoiren allerdings kaum erwähnt. Noch heute heißen Kenner der okkulten Wissenschaften in Timbuktu *Battútas.*

Portugiesische Piraten, die Jagd auf Pelikane, Seehunde und berberische Sklaven machten.

Die Erzählungen von Jean Rodriguez, Rittmeister am Schloss von Arguin – wir würden sagen »Kommandeur des Verwaltungsbereiches der Windhundbucht« – bei einem deutschen Buchdrucker in Lissabon, oder die legendären Taten des Pascha Djouder, der aus Marokko gekommen war, um dem Reich von Songhai die Vorteile der Muskete gegenüber des Speers zu lehren – woran dieses zugrunde gehen sollte.

Bauern – möglicherweise schwarze Bauern –, unzählige Rinder, Hirsefelder, Kessel aus gebrannter Erde, frischer Seefisch, Wild, soviel man will, grüne Felder, wasserdichte Pirogen – das war alles sehr hübsch. Doch es sollte nicht lange währen. Eine Wüstenperiode war dieser Feuchtperiode vorausgegangen, die wiederum ganz allmählich einer neuen Zeit der Dürre Platz machen sollte.

Phänomene des Kreislaufs gibt es viele, bei den Menschen, den Tieren, den Pflanzen und auch bei den Dingen. Die Wüste ist eines davon. Sie wird sich ihr Reich zurückerobern, die Seen leer pumpen, das Gras verdorren lassen, die Felder ausradieren.

Und die Landbewohner? Eine böse Sache für sie, und es gab ernste Diskussionen in ihrer Volksversammlung. Zulassen, dass man an Ort und Stelle umkommt, auswandern, sich anpassen? Den Selbstmord befürwortete niemand, die Anpassung bekam keine einzige Stimme, und mit erhobener Hand entschied man sich für den Exodus.

Die Töpferei ist allerdings an die Sesshaftigkeit gebunden, und so ist auch das folgende Tuareg-Sprichwort zu verstehen: »Ein Mensch, der aus Krügen trinkt, wird nie ein guter Führer sein.« Daher haben sich die Bauern der Sahara mit ihrer Töpferei den Weg zur Anpassung an die neuen Bedingungen selbst verbaut. Weil diese das sesshafte Leben praktisch unmöglich machten, wäre ihnen nur das Nomadentum geblieben: den Krug fallen lassen oder auswandern…

Und vor der immer näher kommenden Wüste, die sich wieder schließt, erneut unbewohnbar geworden, streckt das machtlose Quartett aus Schwarzen, Krügen, Rindern und Hirse die Waffen: Es tritt den Rückzug in die sudanesische Steppe an und hinterlässt in der Sahara seine Kornmühlen und die rötlichen Scherben seiner geliebten Keramik.

Wird jemand an ihre Stelle treten? Oder wird die siegreiche Wüste entvölkert bleiben?

Wie beim Schach »sind die Weißen am Zug und gewinnen«. Die Lösung des Problems besteht aus vier Wörtern: Libyer, *Guerba*, Palme, Kamel.

Und das war eine Revolution, dank derer die Sahara heute nicht wie die australische Wüste ohne Wasser dasteht, wo die Orte namenlos blieben und keine Nomaden leben.

Ein Geschenk des Nordens, des Nordostens und des Ostens. Wird man eines Tages zu Recht das Wort aussprechen können, das uns allen auf der Zunge liegt: Asien? *Ex Oriente* also…? Einmal mehr? Womöglich.

Auf jeden Fall steht hier vor uns die neue Bevölkerung der Wüste, die von einer Hand voll Reitern und antiker Wagen und danach von Kamelreitern eingenommen wurde; die neuen Saharabewohner sind Weiße »von stolzer Rasse und hochmütigem Gesicht«, *gens pulcherrima et probi corpore*, wird Malfante 1447 über ihre Nachfolger, die Tuareg, schreiben.

Als für die Sahara die historische Zeit anbricht, was noch nicht sehr lange her ist, denn die Annalen sind auf arabisch verfasst, finden wir neben einigen Schwarzen an den südlichen Grenzen drei Hauptvölker vor: die Berber, die Zeneten und die Sanhaja.

Letztere sind die Menschen mit Schleier, »den sie genauso wenig ablegen wie die eigene Haut«, wie El Bekri im elften Jahrhundert bemerkt, während Léon eine Erklärung wagt, die ihm die Verschleierten selbst liefern, die »aus anrührendem Grunde diesen merkwürdigen Brauch einführen, denn so wie es für den Menschen eine Sünde ist, dem Körper Fleisch zu entreißen, so darf man es auch nicht dem Blick eines jeden preisgeben«.

Zehn Jahrhunderte lang sollte die Geschichte der Sahara aus dem Kampf dieser Sanhaja gegen die Zeneten und die Araber einerseits und gegen die Schwarzen andererseits bestehen. Denn auch als unabhängige Bewohner der Sahara blieben die großen Nomadenvölker fasziniert von Steppe und Tauschhandel und pflegten ihre unzugängliche Einsamkeit, die einzig für groß angelegte Kamelzucht taugt.

Vom achten bis zum elften Jahrhundert scheint die Oberhoheit den Zeneten zu gehören, doch die Sanhaja sollten mit dem Einfall der Almoraviden im elften Jahrhundert Gelegenheit finden, die Zeneten und die Schwarzen zugleich zu vernichten; regelmäßig ziehen sie zur Eroberung benachbarter Länder aus und fallen nacheinander im Süden in der sudanesischen Steppe, im Norden in der marokkanischen Prärie ein; und eines Tages führt sie ihr unaufhaltsamer Tatendrang sogar bis in das Herz Spaniens.

Doch schon Mitte des zwölften Jahrhunderts ist es vorbei mit den Streichen der *Al-Mourâbitoun*.

Die Invasion der Ma'qil-Araber, Verbündete der Zeneten, erreicht um 1220 den Ozean und weitet ihre Stoßrichtung in den folgenden Jahrhunderten in den Süden aus, bis in den Adrar, den Hodh und den Azaouad. Sie stößt auf den Widerstand der Tuareg der Zentralsahara, die sich nicht überrollen lassen.

In dieser Epoche bildet sich die gesellschaftliche Hierarchie der maurischen Länder heraus: *Hassanen* oder arabische Krieger, *Zwayas* oder die Marabit der Sanhajas, *Zenagas* oder tributpflichtige Sanhajas, *Harratiner* und Sklaven.

Im fünfzehnten Jahrhundert eine neue Revolution in der Sahara: Nach dem Kamel kommt nun der Europäer.

Ob die friedlichen, sich von Fisch ernährenden Bewohner der atlantischen Sahara jemals etwas von der Existenz eines römischen Reiches gehört haben? Das darf bezweifelt werden, aber stattdessen sollten sie eines Tages im Jahr des Herrn 1441 auf eigene Kosten die eines christlichen portugiesischen Reiches erfahren: Eine Hand voll frommer Banditen fällt bei ihnen ein, um sie zu berauben, abzuschlachten und auszuplündern, im Namen dessen, was damals allgemein »Ausweitung des Reiches Jesu Christi« hieß.

Ganze Schiffsladungen berberischer Sklaven werden gefangen genommen und nach Europa verladen. Die Fracht trifft auf Zustimmung und die Händler entsenden eine weitere Auswahl ihrer Ware an den römischen Hof.

Die Jagdmethoden sind unbeschreiblich grausam – einmal überlassen Kolonialsoldaten eine gefesselte Frau (bei Ebbe?) am Strand ihrem Schicksal – und die Verkaufsmethoden ebenso.

Bei jeder Verladung spielen sich am Strand von Lagos erschütternde Szenen ab: Familien werden auseinander gerissen, und der offizielle Chronist berichtet von Müttern, die ihre Kinder verzweifelt an sich drücken und die Schläge, die man ihnen versetzt, gar nicht zu spüren scheinen, solange sie nur ihre Kinder noch im Arm halten.

Währenddessen denkt Prinz Heinrich »auf seinem mächtigen Schlachtross mit großer Freude an das Heil dieser zuvor verlorenen Seelen«.

Außerdem, fährt der Geschichtsschreiber fort, »sei ihnen fortan aller Segen. Zwar waren ihre Körper in diesem Moment der Unterwürfigkeit geweiht, doch das war kein hoher Preis im Vergleich zur endlosen, wahren Freiheit, die ihren Seelen bald zuteil werden sollte.«

Erster Kontakt der »christlichen« Zivilisation und der afrikanischen »Barbaren«, den... Wilden, »mit denen verglichen wir schlimmere Wilde sind«, schrieb Jean Temporal (1556).

Zunächst ist nur die Küste betroffen. Für das Landesinnere sollte man noch lange Zeit lediglich über Informationen der Einheimischen verfügen, ob sie nun der Wahrheit entsprachen oder nicht.

Die Azenegen beschreiben den Portugiesen einen Adrar, der von hundsgesichtigen, am ganzen Körper behaarten Menschen mit Schwanz bevölkert ist: *masculi habent vultum canis et magnam caudam et pilosi et mulieres pulcherrimae,* was Diogo Gomez, ein Kritiker, der kein Blatt vor den Mund nimmt, als glatte Lüge, *mendacia,* ansieht.

Doch man erfährt auch, dass es in der Ferne große Städte wie Djenné oder Timbuktu, Königreiche, Goldminen, billige Sklaven, unzählige Käufer für Ramschware und Branntwein gibt, und angesichts solcher Neuigkeiten ist der Appetit der Christenheit geweckt. Aber natürlich haben die Lust auf Raub und Abenteuer und die Faszination der Plünderung mit dieser Begierde nicht das Geringste zu tun, sondern einzig der selbstlose Wunsch, Seelen zu befreien – wenn es sein muss, durch die gewaltsame Unterwerfung ihrer sterblichen Hüllen – und die Verbreitung dessen, was in öffentlichen Ansprachen heute noch »Segen der Zivilisation« heißt.

In dieser Nacht hatte ich einen Traum. Ich ging durch die Jahrhunderte zurück und sah mich auf einmal fünfhundert Jahre zurückversetzt, um anschließend dem Zeitstrahl zu folgen und beim Lauf der afrikanischen Geschichte dabei zu sein, von dem Moment an, da die Christen begannen, Afrika zu Hilfe zu kommen.

Doch die Jünger Christi landeten nicht mit der wilden Raubgier des Eroberers an den fernen Gestaden: Als Ratgeber, Freunde und

Brüder kamen sie zu den Stämmen der Wüste, der Savanne oder des Waldes, getrieben einzig vom Wunsch, von Nutzen zu sein und einen friedlichen Kreuzzug gegen Leiden und Elend zu führen.

Übrigens kamen sie ohne Waffen, da sie Gewalt mit dem Geiste des Herrn, auf den sie sich berufen durften, nicht für vereinbar hielten.

Ein wunderbarer Wettstreit zwischen den Völkern Europas entbrannte, der dem Krieger genauso das Betreten des neuen Gebietes verbot wie dem Kriegsgewinnler. Portugal dachte nicht im Traum daran, die Küste der Sahara mit Feuer und Schwert zu überziehen, sondern brachte stattdessen seine besten Ärzte mit; Italien schenkte dem angeblich »barbarischen« Tripolis eine Zivilisation ohne Bomben und Stacheldraht; England und Frankreich sahen vom Menschenhandel ab und bewahrten ihre schwarzen Brüder vor allem Gift für Körper und Seele, statt sie im Interesse gewinnträchtiger Gaunereien mit ihrem eigenen Alkohol zu ertränken; die Waagen der Europäer waren niemals manipuliert, jede Arbeit wurde angemessen entlohnt, die Sorge um das »materielle Wohlergehen« und den »moralischen Fortschritt« der Einwohner erwachte alsbald, und anders als in hochtrabenden Reden und Büchern nahm der Okzident die edle Aufgabe Europas ernst …

Ich schreckte aus dem Schlaf hoch: Um mich herum beluden meine Gefährten bereits die Kamele für die Weiterreise. Ich befand mich im Jahr 1936, und die Vision war nichts weiter als ein Traum.

Vom fünfzehnten bis zum neunzehnten Jahrhundert sollten nach und nach die in der ganzen Wüste verstreuten Stämme der Sanhaja die Vorherrschaft zurückerlangen, allerdings ohne eine politische Einheit zu erlangen und ohne das Stadium regionaler Zusammenschlüsse hinter sich zu lassen.

»Reaktion«, »Befreiung«, »Renaissance«, schreibt der Historiker in Bezug auf die südliche Sahara. Ein Fortschritt, der ohne Eingreifen der Europäer vielleicht ähnlich wie bei den Almoraviden in religiöse Erleuchtung und Bildung von Dynastien gemündet hätte.

Die Völker der westlichen Sahara, ein Mosaik aus Stämmen, eine Unmenge an Gruppen und Zelten, sind heute bemerkenswert miteinander vermischt. Der alte berberische Kern, der einen auf ganz natürliche Weise mit afrikanischen Wörtern durchsetzten Beduinendialekt spricht, hat seinen Wunsch nach aristokratischer Abstammung und asiatischen Vorfahren mit einer ebenso ausgeklügelten wie zweifelhaften Ahnenforschung befriedigt – sie wollen Araber sein und halten sich auch dafür. Aus Scham, sich als Lemtouna oder Sanhaja sehen zu müssen, bevorzugen sie die Abstammung vom Propheten.

An der Realität hat das nichts geändert, und die Vorstöße der echten Araber, die übrigens zahlenmäßig wenig bedeutsam sind, haben die körperliche Grundlage der Rasse nicht spürbar verändert, wenn sie auch ihre Sprache, ihre Sitten und ihren Glauben nachhaltig geprägt haben.

Der somatische wie kulturelle Einfluss der Schwarzen ist überall spürbar, ohne dass man noch unterscheiden könnte, was davon auf eine prä-libysche Besetzung der Wüste durch eine nicht-weiße Bevölkerung im Neolithikum, die sich in natürlichem Rahmen entwickelt hat, zurückgeführt werden kann, und was davon lediglich Überreste einer den Menschen innewohnenden Unterwürfigkeit sind, die in den Wüstenregionen der Nomaden künstlich aufrechterhalten wird.

Jetzt, da der Schleifstein ruht, sind so manche grobe Tonscherben vielleicht Elemente, die direkt der Prähistorie zuzurechnen sind und über eine schwarze Sahara in die heutige Zeit getragen wurden.

In eine Sahara von heute, die weniger gleichförmig und eintönig ist, als man denkt. Die Wüste wird gemildert von der Meeresküste an ihrem Rand und auch die Steppen des Sahel sind nur halbe Wüsten: ein Land mit Schafen und Ziegen, selbst Rindern, in dem es dank der jahreszeitbedingten Herrschaft des Winterregens und der Feuchtigkeit des Ozeans mehr oder weniger immergrüne Weiden gibt; ein Land der kleinen Nomaden mit schweren Lasten, deren Gebiet schnell durchquert ist; es gibt genug Brunnen, auf die man sich verlassen kann; zahlreiche, relativ nah beieinander stehende Zelte; das Leben ist einfach, das Blut wird dicker, die Muskeln schwerfällig; die Kamele – oft ersetzt durch unermüdliche afrikanische Esel, blauschwarz oder violett, schwarz gezeichnet – sind nicht mehr das Einzige, was die Nomaden im Kopf haben; bei jeder Teestunde trinkt man bis zu vier Gläser, ein Zeichen von Reichtum; man verschmäht Heuschrecken, Dornschwanzagamen und wilde Früchte als Nahrung für Sklaven und Leute aus dem Norden; in den Lagern, die manchmal schon halb auf Dauer eingerichtet sind, entwickeln sich vereinzelt Formen von Unterricht und einige niedere Kunstformen wie Goldschmiederei, Gerberei oder Kalligraphie.

In Richtung Osten und Norden ändert sich das Bild: die Regenfälle sind launischer, die Weidegründe werden vom Zufall bestimmt und damit gewinnen die Pfützen des *Acheb* an Bedeutung – die flüchtige Weide, die auf die unvorhersagbaren Regenfälle folgt –, Wasserstellen sind häufig nur von kurzer Dauer. Mit zunehmender Entfernung von Handel, Oasen und bebautem Land zeigt sich das Leben beschwerlicher: Tee und Zucker werden zum Luxus, auch Korn und Datteln gehen langsam zur Neige, schließlich bleibt nur noch Kamelmilch übrig, die manchmal monatelang das einzige Nahrungsmittel der echten Nomaden stellt, eingeteilt in Rationen von vier Litern pro Tag für jeden Erwachsenen.

Ich habe nie so deutlich den Unterschied zwischen den Menschen der Wüste und denen der Steppe gespürt wie in der tristen Einsamkeit des Erg Chech im Süden. Wir zogen von Mjébir nach Tinioulig, eine Hand voll Männer mit einem alten tadjakantischen Führer, der übrigens die Strecke gar nicht kannte; einige einheimische Soldaten, von denen die einen Bérabiches aus Azaouad waren, die anderen Mauren aus dem Adrar.

Der Bérabiche sitzt auf der Spitze einer Pyramide aus materiellen Gütern, auf der sich Matten, Decken und prall mit Reis gefüllte *Mezoueds* türmen, flankiert von zwei schweren Ziegenhäuten und gekrönt von klapperndem Kochgeschirr.

Dieser tapfere Einwohner des Südens ist weit weg von seinem Stroh aus *Cram-cram* und seinen Rinderweiden und fühlt sich ein wenig unwohl in der strengen Unendlichkeit des großen Nordens, von wo aus noch vor wenigen Jahren die letzten *Rezzous* über sein Vieh herfielen. Hoch auf seinem Gerüst sitzt er sicher inmitten seines fahrenden Lebensmittelladens und weicht nicht von der Route ab, immer im Gleichschritt, friedlich hin und her wiegend im stetigen Rhythmus seines schweren, sanftmütigen Tieres, das genauso gleichmütig und fantasielos ist wie sein Reiter.

Währenddessen machen die maurischen *Goumiers* mit ihren im Wind flatternden Haaren nur, wozu sie Lust haben. Sie bewegen sich entweder im Laufschritt oder gar nicht; sie sind die Hasen, alle anderen – die Schützen, Bérabiches und wir Europäer – dagegen die Schildkröten.

Bald führen sie die Kolonne an, stürzen sich auf die Fährte der Antilopen, flüchten über die Dünen, die den Horizont versperren, setzen sich auf einen erhöhten Punkt in der Landschaft und gönnen sich dort die Muße, auf uns zu warten. Dann machen sie sich wieder bereit, lassen uns vorbeiziehen, um sich schließlich einen Spaß daraus zu machen, uns im Galopp wieder zu überholen.

Ihre kleinen Kamele, die sie mit Rufen, Fußtritten und Stockhieben antreiben, sind genauso rastlos wie sie selbst. Gepäck haben die Mauretanier kaum: eine einzige *Guerba*, die sie quer hinter den Sattel spannen, und eine kümmerliche *Tassoufra*. Wovon werden sie wohl morgen leben? Niemand weiß es, und sie selbst scheinen sich keinerlei Sorgen darum zu machen. Wenn man nur laufen, gestikulieren, schwadronieren, tausend sinnlose Kunststückchen vollführen und die Strecke auf das Doppelte verlängern kann, die der weise Rest der Gruppe im Schritt zurücklegt, wen interessiert da schon der nächste Tag? Dafür wird die Vorsehung Sorge tragen.

In der Sahara spricht man hauptsächlich arabisch und berberisch, *arabisch* dort, wo die Eindringlinge in der Überzahl sind oder ihre Feinde zumindest maßgeblich beeinflusst haben, *berberisch* dort, wo diese sich ihre Unabhängigkeit bewahrt haben (im Gebiet der Tuareg, wo ein *Tifinagh*-Alphabet fortbesteht), bei bestimmten sesshaften Völkern (Gourara, Ouargla, Siouah) und in einem Winkel der mauretanischen Trarza (*Zénaga*-Dialekt).

Außerdem kleine Enklaven von Negersprachen: Spuren von *Azzer* in Aoukâr, *Kanouri* in der Oase von Kaouar, *Teda* im Tibesti.

Machen Sie die Probe aufs Exempel und lassen Sie in einem Vers von Musset Folgendes weg: 1. die Vokale, 2. die Großbuchstaben, 3. die Zeichensetzung, und dann werden Sie vielleicht verstehen, dass bei der Übersetzung eines arabischen Textes zuweilen einige kleinere Probleme auftauchen.

Sie werden vollends überzeugt davon sein, wenn Sie zur Kenntnis nehmen, dass ein und dasselbe Wort *Straußenmännchen, Grillenmännchen, Ente, Widder, großer Obstpalmengarten, Flut, Wellen auf dem Meer* und *Dunkel der Nacht* bedeuten kann; es gibt nur eine einzige Vokabel für *Mühle, Heftigkeit eines Streits, Kamelherde, Stammeshäuptling, Spinat, Backenzahn* und *Kamelfuß*; ein einziges Wort für *Hagelkorn* und *Verdauungsstörung*, für *faul, untätig, vergeblich, unnütz, tapfer* und *Held*, für *Gesicht* und *Gesäß*, für *keusch sein* und *zum Hengst werden*, für *Gazellenjunges* und *grüne Fliege*, für *jemanden verraten* und *ihm Schutz gewähren*, für *schlaff sein (Bauch)* und *voll sein (dito)*, für *stark sein* und *schwach sein*, für *Fremder, Eindringling, vertraut* und *familiär*, für *weise werden* und *sich aufführen wie ein Wahnsinniger*, für *Pfeifen, Galle, Bandwurm* und *Nahrungsreste an den Zähnen eines Tieres*, für *groß, Feigling, Käsehändler* und *Friedhof*.

Offensichtlich kann nur der Zusammenhang Ordnung in diesen Wirrwarr von Homonymen bringen. Wie soll man sonst wissen, ob man lieber *Süßholz raspeln* oder *lügen*, lieber *Halbstiefel* oder *Duftholz*, lieber *Fötus eines Schafes, große Armee* oder *Intelligenz*, lieber *Abzeichen auf einem Kamelschenkel* oder *Hauptbestandteil einer Tradition* sagen sollte?

Also zu wenig Vokabular? Keineswegs. Der arabische Wortschatz ist vielleicht einer der reichhaltigsten der Welt. Denn welche andere Sprache kann sich schon den Luxus leisten, ein Wort – das nur genau das und nichts anderes bedeutet – zu reservieren für *Überreste von Maulbeerbaumblättern, die Seidenraupen angenagt haben, jemandem ein Stück Land für die Hälfte oder ein Drittel der Ernte verpachten, eine dunkelrote oder dunkelgrüne Farbe haben, die ins Schwarze übergeht, jemanden dazu bringen, einen Mann als seinen Vater zu bezeichnen, der nicht sein Vater ist, einen Haufen Gold in einer Mine finden und darüber verblüfft sein, ein Kind mit Essen voll stopfen, damit es dicker wird, Morgenmilch, die erst abends gemolken wird, Mensch mit dichtem Bart und zerkratzter Nase, in die Enge getriebene Antilope in einer Sackgasse in den Bergen, ein temperamentvolles Kind adoptieren*?

Zehn Wörter im Arabischen, dreiundneunzig in unserer Sprache.

Aber wer sollte sich in der Sahara noch um sprachliche Kuriositäten Sorgen machen? Wer würde es wagen, heute noch vom modernen Timbuktu das zu sagen, was Léon der Afrikaner nach seinem Besuch Anfang des sechzehnten Jahrhunderts berichtete? – »Man bringt in diese Stadt handgeschriebene Bücher aus dem Lande der Barbaren, die sich sehr gut verkaufen; so gut, dass man mit keiner anderen Ware, die man zu verkaufen weiß, noch größeren Gewinn machen könnte.«

Es gab einmal Wissenschaft in der Sahara, Forschung, Schulen, Mittelpunkte der Gelehrsamkeit, deren dauerhafter Ruf noch heute über den Trümmern der alten Städte schwebt, die vollkommen verlassen oder zumindest halb in Ruinen liegen und nun von weitaus weniger belesenen Nachfolgern bewohnt werden.

Chinguetti, so bekannt seinerzeit, dass der Ausdruck *trab Chinguetti* heute noch manchmal für den ganzen Westen der Sahara vom südlichen Marokko bis zum Senegal gebraucht wird; Ouadane, nach der frei erfundenen »arabischen« Etymologie bekannt als »Zweistromland der Wissenschaft und der Datteln«, wofür die Einheimischen wie üblich schnell ein berberisches Wort gefunden hatten; Tichitt, Oualata, Timbuktu – sie alle hatten ihre Wissenschaftler.

Doch die Gelehrsamkeit stirbt aus: Man interessiert sich nicht mehr für Bücher, Geschichte und Studien; die einzige Beschäftigung ist der Handel. Kaufen und verkaufen, die Preise für Schafe und Baumwolle, sind die einzigen täglichen Sorgen.

Das gleiche Phänomen scheint in allen Städten des Westens aufzutreten und man muss wohl eine gemeinsame Erklärung hierfür suchen.

Bei längerem Nachdenken erscheint vielleicht die folgende Hypothese möglich: Diese Mittelpunkte der Gelehrsamkeit fungierten als Häfen der Sahara, in denen jahrhundertelang hauptsächlich mit Schwarzen gehandelt wurde, die man auf den Märkten

Kleinafrikas verkaufte. Die Abschaffung, nicht der Sklaverei, aber zumindest des Sklavenhandels im großen Stil, scheint nicht nur das Verkehrsnetz in der Sahara ruiniert, sondern auch eine bestimmte Gesellschaftsstruktur und damit indirekt unschätzbare intellektuelle Werte zerstört zu haben. Hoch entwickelte Kulturen verlangen Muße und materielle Unabhängigkeit, deren Preis möglicherweise Sklavenarbeit und Gewinne aus dem Menschenhandel waren.

Ist das wirklich ein Sahara-spezifisches Problem?

# Im Land der Azenegen

*In die Weite. – Trockenzeit. – Eine rätselhafte Person. –*
*Chirotomisches Zwischenspiel. – Kiesel und Krokodile. –*
*Der Krötentrank. – Ländliche Gegenden. – Fische. – Das Land*
*des Salzes. – Genießbares Gold. – Chinguetti. – Der Stein,*
*der vom Himmel fiel. – Die Freuden der Fluten.*

Rekapitulieren wir. 1934: schon vier Jahre in Europa, weit weg von
den heilsamen Härten des Lebens in Afrika. – 1922–23: die Bucht
der Windhunde, gesäumt von Schaum, Durchquerung des südlichen Mauretaniens, erster Kontakt mit der Wüste. 1925–26:
Kamerun von Anfang bis Ende, Steppe und Wald, vom Golf von
Guinea bis zum Tschadsee. – 1927–28: Wieder in der Wüste: mit
der Saharamission Augiéras-Draper per Kamel vom Hoggar in
den Niger. – 1928–1930: Erneut in der Wüste, Militärdienst als
Kamelreiter zweiter Klasse in der Saharakompanie des Hoggar.

Und das ist alles. Vier Jahre sesshaften Lebens voller Arbeit im
Labor. Auf geht's, es wird Zeit, wieder das Weite zu suchen.

Die Westsahara reizt mich. Es ist noch ausnehmend wenig über sie bekannt: Ihre wissenschaftliche Erschließung hat kaum begonnen.

Natürlich sieht man schon undeutlich die großen topografischen Linien, die Maschen des riesigen Netzes werden enger, immer mehr Wege werden erschlossen.

Das ist viel und doch wenig. Wenig, weil die einfache topografische Karte nichts aussagt in diesen unendlichen Landschaften, wo sich die Entfernungen auf Hunderte und Tausende von Kilometern belaufen und wo man am Tag aber nur dreißig bis sechzig Kilometer zurücklegt. Und das praktisch ohne leitende Oberflächenstruktur, denn das Sediment ist dort hoffnungslos tafelförmig, die kristallinen Zonen sind durch die Erosion bis zur Waagerechten abgetragen und die aus dem Quartär stammenden Aufschwemmungen der Senken sind genauso flach wie die Oberflächen der Seen, an deren Grund sie sich abgelagert haben.

Mit der Erstellung der Karte erschöpft sich das Programm der Erschließung keineswegs, sie stellt nur die erste Etappe dar. Doch viele andere werden noch folgen müssen: Es geht um die Rekonstruktion der Geschichte des Bodens – seit der Überflutung der afrikanischen Platte durch die kambrischen Meere bis zum noch relativ jungen Verschwinden der letzten von Krokodilen und Flusspferden bevölkerten Sümpfe –, man muss die Geschichte des Menschen erforschen, Fauna und Flora untersuchen (Zusammensetzung und Verbreitung), das Klima; es werden viele Anstrengungen nötig sein, um zumindest einige der Probleme zu lösen, die durch die Existenz und Entwicklung von Wüsten an Wissenschaftler herangetragen werden.

Ein weises Sprichwort der Tuareg besagt: »Lieber sich mit eigenen Augen überzeugen als sich auf Aussagen anderer verlassen.« Es gibt nur ein zuverlässiges Mittel, sich zu vergewissern: Hinfahren und selbst sehen. Ich werde hinfahren und selbst sehen.

Das finanzielle Problem ist schnell gelöst, dank der Unterstützung des Museums für Naturgeschichte, des staatlichen Ministeriums für Bildung, der Akademie der Wissenschaften, des ethnologischen Instituts der Universität von Paris, der französischen Vereinigung für Wissenschaft und Fortschritt und an Ort und Stelle der Generalgouverneursämter erst des französischen Westafrikas, dann Algeriens.

So kam es, dass ich von März 1934 bis Mai 1935 unaufhörlich unterwegs war, im Sommer wie im Winter – einmal erträglich warm, das andere Mal eiskalt – und mir langsam meinen Weg durch die Länder der Sahara und des Sahel bahnte – Mauretanien und Sudan. Mit der unermüdlichen Halsstarrigkeit einer Schnecke, die ein Salatblatt inspiziert, steckte ich Tausende von Kilometern Marschroute ab, mäanderförmig, verschlungen und abenteuerlich.

Ende März 1934 befinde ich mich mitsamt meiner Ausrüstung in Saint-Louis im Senegal und bin bereit loszumarschieren. Der Ablauf meiner Forschungen ist nur in groben Zügen festgelegt und die Sahara außerdem nicht das Land, in dem Vorhaben besonders detailliert geplant werden; die treuen Dienste des *Livret-chaix*-Reiseführers kennt man dort nicht, und stattdessen regiert König Zufall. Man weiß zwar offensichtlich trotzdem, wohin man reisen will, aber nicht, wann, wie und auf welchem Weg. Unnütz also, sich im Vorfeld viele Sorgen zu machen. Man wird schon sehen.

Offiziell habe ich lediglich zwei feste Punkte, um die meine künftigen Wanderungen sich bewegen werden: die Region um Chinguetti in Mauretanien, wo ich einen riesigen, kolossalen, sagenumwobenen Meteoriten untersuchen soll (hundert Meter lang und vierzig hoch, wie mein Informant beteuert…) und die Gegend von Asselar im Sudan. Dort soll ich die Ausgrabungen an dem Ort wieder aufnehmen, wo wir, mein Kollege und Freund

Monsieur Besnard und ich, 1927 das Glück hatten, das wertvolle Skelett eines fossilen Menschen zu finden.

Von Chinguetti bis Asselar sind es übrigens mehr als tausendzweihundert Kilometer – Luftlinie wohlgemerkt, also unendliche Kilometer mehr »Kamellinie«, wobei ich nicht die Absicht habe, den schnellsten Weg oder irgendeine Abkürzung zu nehmen. Ich möchte die sich mir bietende Gelegenheit ausgiebig nutzen und das Feld meiner Forschungen auf die größtmögliche Fläche ausdehnen. Womit ich schon länger als ein Jahr beschäftigt wäre.

Von Saint-Louis aus geht es durch den eintönigen, trostlosen senegalesischen Busch und die Steppe des Sahel in Südmauretanien. Schnell erreiche ich die Station Aleg, die sich auf eine kleine Bergkuppe aus Sandstein kauert, inmitten einer weiten Ebene, die schwarz, ausgedörrt, rissig und ohne einen einzigen Grashalm vor uns liegt. Wir sind mitten in der Trockenzeit; jegliches Grün ist verschwunden, und über dieser trostlosen, sengend heißen und verdorrten Landschaft erheben sich, gekrönt von Geiern oder Raben mit weißer Brust, die seltsamen, kahlen Silhouetten von Affenbrotbäumen, deren Zweige wie Wurzeln aussehen. Als hätte der Wald einen Kopfstand gemacht.

In einigen Monaten, wenn der Regen zurückkehrt, wird eine üppige Weide, ganz mit Blumen übersät, die Steppe bedecken, und der See von Aleg wird über die Ufer treten und die Piroge des Forschers bereits vor den Toren der kleinen Festung erwarten.

Doch in Aleg werde ich keinen Tropfen fallen sehen; wenn die Regenzeit kommt – die man in Europa Sommer nennt – werde ich schon weit weg sein von hier. Vorerst werde ich am Westrand des Tagant entlang nach Atar zurückkehren, wo die zentrale Verwaltung des Adrar ihren Sitz hat. Der Sandstein der Felswände im Tagant und Adrar lockt mich; die Geologie dieser Hochebenen ist nahezu unerforscht, und man kann dort auf archäologische Funde hoffen, insbesondere auf Gravuren, Zeichnungen und Inschriften, die untergegangene Völker in den Felsen hinterlassen haben.

Die Felsabbrüche des Tagant liegen sechs Tagesmärsche von Aleg entfernt – per Kamel, versteht sich. Hier findet sich die kleine Karawane zusammen, mit der ich länger als ein Jahr die westliche Sahara durchqueren werde, etwa tausendfünfhundert Kilometer von Norden nach Süden und etwa neunhundert von Westen nach Osten. Das Personal, Menschen wie Kamele, wird viele Male ausgewechselt werden, die Zusammensetzung der Gruppe wird sich aber kaum ändern: einige Kamele (sechs bis zehn Last- und Reittiere), zwei oder drei Gefährten, ein Diener, und als Begleitschutz »Partisanen« unterschiedlicher Zahl, zwischen null und acht, je nach Region.

Letztere sind die Aristokraten unserer Bande, und das versteht sich quasi von selbst: Bedenken Sie, diese Herren verfügen über ein Gewehr und sind folglich Persönlichkeiten. Ich dagegen besitze keine anderen Waffen als meinen Geologenhammer und ein Barometer – da ich prinzipiell Gegner jeder sinnlosen Zerstörung bin, also auch der Jagd – und stelle daher ein Rätsel für jeden Krieger dar. Ich schreibe ohne Unterlass, lese ständig, bin ein Mann des Papiers und der Bücher, also ein *Marabut*. Aber ein komischer *Marabut*, der Steine zerschlägt, Felsbrocken und Tonstücke sammelt, Pflanzen trocknet und täglich zu festgelegten Zeiten den Wind prüft, auf das Zifferblatt eines runden Kastens schlägt, der keine Uhr ist, und der einen »kleinen kristallenen Zauberstock«, auch Thermometer genannt, durch die Luft schwingt.

Sie begreifen nicht, und sie können auch nicht begreifen, dass man sich mit Dingen beschäftigen kann, die sich weder essen noch verkaufen lassen. Eine absurde, höchst unwahrscheinliche Idee. Also? Also gut, dann wird der wundersame Reisende, der allen gängigen Mustern widerspricht, der kein Gefreiter, kein Haupt-

mann und kein Händler ist, wohl aus diesen Steinen unermessli-
chen Reichtum schöpfen, Gold, ein Vermögen – aber vielleicht ist
er auch nur ein *Majnoun*, ein Verrückter.

Die Strecke von Aleg nach Moudjéria ist alles andere als malerisch, besonders um diese Jahreszeit. Inzwischen ist es mir allerdings gelungen, diese Monotonie erfolgreich zu bekämpfen. Auf
ganz einfache Weise. Am 11. April, in Chogar, am Fuße prächtiger
Akazien, entdecke ich auf dem Grund eines offenen Trichters im
rissigen Boden einer ausgetrockneten Wasserstelle, in einer drei-
unddreißig Grad warmen Pfütze, ein Gewimmel von Wasser-
fauna, das, wie mir scheint, Aufmerksamkeit verdient. Ich gehe ins
Lager zurück, hole Netz und Glas, will dieses verschließen und
schaffe es dabei in Rekordzeit, den Glashals zu zerbrechen, und das
dermaßen geschickt, dass mir ein Splitter, der so spitz und scharf
ist, wie man es sich nur wünschen kann, die linke Hand aufschnei-
det und den Beugemuskel des Zeigefingers durchtrennt. Ein
Glück, dass ich nicht Geige spiele!

Einige Tage später erhebt sich am Horizont jenseits einer riesigen,
flachen Ebene, die ganz gelb ist vor vertrockneten Pflanzen, eine
Felswand in der Ferne. Bläulich schimmert sie vor der untergehen-
den Sonne, hebt sich ab vor dem hellgelben Ozean der Steppe, in
der ich mein Lager aufgeschlagen habe wie an einem Meeresstrand. Dieser violette Balken ist die gigantische Felsmauer von
Tagant, zu deren Füßen Moudjéria liegt.

Hier entspringt in einer Schlucht eine zauberhafte Quelle, die
rauschend in einen kleinen Bach mündet, der etwa zehn Meter
lang ist – für einen »Fluss« in der Sahara schon sehr beachtlich –
und bald in den Steinen versickert. Rund um das Wasser wunderbare Vegetation, blühende Bäume, Wasserpflanzen, eine Menge
Vögel und Lurche.

Von Moudjéria aus werde ich einen Umweg machen, um den Krokodilen von Matmata einen Besuch abzustatten. In der Sahara und im Sahel kennt man eine gewisse Anzahl nie versiegender Wasserstellen, wo noch einige Krokodile leben, allerdings vollkommen abgeschnitten von den Flüssen Afrikas, die heute den eigentlichen Lebensraum dieser Art darstellen. Sie sind Zeugen einer feuchteren Epoche und einer Sahara, die sich von der unsrigen deutlich unterscheidet. Je mehr die Austrocknung fortschritt und je weniger Wasserflächen es gab, desto stärker wurden Fische, Krokodile und manchmal Garnelen in winzigen Löchern »in die Enge getrieben«, wenn ich so sagen darf, und das mit der rosigen Aussicht, ganz ausgerottet zu werden, wenn der Wasserspiegel nur noch ein wenig mehr sinken würde.

Eine Situation, die verständlicherweise genauso erfreulich ist, *mutatis mutandis*, wie die eines Menschen, der auf einer einsamen Insel sitzt, die das Meer langsam verschlingt.

Das Guelta von Matmata ist eine riesige natürliche Zisterne, die auf dem Grund einer wunderschönen Schlucht liegt, die sich durch den Sandstein gegraben hat. Am Eingang des Cañons liegen in ausgetrockneten Pfützen Gerippe von Welsen, die von der Verdunstung ihres Lebensraumes überrascht wurden. Weiter oben mehr Lachen voll stehenden Wassers, das buchstäblich vor Fischen schäumt; mein Führer fängt zwei von ihnen mit Hilfe eines provisorischen Netzes aus einfachen Grashalmen, das er auf dem Sandboden hin und her schwenkt; es handelt sich um Welse der Art *Claria*, schwarz, glänzend und mit schönen Bärten.

Gehen wir weiter stromaufwärts; bald erkennen wir auf dem Boden die ersten Spuren von Reptilien. Schließlich das große Guelta, dem wir uns leise genug nähern, um zwei Krokodile beobachten zu können, die vom Ufer schnell ins Wasser abtauchen.

Ich musste diesen ehrwürdigen Patriarchen, diesen verspäteten Fossilien, den lebenden Reliquien der Sintflut einfach einen Besuch abstatten, sind sie doch ebenfalls zum Tode durch Austrocknen verurteilt, ein Urteil, dessen Vollstreckung jedoch bis auf Weiteres »vertagt« wurde … Gebt Acht, ihr unglücklichen Echsen, ihr ausgezeichneten Schwimmer, ihr geschmeidigen Panzertiere, macht euch eine schöne Zeit, nutzt eure »Galgenfrist«…

Ich sehe mich noch heute, wie ich auf dem Rückweg von dieser frommen Pilgerfahrt mit nackten Füßen durch die *Cram-cram*-Büschel hüpfte, großzügig beladen mit reifen Ähren voller pieksender Stacheln und die Taschen voll gestopft mit trockenen, kreidigen Krokodilexkrementen als Beweisstücken.

Am nächsten Tag lädt mich bei Sonnenaufgang, als ich gerade zu Fuß einen kleinen Hohlweg erforsche, ein Einheimischer auf einen Schluck zu trinken in einem nahen Senkloch ein. Ich nehme an. Ein Loch im Sand: Das Wasser steht und ist mit nassem Stroh und anderen Überresten bedeckt – der obligatorische Schafdreck natürlich eingeschlossen. Um uns herum sitzt eine ganze Volksversammlung von Kröten, alle brav in einer Reihe, die Pfoten von sich gestreckt und das Hinterteil im Wasser. »Nein danke, wirklich, ich habe gar keinen so großen Durst, trink du zuerst«, sage ich. Mein Führer watet ins Senkloch, das Wasser steht ihm bis zu den Knien, er beseitigt die Strohdecke und schlürft los. – »Jetzt bist du dran.« – Und warum eigentlich nicht? So gehe auch ich hinunter und schlage drei Fliegen mit einer Klappe: Erstens werden meine Füße sauber, zweitens bekomme ich etwas zu trinken, und drittens habe ich meine Sammlung um zwei neue Kröten bereichert.

*Tamourt-en-Naje* bedeutet *Tamourt* der Schafe, und *tamourt* heißt soviel wie: der Ort, wo die Liebe wächst. Doch mit Saint-Exupérys »Karte der Zärtlichkeit« und einfacher Homonymie kommt man hier nicht weiter. Es handelt sich um einen prächtigen Baum, die *Acacia arabica,* der nirgends außerhalb der feuchten Böden und der Wasserstellen der Regenzeit wächst. Und es gibt nichts Untypischeres für die Sahara als dieses wunderschöne Tal, wo sich riesige hoch aufragende Wälder im stillen Wasser spiegeln, wo Kuhherden über grüne Weiden streifen – ganz wie auf dem Deckel einer Camembertpackung –, wo die Hirsefelder kein Ende zu nehmen scheinen, wo junge, erst gestern aus dem Boden geschossene Palmenhaine bereits »wie die Großen«, ganz nach Art der alten Palmen in den Oasen, ihre zerzausten Wipfel schütteln. Am Ufer der Seen tummeln sich Reiher und Enten im warmen Wasser, und über das Geröll jagen Horden von Pavianen.

Das Tagant ist nicht die Sahara; hier befindet man sich im wahrsten Sinne des Wortes »auf dem Land«. Nutzen wir die ländlichen Stunden und den einladenden Schatten der Palmen; erfreuen wir uns am flüchtigen Lächeln eines Landes, in dem es sonst nicht so üppig zugeht – beizeiten werden wir schon noch unseren großzügigen Anteil an Wüste und Entbehrungen erhalten.

Für meinen geologischen Blick ist das Tagant jedoch eine bittere Enttäuschung: Sandstein… nichts als Sandstein! Und ich glaubte »einfach so«, hier alles sofort zu begreifen und auf den ersten Blick die so prächtig regelmäßige Struktur der Hochebenen der Zentralsahara wieder zu finden. Ich begriff jedoch gar nichts. Die Selbstachtung kann Schaden nehmen an einem solchen Geständnis, doch die harte Lektion der Wahrheit hat auch ihr Gutes, denn sie lehrt einen zumindest, geduldig zu sein. Eines Tages werde ich bestimmt alles über diese Felsen wissen, die unerklärlicherweise bar jeder Fossilien und daher unmöglich zu datieren sind.

Aus staubtrockenem Stein erbaut und von Mauern umgeben, die mit geometrischen, V-förmigen Zeichnungen – gerade oder auf dem Kopf stehend – verziert sind, verfällt Kasr el Baraka, eine kleine, zu drei Vierteln aus Ruinen bestehende Stadt, unter der Sonne. Die Stimme der Gelehrten, die einst ihre Zauberbücher hinunterleierten, ist verstummt. Der Friedhof ist voll, die Häuser sind leer. Man versteht, warum Psichari, einst Offizier der Kameltruppen, diese Trostlosigkeit suchte und melancholisch über die Verlassenheit des Ortes meditierte.

Sand, Steine, stachlige Akazien, viel zu süßer grüner Tee, Reis mit ranziger Butter, schmutziges, lauwarmes Wasser, unendliche Tagesmärsche, eine gnadenlose Sonne, unerbittlich gegenüber Körpern, die lange nicht an ihren Biss gewöhnt waren, die tägliche Arbeitsroutine, ein stets unsagbar gleichförmiges Tagewerk, und doch von einem besonderen Interesse. Sicherlich ungeheuer monoton, jedoch nie langweilig.

Und dann gibt es hier diesen ganz eigenen Geschmack von Freiheit und Einfachheit, um nicht zu sagen eine Faszination des grenzenlosen Horizonts, der Strecke ohne Umwege, der Nächte unter freiem Himmel, des Lebens ohne Überfluss, die sich mit Worten nicht beschreiben lässt, aber die jene verstehen, die sie einmal selbst erlebt haben.

Je mehr wir uns dem Adrar nähern, desto abwechslungsreicher gestaltet sich die Landschaft: Winzige Palmenhaine verbergen sich in den Hohlwegen der Hochebene, riesige schwarze Felswände bieten dem Geologen einen prachtvollen Anblick und die Gelegenheit, seine Knochen in Schwung zu bringen. Umwerfend schöne Landschaften, doch erwarten einen alten Hasen, der schon oft durch das Land der Tuareg gewandert ist, keine großen Überraschungen. Ein Neuling wie Psichari ist da beeindruckter: Seine dramatischen Beschreibungen ließen mich auf weitaus Besseres hoffen; seiner Erzählung nach ist Zli das Ende der Welt, ein höllisches Land, eine Vision Dantes, ein fantastisches Schauspiel. Ich aber fand in Zli lediglich einige mittelprächtige Sandsteinhügel ohne große Besonderheiten und ein schönes Guelta zwischen den

Felsen vor. Nichts Höllisches, aber wenigstens eine blühende Mimose, zwei weibliche Silhouetten, am Rand einer Wasserstelle über Schläuche gebeugt, einen kleinen Esel, und für mich eine Wasserschnecke und Laichkraut.

In den Gewässern auf dem Grund der Cañons tummeln sich sorglos die letzten Fische der Sahara, ohne zu ahnen, dass ihnen die Dürre oder das Nationalmuseum für Naturgeschichte Schaden zufügen könnten. In Nkedeï wimmeln fünfzig winzige Flussbarben in einem Quadratmeter Wasser; »wimmelten«, um ganz genau zu sein, denn die düsteren Voraussagen haben sich erfüllt: Das Museum hat ihnen Unglück gebracht. Auf äußerst hinterhältige Weise zudem, denn man hat das Becken geleert, um seine Bewohner zu fangen. Doch nach vollbrachter Schandtat und aus Angst, irgendein vergessener Barbe könnte vom Tod durch Austrocknung bedroht sein, wurde mit der *Chéchia* Wasser aus einem benachbarten Loch geschöpft und damit die verhängnisvolle Lache wieder gefüllt.

Atar. Blaue Kiesel, Soldaten, Palmen, Prostituierte, Stachelmäuse – *Acomys Chudeaui*, um genau zu sein – und Wolfsmilch mit blutrotem Kautschuk – *Jatropha Chevalieri*, ebenfalls um genau zu sein.

Ich werde versuchen, Licht in die Geologie des Adrar zu bringen, von der ich hartnäckig behaupte, sie nicht zu verstehen. Sie ist komplizierter, als ich dachte. Auf jeden Fall fehlt mir der Ansatzpunkt, den ich immer noch suche, eine bestimmte Kimmung, die ich in Algerien und Guinea gesehen habe und die es hier auch geben muss: nämlich Schieferton, normalerweise bläulich, durchzogen von Streifen feiner und zarter Abdrücke winzig kleiner Fossilien (Graptolithen), die für eine bestimmte Schicht des Urbodens charakteristisch sind. Werde ich sie finden?

Zuerst aber ein Ausflug in den Westen des Adrar. Guelta von Ilij: Eine wilde Schlucht hat sich tief in das Sandsteinplateau eingegraben. Auf ihrem Grund öffnen sich die senkrecht aufragenden Wände zu einem Kreis, in dessen Mitte eine Wasserfläche ruht. Sie wird von winzigen, wie mit Kapillaren durchzogenen Wasserfällen gespeist; gutgläubige Barben, die auf die natürliche Güte des Menschen vertrauen. Welch Optimismus …

»10.27 Uhr, 10. Mai 1934: nicht nur ›endlich allein‹, wie man immer in Büchern liest, sondern tausendmal besser: Endlich sitzen, endlich im Schatten! Und eine *Gueïla*, wie ich sie liebe, eine *Gueïla* für Faulpelze: kein *Djebel* zu besteigen, keine Fische, die man über die Sitten des Homo ›sapiens‹ aufklären muss, kein Gras zu sammeln, nicht die geringste prähistorische Stätte in Sicht … ein gelobtes Land: sich ausruhen, sich erholen, *Kessera*, Datteln, Tee, saure Milch – lesen, schreiben, basteln und vor allem: Nichtstun.«

Leider sind die irdischen Paradiese bekanntlich kaum von Dauer, und Eden ist nur ein Provisorium. Am nächsten Tag ein anstrengender Tagesmarsch; am übernächsten Tag von 4.30 bis 21.30 Uhr auf den Beinen, mit fast elf Stunden Fußmarsch über grauenhaften Schotter; auf dem Programm des folgenden Tages steht gleich zu Beginn die durchaus akrobatische Besteigung einer Felswand von etwa fünfhundert Metern. Es ist genau dieselbe, an deren anderer Hangseite ich mich letzte Woche kurz vor dem Gipfel in der prallen Mittagssonne vor Erschöpfung geschlagen geben musste; diesmal erklimme ich die Felsenkrone durch eine Art Kaminspalte.

Wieder unten breche ich erneut per Kamel auf, um in der Umgebung ein geologisches Detail unter die Lupe zu nehmen. Am Ziel angekommen, will ich absteigen, doch ich habe meine Sandalen vergessen, und der Sand ist glühend heiß; unmöglich, irgendwohin zu gehen. Zunächst stelle ich mich auf den Musselin meines Turbans. Doch wie soll ich mich fortbewegen? Mir fallen die Leinensäckchen für die Proben ein, die ich mitgebracht habe, und tatsächlich gelingt es mir, meine Füße in zwei davon zu stecken. Durch dieses elegante Schuhwerk ausreichend geschützt, hüpfe ich auf den Zehenspitzen anmutig umher und kann in Ruhe die Steine sammeln, die ich brauche.

Dank einer neuen Reise, diesmal im Lastwagen, erreiche ich den Ozean und sehe Nouakchott wieder. Doch wo 1923 die einzigen Wächter der Brunnen zwei Warzenschweine und eine große, leuchtend gelbe Sommerwurz waren, erheben sich nun ein Militärposten, Geschäfte, ein Flugzeughangar und ein Leuchtturm. Ich sammle einige Mollusken in den Meeresablagerungen aus dem Quartär.

Die Küste Mauretaniens hat ihre Gestalt stark verändert, und das vor gar nicht langer Zeit: Man sieht dort tatsächlich Spuren eines weiten Golfes, der heute zwar vollkommen zugeschüttet ist, doch an Ort und Stelle wuchern noch die Muscheln.

Bevor ich Atar endgültig verlasse, möchte ich den Salinen von Idjil und dem Kedia-Massiv einen Besuch abstatten. Die Salzminen von Idjil haben gemeinsam mit den Salinen von Taoudenni die größte Bedeutung für die westliche Sahara. Beide liefern Steinsalz in Stangen, das auf Kamele geladen und so in den Sudan oder den Sahel transportiert wird, wo es als Nahrungsmittel dient.

Die Sahara ist zum Land des Salzes geworden. Dafür gibt es eine Erklärung. Ohne Rinnen, die den Abfluss in Richtung Meer erlauben, sammelt sich das Wasser, das allerlei Schlacken mit sich führt, in geschlossenen Becken, natürlichen Salzsümpfen, die starker Verdunstung ausgesetzt sind. So entstehen *Sebkhas*, von der einfachen Ablagerung über verwitterndem Lehm, der mit weißem kristallinen Staub bedeckt ist, bis hin zu ganzen Steinsalzminen.

Die Wüste verfügt so über das Salz, das der Savanne und dem Wald fehlt. Die Erzählungen der alten Chronisten berichten von »stillschweigendem« Tauschhandel, bei dem die Schwarzen aus dem Süden ihren Goldstaub neben die Salzhaufen legten, welche die Karawanenhändler aus dem Norden mitgebracht hatten.

Dieses große Verlangen nach Salz, das den Bauern der Savanne genauso peinigt wie den des Waldes, hat ähnlich wie das Weidevieh einen der stärksten und gängigsten Handelszweige hervorgebracht, der noch heute besteht. So kommt es, dass Salz, ein seltenes und notwendiges Nahrungsmittel, unverderblich und gut zu transportieren, weitaus mehr als ein Gewürz geworden ist: ein wertvolles Zahlungsmittel, »mit Gold aufzuwiegen«, wie Bonafos in einem Buch schreibt, von dem ein Kapitel überschrieben ist: »Salz, ein Edelmetall«. Ein lösliches, genießbares Gold zwar, aber doch Gold. Und so versteht man die Bedeutung, die mandingische, songhaische oder marokkanische Kaiser den Salinen der Sahara beimaßen: Wer sonst würde das Gold von Transvaal verschmähen?

Doch die Zeit drängt, und ich verzichte auf weitere Ausflüge, die ich noch gerne im westlichen Adrar unternommen hätte. Ich beschließe, alsbald nach Chinguetti abzureisen. Am 2. Juni verlasse ich Atar, dieses Mal endgültig.

Am selben Tag habe ich das Vergnügen, in Safiet-el-Ather eine Stelle mit Felsgravuren und -inschriften studieren zu können, die *Platte der Spuren* im Nordwesten von Amder. Hier sind die altertümlichen Zeichnungen schwer zu erkennen (es gibt auch neuere, die deutlich hervorstechen), da sie sich auf horizontalen Platten befinden und ihr Strich genau die gleiche blaue Farbe hat wie der Fels. Nur in sehr schräg und flach einfallendem Licht, zum Beispiel bei Sonnenuntergang, kann man sie ausmachen.

Sie zeigen Menschen (darunter einen in Lebensgröße), verschiedene Tiere (Kamele, Rinder usw.) und sind mit einigen Tifinagh-Schriftfragmeten versehen, dem Alphabet, das die Tuareg noch heute verwenden und von den Libyern geerbt haben.

Hier ist also der Beweis – oder zumindest ein weiterer Beweis – dafür, dass die libysch-berberischen Völker die ganze Sahara bis hin zum Atlantik besetzt hielten. Um genau zu sein, besetzen sie sie heute noch – Libyer – Sanhajas – Azenegen – Mauren –, doch heutzutage haben sie sich mit anderen Elementen vermischt (arabisch und schwarz) und der Gebrauch des *Tifinagh*-Alphabets ist verloren, und fast vollständig auch ihre Sprache, die nur noch von ein paar Hundert Leuten gesprochen wird, den Zenagas, die in einem Winkel des Trarza in Mauretanien leben.

Anschließend wartet im Cañon von Amojiar die Felswand von Chinguetti auf uns, die es zu erklimmen gilt und die von einer steinigen, recht bewaldeten Hochebene gekrönt wird. Die süßlichen, schleimigen Früchte des *Atil* sind reif, und man sieht hier und da Frauen und Kinder, die diese armselige Nahrung aufsammeln. Der Adrar ist nicht das Tagant; ein weniger begünstigtes Land, ein härteres Leben, hier kann man es sich nicht leisten, etwas Essbares zu verschmähen; man pflückt wilde Beeren und jagt Heuschrecken und Eidechsen.

Gibt es wirklich irgendwo auf der Welt geschlossene, von Mauern umgebene Gärten mit einem Stückchen Himmel, für das man den Blick in die Höhe richten muss, um es zu sehen? Ehrlich gesagt, ich bevorzuge meine kahlen, grenzenlosen Horizonte, die zwar sicher weniger behaglich, weniger beruhigend und häuslich sind, aber so viel erhabener in ihrer tragischen, gnadenlosen Unendlichkeit.

Dort befindet sich eine Natur, der wir die Sklaverei aufgezwungen haben, eine gezähmte, verstümmelte, unschädlich gemachte, gestutzte, getrimmte, unterjochte Natur; hier sind wir nur Gäste, die nicht das geringste Wörtchen mitzureden haben, die mit heiterer Gleichgültigkeit ignoriert oder vorübergehend geduldet werden. Hier ist es nicht unser Verdienst, dass die Sache läuft, und wir sind bestimmt nicht der Nabel der Welt; es tut manchmal gut, dass uns ein Winkel der wilden, unberührten Natur schonungslos daran erinnert.

Chinguetti ist der Sahara-typischste *Ksar* des ganzen Adrar, oder zumindest entspricht er dem offiziellen Bild der Sahara, das von Postkarten und Farbdrucken bestimmt wird, am meisten: ein Palmenhain neben einer Düne, die klassische Oase. Die Stadt liegt tatsächlich genau an der Grenze zwischen Düne und Sandsteinplateau, malerisch am linken Ufer eines breiten *Batha*, dem sandigen Bett eines Wadi, das sich bei Wolkenbrüchen in einen Fluss verwandelt.

Eine alte Stadt, die sowohl für ihren regen Handel als auch für ihre gelehrten Wissenschaftler und ihre begnadeten Poeten berühmt war. Doch Chinguetti hat viel von seiner einstigen Bedeutung eingebüßt. Allein die Erinnerung daran besteht noch.

Etwas weiter südlich von Chinguetti liegt die Stelle, wo 1916 der sagenumwobene – doch zweifelhafte – riesige Meteorit entdeckt worden sein soll, den ich wie so viele andere zu finden versuche, allerdings mit ebenso wenig Erfolg wie meine Vorgänger.

Ein Offizier der Kamelreiter erzählt, wie er unter phantastischen Umständen, heimlich in der Nacht und nur von einem einzigen Menschen begleitet (der unglücklicherweise seitdem verstorben ist), auf diesen gewaltigen metallischen Gesteinsblock gestoßen ist, dessen Fundort und sogar dessen Existenz die Einheimischen sorgfältig geheim halten. Die Aussage des Zeugen enthält in ihrer Genauigkeit beunruhigende Einzelheiten über das Aussehen des Meteoriten, doch über seine geografische Lage hingegen sind die Informationen sehr spärlich.

Ich beginne mit einer Umfrage bei den Bewohnern von Chinguetti. Niemand kann mir den geringsten Anhaltspunkt geben;

man bezweifelt gar, dass der angesehene Bürger, der als Führer gedient hat, zu einer solchen Reise in die Dünen überhaupt fähig gewesen ist; der Stein hat keinen einheimischen Namen; die Schmiede der Gegend nutzen kein Metall von ihm usw. Der alte Mohammed el Bechir, Oberhaupt der Laghlal, verbirgt mir gegenüber seine Gefühle nicht: »Und wenn du bis zum Jüngsten Gericht suchst, du wirst niemanden finden, der diesen Stein kennt...« Sehr ermutigend...

Ich weiß genau, dass Andeutungen gemacht wurden, religiöse Gründe – nur welche? – könnten eine Rolle spielen bei dieser selbst auferlegten Stummheit, die mir vorkommt wie eine Verschwörung des Schweigens.

Doch kein Geheimnis, vor allem nicht im Adrar, wird finanziellen Argumenten lange standhalten können. Versuchen wir's.

Ich scheitere auf der ganzen Linie. Mein Höchstgebot von »zweihundert Ecus« (tausend Franc), für diese Gegend ein hübsches Sümmchen, führt niemanden in Versuchung und verleitet zu keiner Vertraulichkeit. Immer noch nicht das leiseste Anzeichen, dass es diesen Meteoriten wirklich gibt.

Bleibt mir also nichts anderes übrig, als selbst zu suchen. Gesagt, getan, doch ohne Ergebnis. Zwar ist die Gegend oft stark mit Sand bedeckt und daher schwierig zu erforschen, und die Existenz des Steins bleibt zumindest theoretisch denkbar. Doch meiner Ansicht nach ist es höchst unwahrscheinlich, und ich fürchte, wir müssen die faszinierende Hoffnung aufgeben, eines Tages diesen kolossalen Gesteinsblock zu entdecken, der dann der bei weitem größte Meteorit der Welt wäre.

Während einer meiner Expeditionen in der Umgebung von Chinguetti geriet ich am 14. Juni in den ersten Wirbelsturm des Jahres. Die vorhergehende Nacht hatte sich wenig romantisch gezeigt: heiß, stürmisch und voller Bedrohungen. Es ist nicht sehr beruhigend, ohne Schutz zusammengerollt auf den Steinen zu liegen und sich dabei mit banger Neugier zu fragen, ob sich der Allmächtige mit einer Finte und einigen Tropfen zufrieden geben wird, oder ob er doch Ernst macht, die Wassermassen loslassen, die Berge ertränken, sie mit Katarakten bedecken, die Flüsse zum Schäumen bringen und das Lager wegspülen lassen wird.

Am Vormittag erreiche ich El Berbera. Wundervoll. Eine schöne Wasserstelle am Fuße einer von Palmen gesäumten Felswand, Quellen, die sich ins Farnkraut ergießen; Frösche quaken. Schwierig, sich einen Ort vorzustellen, der zurückgezogener, noch unsagbar weiter fernab von dem liegt, was man gemeinhin die »Welt« nennt.

*Gueïla* unter Felsen, der mit Zeichnungen verziert ist, modernen allerdings, daher sind sie nicht von Interesse. Essen: in einer kürbisförmigen Holzschüssel ein Brei aus Weizen und Hirse, ringartig angerichtet um einen See aus maurischer Butter. Wir essen mit den Fingern und kneten Breistücke in die Soße.

Als ich gegen 15 Uhr zu meiner Gruppe zurückkehre, grollt der Donner, die Blitze werden zahlreicher; eine Mauer von Staub, die ein orkanartiger Wind vor sich hertreibt, erhebt sich im Tal. Der Sturm lässt die Berge »qualmen« und kommt auf uns zu.

Das ist der Tornado mit seinen heftigen Wolkenbrüchen, und wir lagern im Bett des Wadi; sollte das Wasser ansteigen, kommen wir in Schwierigkeiten. Um das Vergnügen komplett zu machen, habe ich kein Zelt mitgenommen, da ich dachte, diese Jahreszeit sei noch sicher… Schon bald verwandeln sich die Berghänge in reißende Wasserfälle – ein prachtvolles Schauspiel. Seltsame Geräusche kommen immer näher: Eine heftige Flut ergießt sich, treibt eine dicke Schaumschicht vor sich her. Wir bleiben stehen, um diesen Fluss zu betrachten, Gaffer, die sich freuen wie kleine Jungen am Strand. Ich grabe kleine Kanäle, Sidi, splitternackt, beschmiert sich mit Schaum; wir alle gehen baden.

Wenig später müssen wir unseren Standort verlassen, um der bedrohlichen Überschwemmung zu entkommen, und »kassieren« einen zweiten Wirbelsturm. Wir sind nass bis auf die Haut, alle zittern. Die Nacht bricht herein. Wind und Regen machen keine Pause; das Wasser plätschert einige Meter an uns vorbei; das Feuer qualmt und erstirbt unter dem Regenguss, uns geht das Holz aus. Um die halb ertränkte Glut gekauert, von vorne geröstet, von hinten durchnässt, warten wir auf die Morgendämmerung. Der dritte Tornado. Wird es uns, wenn das Wasser das Lager erreicht, im Sturm und in der schwarzen Nacht gelingen, ihm noch einmal zu entkommen?

Kein angenehmes Abenteuer, aber wenigstens ungefährlich: Wir sind ja nicht aus Zucker. Doch welche Angst hatte ich in dieser Nacht um mein Tagebuch, das auf meinem Sattel unter einem *Burnus* lag – ich hatte keine Zeit gehabt, es an einem sicheren Ort zu verstauen, so plötzlich war der Tornado gekommen. Es ist in diesem Durcheinander zwar unversehrt geblieben, aber in Zukunft werde ich mich selbst im Juni nicht mehr ohne mein Zelt in den Adrar wagen.

Gegen acht Uhr morgens die letzten Tropfen. Insgesamt zwölf Stunden Tornado: Entschuldigen Sie die Kleinigkeit, und trotzdem danke.

Und auf einmal der erste Frosch – wo er wohl herkommt? – und der zirpende Gesang der Grillen. Die *Trombidia* marschieren ohne Zögern mit ihren kleinen seidenen Kugeln aus scharlachrotem Velours über den feuchten Sand.

# »Fragen Sie nicht:
# Was sollen wir trinken?«

– Seid gegrüßt.
– Seid ebenfalls gegrüßt.
– Seid ihr wohlauf?
– Wir sind wohlauf, Gott sei Dank.

. . . . . . . . . . . . . . . . . . . . . . . . . . . . . .

– Habt Ihr keinen Durst gelitten?
– Nein, nein… Nein.
– Gelobt sei Gott.

CH. DIÉGO, SAHARA

*Und auch der Fuhrmann. – Sorgen um den nächsten Tag. –
Wasserstellen. – »Brunnen, steige auf!« – Ein technisches
Problem: der Behälter. – Der Sieg des Ziegenbocks. – Regenfälle.
– Der durchnässte Kamelreiter. – Und der schimpfende. –
Oglats. – Schwimmbecken. – Pfützen. – Die Brunnen:
verschiedene Modelle. – Besonders edle Tropfen. – Eine letzte
Art von Quelle.*

Doch, fragen Sie ruhig. Das Gebot gilt nicht für die Bewohner der
Sahara. Und weil er es nicht oft genug – und nicht rechtzeitig –
fragte, starb der »steinreiche Händler«, dessen warnende Geschichte Leo Africanus uns in seinem Buch *Über Afrika* erzählt:
»Man sieht noch zwei Grabmäler in der Wüste zu Azoad, bedeckt
von einem wundersamen Stein, in den einige Lettern graviert

sind, die erzählen, wie es kam, dass zwei Menschen dort unten liegen. Der eine war ein steinreicher Kaufmann, der die Wüste mit größtem Durst bereiste und schließlich davon dahingerafft wurde, der einen Schlauch Wasser von einem Fuhrmann kaufte, der bei ihm war, für zehntausend Dukaten; und trotzdem musste er sterben, denn er hatte nicht genug Wasser, und ebenso ging es dem Fuhrmann, der sich von seinem Wasser getrennt hatte.«

Fragen Sie also in der Sahara: »Was sollen wir trinken?« und seien Sie unerschrocken genug, sich um den nächsten Tag zu sorgen; das kann Ihnen die Haut retten.

Zwischenfälle und das Unvorhergesehene sind an der Tagesordnung; diese zu erkennen, von vornherein in Kauf zu nehmen und sich dagegen zu wappnen heißt, wenn auch nicht sie auszuschalten, so doch zumindest die Gefahr so weit wie möglich zu verringern.

Man verdurstet nur, wenn man unvorsichtig ist. Hat man alle Vorkehrungen getroffen, bleibt noch ein Unfall, der immer passieren kann: ein Führer, der sich verirrt, ein unauffindbarer Brunnen, ein Reittier, das seinen Dienst versagt, ein geplatzter Wasserschlauch. Doch so etwas nennt man Schiffbruch, für den zumeist nicht der Seemann, sondern das »Verhängnis« verantwortlich ist, dem man im Zweifelsfall alles in die Schuhe schieben kann.

Also ist es nicht weiter verwunderlich, dass die Wasserstelle und die Weide die zwei vorrangigsten Interessen des Seefahrers in der Sahara darstellen – denn er kann nicht leben, ohne zu trinken, und sein Kamel nicht, ohne zu fressen.

Die Wasserstellen bestimmen die Karawanenwege, auf denen man von Brunnen zu Brunnen zieht und unveränderlichen Strecken folgt, ohne dass jemand daran denken würde, von ihnen abzuweichen. Ein schmaler Deich inmitten eines unüberwindlichen

Sumpfes könnte keine zwingendere Wegstrecke bedeuten als die Pfade der Kameltreiber. Gleich den Maschen eines riesigen Netzes schließen sie vollkommen unberührte Gebiete ein. Man stelle sich eine Fläche voller nebeneinander stehender Kisten vor – große Kleiderkisten – von denen eine Ameise nur die Kanten kennt, und doch voller Freude herausschreit, sie habe ihre Sahara »besiegt«.

Die Entfernung zwischen zwei Häfen reicht bis zu sechshundert Kilometern. Ab fünf Tagen ohne Wasser, bis dahin noch ein geruhsamer Spaziergang für den Anfänger, wird es ernst: Nach zehn Tagen artet das Ganze in Sport aus, in einen Langstreckenmarsch, der besonderer Vorbereitung bedarf.

Die Tuareg des Iforhas durchqueren jeden Winter die Tanezrouft zwischen Tisserlitine und Ouallen: sie legen ungefähr vierhundert Kilometer in neun Tagen zurück und sind mit Schafen unterwegs. Vom 29. Dezember 1920 bis zum 15. Januar 1921 sind die Kamele eines *Mehari*-Trupps zwischen Aïoun Abd el Malek und Aouchiche sechzehn Tage gelaufen – sechshundertfünfzig Kilometer ohne zu trinken. Ihre Reiter hatten bei Meleïzem ein wenig Wasser gefunden, nach ungefähr fünfhundert Kilometern. Unsere Strecke Tinioulig-Araouan (2. bis 14. März 1935), sechshundert Kilometer ohne Wasserstelle, ist ebenfalls zu den beachtlicheren Leistungen zu zählen.

Wenn der Proviant zur Neige geht, wenn der ersehnte Brunnen fehlt oder wenn man ihn ausgetrocknet oder bereits überfüllt vorfindet, wird die Lage ernst: Die Tuareg des *Rezzou* von Aziouel, anfangs neununddreißig Mann, kamen nur zu viert zurück – elf waren im Kampf gestorben, vierundzwanzig jedoch an Erschöpfung und Durst.

»Sie schlugen ihr Lager in Rephidim auf, doch das Volk fand dort kein Wasser zu trinken« (2. Mose, 17, 1,3) und begannen zu verzweifeln, denn der Durst ist ein gefährlicher Ratgeber. Wie viele seltsame Wahnsinnstaten und grausame, unbekannte, anonyme Tragödien haben sich schon abgespielt, deren Akteure weit von den Wegen entfernt jämmerlich zugrunde gegangen sind und heute mumifiziert in den Steinen oder halb von einem friedlichen Leichentuch aus Sand zugedeckt daliegen.

Auch Hagar und ihr Sohn sind in der Wüste von Beer-Schéba kurz vor dem »Austrocknen«: Die *Guerba* ist leer, die Sonne klettert am Horizont hinauf, in einigen Stunden werden die Temperaturen auf fünfundvierzig Grad im Schatten und siebzig Grad im Sand gestiegen sein … Hagar erwartet den Tod, einen raschen Tod und, so scheint es, ab einem gewissen Grad an Erschöpfung und Benommenheit, auch ohne Qualen, als eine göttliche Eingebung sie in der Nähe einen Brunnen entdecken lässt (1. Mose, 21, 14–20).

Die Bewohner der Sahara sind weniger begünstigt als ihre israelitischen Leidensgenossen und haben keinen Zauberstab, der für sie Quellen aus dem Fels entspringen lässt; wenn sie ohne Wasser nicht mehr fähig sind zu kämpfen, bleibt ihnen nichts anderes übrig als das Sterben, wie den elf Männern, deren Leichen Cortier am 29. März 1912 in der Tanezrouft fand, »aneinandergekauert in furchtbaren Körperhaltungen … Verdurstend hockten sich Araber und schwarze Bedienstete in Gruppen zusammen und warteten auf eine Hilfe der Vorsehung, die nicht kam, und so starben die Unglücklichen dort, die Augen starr auf die Berge des Ahnet gerichtet, die sich bereits in Sichtweite befanden. Und sie wussten, dass in nur fünfzig Kilometer Entfernung der rettende Brunnen wartete, den zu erreichen sie nicht mehr die Kraft hatten.«

Aber wenn der erschöpfte Trupp das Wasser erreicht, wenn sich der Reisende über das schwarze Loch beugt und seinen Kopf in eine Wasseroberfläche eintauchen hört, statt mit dumpfem Klang auf den Sand aufzuschlagen, wenn die ersten *Délous* überlaufend und triefend wieder auftauchen – welche Befreiung, welche siegreiche Freude, welche Gesänge! Und die hebräischen Schäfer stimmen den Gesang des Wassers an:

> *Brunnen, steige auf! Singet von ihm!*
> *Das ist der Brunnen, den die Fürsten gegraben haben;*
> *Die Edlen im Volk haben ihn gegraben*
> *Mit dem Zepter, mit ihren Stäben.*
> (4. Mose, 21, 17–18)

Demzufolge ist es ganz natürlich, dass die Vision vom Messias des Jesaja, die Prophezeiung eines neuen Landes, wo »das Erste ist vergangen« (Offenbarung 21, 4), in Worten aus dem Leben in der Wüste Ausdruck findet: »Denn es werden Wasser in der Wüste hervorbrechen und Ströme im dürren Lande. Und wo es zuvor trocken gewesen ist, sollen Teiche stehen, und wo es dürre gewesen ist, sollen Brunnquellen sein. Wo zuvor die Schakale gelegen haben, soll Gras und Rohr und Schilf stehen« (Jesaja 35, 6–7). Wunder aller Wunder.

Also heißt es das Wasser transportieren und folglich auch Behälter dafür. »Ein schwer wiegendes technisches Problem«, wie die Journalisten sagen würden.

Richtig, und noch schwer wiegender, als sie es sich vorstellen. Die beiden wichtigsten Faktoren des Lebens in der Wüste sind *Fortbewegungsmittel* und *Behälter*. Man hätte die Sahara – seitdem sie für Lastrinder und Pferde verboten ist – niemals ohne das Kamel überwunden, das mag sein, doch man hätte sie erst recht nicht ohne Kamele überwunden, die mit Gefäßen beladen waren.

Durch diese Verbindung von Dromedar und Schlauch – der

*Guerba* – wurde die Wüste besiegt, die, wie wir gesehen haben, von den Menschen mit Tontöpfen aufgegeben worden war.

Diese zerbrechlichen Gegenstände halten den Härten des Kameltransports nicht stand. Es bleiben Metall und Häute.

Wenden wir uns zunächst Letzteren zu. Ohne *Guerba* wäre die von den prähistorischen Menschen verlassene Sahara für ihre Nachfolger unzugänglich geblieben, ein verödetes Gebiet der Erdoberfläche, *no man's land* im wahrsten Sinne des Wortes, genauso weit weg wie der Mond und genauso unmöglich zu erreichen.

Der Ziegenbock hat das Rennen gemacht. Enthaart, umgestülpt, ausgeweidet und gegerbt verwandelt sich seine Haut in die *Guerba*. Der »ideale« Behälter – egal, ob für die Creme X, das Pulver Y oder den Strumpf Z – ist gefunden. Unzerbrechlich und elastisch enthält er frisches Wasser, leer und zusammengefaltet nimmt er nur ein Viertel seines Volumens ein. Der Verschluss – ein Stück Schnur um den Hals – schließt zugleich dicht und lässt sich »blitzschnell« öffnen, ohne dass das Kamel in die Hocke gehen und damit anhalten muss. Schließlich lässt sich die *Guerba* auch sehr einfach reparieren: Wie oft haben wir undichte Stellen mit einem Akaziendorn, einem Halm *Morkeba* oder einem ausgerissenen Stofffetzen abgedichtet, wofür allerdings am Rand befindliche, entbehrliche Teile unserer Kleidung herhalten mussten.

Zuerst wird das Leder gegerbt, dann imprägniert: mit Butter, Teer, ja manchmal sogar mit Honig – verschiedene Rohstoffe sind geeignet, ganz nach dem Wunsch des Kunden; hinzu kommt unausweichlich der ihm eigene Geschmack nach Ziegenbock und der des Inhaltes, den man manchmal deutlich herausschmecken kann.

Die *Guerba* gibt es in allen Größen und aus allen Häuten vom Zicklein bis hin zur Antilope, doch das gängigste Material liefert die ausgewachsene Ziege, und diese fasst zwanzig bis fünfundzwanzig Liter Wasser.

Es gibt gute und schlechte *Guerbas*, neue und alte: die einen sind wunderbar wasserdicht, die anderen verlieren es Tropfen für Tropfen; manchmal zerbersten sie auch ganz plötzlich und geben einen großen Schwall Wasser frei; man muss bei der Wahl Vorsicht walten lassen.

Man bindet sie an den Füßen fest (die der *Guerba* oder des Bockes, was ein und dasselbe ist), paarweise oder einzeln; die übliche Ausrüstung (Südalgerien, Land der Tuareg, Azaouad usw.) umfasst zwei *Guerbas*, eine auf jeder Seite des Reittiers. Die Mauren aus dem Westen beschränken sich oft auf eine *Guerba*, die im Gleichgewicht auf den Hüften des Kamels quer hinter dem Sattel befestigt wird. Schließlich sieht man bei den Tuareg kleine Esel mit samtigem schwarz gestreiftem, perlmuttgrauem Fell, die eine *Guerba* unter dem Bauch tragen. In diesem Fall kein Snobismus, es handelt sich auch um keine neue Idee, dieser Brauch hat Tradition, denn schon Strabon berichtet von den Pharusiern, die »bei der Durchquerung der Wüste die Schläuche mit Wasser unter den Bäuchen ihrer Pferde hängen« ließen.

Doch der einzige absolut dichte und sichere Behälter, der einzige, der Ihnen zuverlässig nach fünfhundert Kilometern und auf den Zentiliter genau die fünfundvierzig Liter zurückgeben wird, den Sie ihm beim Abmarsch anvertraut haben, ist das Metallfass. Es gibt unzählige Modelle, deren jeweilige Verdienste und Fehler ein sagenumwobenes Streitthema für die Offiziere der Wüstentruppen liefern, denn »was soll man sonst machen im Nachtlager«, wenn nicht seine Beredsamkeit zum Einsatz bringen?

Sobald sich die Entfernung zwischen zwei Brunnen vergrößert, muss der Wasserverbrauch überwacht werden. Beim Abmarsch wird angekündigt, dass man mit den *Guerbas* acht Tage auszukommen hat und dass erst am neunten Tag die Fässer geöffnet werden; außerdem muss jemand die undankbare Aufgabe übernehmen, die tägliche Wasserration auszugeben. Doch in jedem Fall sollten diese Rationen in den Berechnungen nicht unter vier Litern pro Mann und Tag liegen, Trinken und Nahrungszubereitung zusammengenommen, versteht sich. Das ist nicht zu viel, auch nicht im Winter; im März 1935 wurde es sogar etwas knapp; im Sommer ist mindestens das Doppelte erforderlich.

Die Sahara ist keine Gegend, in der es niemals regnet; auf der ganzen Welt gibt es keinen Ort, wo es niemals regnet. Doch es ist eine Gegend, in der es selten regnet, alle zehn Jahre in In Salah. Das ergibt eine Niederschlagsmenge, die aufs Jahr gerechnet sechsundsechzigmal niedriger liegt als in Paris, und außerdem geht alles in einem einzigen Wolkenbruch nieder.

Von Zeit zu Zeit ergießt sich eine wahre Sintflut über eine solche Oase, die Dämme bersten lässt, Niederungen überschwemmt und eine sandige Schlucht in einen weiß schäumenden Fluss verwandelt; Lehmmauern werden weggespült, Terrassen brechen weg. Am 21. Oktober 1904 fünfundzwanzig Opfer in Aïn Sefra; am 17. Januar 1922 werden zweiundzwanzig Menschen unter einer einstürzenden Mauer begraben: acht Tote. Ein historisches Ereignis, das in die lokale Chronik eingehen wird: *das Jahr des Regens*, genauso wie *das Jahr der Heuschrecken* oder *das Jahr des Rezzou der Oulad Gheïlan*.

Der Tod durch Ertrinken ist nicht die geringste der Gefahren in der Sahara, vor allem nicht in den Bergen, wo im vor einer Stunde noch trockenen Wadi plötzlich ein Strom schäumen kann, der oft mehrere Meter tief und gewaltig genug ist, um mühelos Herden und Hirten mit sich zu reißen. Die Räumung eines Lagers, das bei Nacht von der Flut überrascht wird, ist kein Zuckerschlecken; wenn auf den Wolkenbruch eine Springflut folgt, ist das Vergnügen vollkommen. Glauben Sie mir: Ich durfte es am eigenen Leibe erfahren.

Schon gut, schon gut: Ich weiß wohl, dass ein solcher Regenguss den Grundstein für die Weide von morgen legt. Doch warum sollte ich ihn deswegen weniger verabscheuen? Glauben Sie etwa, es ist angenehm zu sehen, wie Gepäck, Lebensmittel – Zucker und Mehl –, Satteltaschen, Decken durchnässt werden, wie die Packsättel unbrauchbar werden (sie werden mit Lederriemen geschnürt), wie das Leder der Sättel (besudelt mit Mist und Akazienstacheln) aufweicht? Meinen Sie, ich freue mich, in einem feuchten (und daher stinkenden) *Burnus* auf feuchtem Sand zu schlafen und klebend in einem schmierigen Universum aufzuwachen?

Natürlich regnet es in Europa und im Urwald auch, aber zumindest rechnet man damit; man ist gewarnt und gewappnet. Wenn der Regen dann kommt, ist das Teil der Spielregeln. Hier nicht: Nirgendwo steht, dass es erlaubt ist, uns in der offenen Sahara im Regen zu ertränken, wo uns vertraglich eine »Sonnengarantie« zugesichert ist. Das ist nicht fair: Man hat uns übers Ohr gehauen... Lassen Sie mich wenigstens darüber meckern.

Doch so ärgerlich diese Regengüsse auch sind und wie sehr die Karawane dabei auch durchnässt wird: Nur sie können die Wasserstellen füllen. Deswegen trotzdem: »Gesegnet sei unser Bruder, der Regen!«

Es gibt Wasserstellen ganz unterschiedlicher Art – alle Systeme, abgesehen natürlich vom Wasserhahn –, vom Teich voller Barben bis hin zum sechshundert Meter tiefen Brunnen.

Zunächst das oberirdische Wasser: das Wadi oder *Oued*, wenn es einmal Wasser führt, alle zehn Jahre, alle zwanzig Jahre oder niemals; der Felsentümpel oder *Guelta*, der flache See in der Ebene oder *Daya*.

Nach dem Regen ist nicht alles Wasser aus den Bergen abgeflossen, um den Sand zu tränken; überall bleiben Reste in Löchern zurück. Die kleinen Pfützen trocknen bis zum Abend oder nächsten

Tag, die mittelgroßen halten eine Woche, andere einen Monat oder vier oder sechs oder länger, und die großen, das heißt die tiefen, warten die ganze Zeit, bis der nächste Wolkenbruch kommt – Jahre.

Hier entstehen dann dauerhafte natürliche Zisternen, manchmal wahre Seen mit Algen, Wasserpflanzen, Muscheln und sogar Fischen. Bezaubernde Schwimmbäder an den Hängen der Berge, in die man sich im kühlen Schatten der Felswände – man ist so erhitzt vom Klettern! – genüsslich hineinstürzt (nachdem oder bevor man seine *Guerba* gefüllt hat – was macht das schon für einen Unterschied?). Der Zugang erfordert manchmal akrobatische Höchstleistungen und ist oft für Kamele nicht gangbar (ihre Beine sind doch etwas zu steif für Felsenklettereien). Und selbst für Fußgänger oder Mufflons – und Sie können mir glauben, die kommen fast überall hinauf – sind nicht alle Wasserstellen zugänglich, bleiben einige den gefräßigen Küssen der Ringeltauben oder dem unverhüllten Blick der Sterne überlassen.

In den Ebenen liegen die *Dayas*, manchmal von gewaltigen Ausmaßen, aber nicht sehr tief und nie von langer Dauer. In ihnen wimmelt es von weichen, durchsichtigen Tieren, halb Garnelen, halb Wasserschnecken (ich beschreibe sie so, damit man sie sich vorstellen kann, weiß aber wohl, dass es sich einfach um rückenschalige Kiemenflusskrebse aus der Familie der *Apodidae* handelt).

Während sich die *Gueltas* an festen, bekannten Orten befinden, können die aus der Unberechenbarkeit der Regenfälle geborenen *Dayas* dort auftauchen, wo man sie am wenigsten erwartet. Man findet sie ganz zufällig. Anfang 1935 stieß ich in einer Gegend, in der Wasserstellen fast völlig fehlten und die demzufolge nur schwer zu bereisen war, in zwei Monaten auf sechzig Seen, einige so riesig, dass unsere Karawane sie umgehen musste. Einige Monate später, wenn das Wasser verdunstet ist, bleibt nur noch ausgetrockneter Schlamm, der sich schuppenartig über den Boden wellt und ein vieleckiges Schachbrettmuster aus rissigem Lehm zurücklässt.

Am Rande des Sudan, in der Sahelzone, die der jährlich wiederkehrenden Herrschaft der Sommerregenfälle ausgesetzt ist, tritt die *Daya* periodisch auf. In der Regenzeit entsteht ein See, oft mit bewaldeten Ufern, die manchmal dauerhaft bestehen, so wie die von Dendaré, wo ich am 15. Oktober 1934 einen Teich mit dem Kamel durchquerte, das auf dem schlammigen Boden ausrutschte, stürzte und mich auf lächerlichste Weise ins Wasser fallen ließ, wobei ich mich auch noch mit dem Fuß in der Maulschlinge verfing – was meinen Begleitern Anlass zu leiser, aber beträchtlicher Freude gab.

Der erste große Vorteil der *Daya* für den Kameltreiber: Die Tiere trinken direkt an der Wasserstelle; der zweite: Wie in den *Gueltas* handelt es sich um Süßwasser.

Das gilt im Allgemeinen auch für das Wasser der Quellen. Denn diese gibt es hier und da, halb geöffnete »Augen« unter den Lidern der Felsen, deren Tränen sich durch die haarfeinen Risse in die Mulden der Sandsteinbecken ergießen. Neben der »ehrlichen« Quelle, die als solche zu erkennen ist und fließt – sich vom Rinnsal zum Bächlein entwickelt –, gibt es noch eine »trügerische«, die sich als Senkloch ausgibt und dann aber als Wasserloch mit stets gleich bleibendem Spiegel entpuppt.

Die *Foggaras*, aus denen sich die Oasen des »Archipel Touat« speisen, sind in gewisser Weise künstliche Quellen, ein starkes Netz unterirdischer Gänge, ähnlich den U-Bahn-Tunneln. Doch wurden sie ohne Bagger und nur von den drei Werkzeugen gegraben, die in der Sahara zur Verfügung stehen: Sklaven, Spitzhacken und Körbe.

Das konkrete Vokabular ist ortsabhängig, dörflich, begrenzt und nicht ausbaufähig. Es reflektiert ein eng umrissenes Umfeld. Dem Franzosen genügt ein einziges Wort für »Brunnen«, denn alle Brunnen Europas sind gleich: Jeder hat einen Brunnenrand, eine Winde, einen Eimer; die Öffnung ist nie von Sand verstopft und er führt immer Wasser!

In der Wüste liegen die Dinge anders, komplizierter, und der arabisch-berberische Wortschatz trägt dieser Vielfalt mit einer großen Anzahl verschiedener Ausdrücke Rechnung, deren Bedeutung manchmal schwer zu bestimmen ist, so fein sind die Unterschiede: *abankor, tilmas, neba, oglat, mengoub, mouï, massin, reïan, themed, hassi, bir, anou* usw.

Flamand hat den *Versuch eines Glossars der wichtigsten arabischen geo-hydrografischen Begriffe Nordafrikas* veröffentlicht. Zweiunddreißig Seiten. Wer käme auf die Idee, ein ähnliches Wörterbuch für Frankreich zusammenzustellen?

Manchmal genügt es, im Bett eines *Oued* ein Loch von nur einigen Metern Tiefe zu graben, manchmal nur von einigen Dezimetern, um die Wasseroberfläche zu erreichen; das ist der *Oglat*, schnell gegraben, ein vorübergehendes Senkloch, das direkt von den Regenfällen abhängig ist (mancher *Oglat*, sagt man, hält das Wasser allerdings viele Jahre). Durch den Sand oder einen Erdrutsch im Wadi kann er jederzeit verschwinden, sobald man ihm den Rücken zukehrt, und jeder Neuankömmling muss wieder selbst graben. Außerdem handelt es sich eher um eine Zone als um einen mathematisch zu bestimmenden Punkt: Die *Oglats* von Fontaine-les-Sarcelles befinden sich in einem Teilstück eines Wadis, auf einem flachen Abschnitt in der Mulde einer Düne, wo man nebeneinander so viele Wasserlöcher graben kann, wie man will.

»Und als sie sieben Tagereisen weit gezogen waren, hatte das Heer und das Vieh, das bei ihnen war, kein Wasser... Elisa...

sprach: ›So spricht der Herr: Macht hier und da Gruben in diesem Tal.‹« (2. Könige, 3, 9,16) – *Oglats*.

Andere Brunnen entsprechen eher dem Bild, das dieses Wort in uns hervorruft. Ein Loch mit geringem Durchmesser direkt am Erdboden ist nicht immer leicht zu entdecken; doch gibt es etliche Hinweise: Tiermist, wenn der Brunnen vor kurzem besucht wurde, wenn nicht sogar alte Pfade, sich kreuzende *Mejbeds* oder steinerne Hinweise wie aufgerichtete und in eine Richtung zeigende Platten, Pyramiden, Steinmännchen – ein Geschenk, nein, nicht von Michelin, sondern von Karawanen, die seit Jahrhunderten hier vorbeiziehen (trotzdem vielen Dank). Oder aber man sieht gar nichts. Und ist in Schwierigkeiten.

Der Brunnen kann vollkommen kahl oder mit rohen Steinen befestigt sein (in ganzer Höhe oder teilweise) – wenn man das so sagen kann – oder nur mit Stroh oder Astwerk. Der echte Brunnen der Sahara ist nicht sehr tief, in den meisten Fällen nicht tief genug, so dass man den *Délou*, der an einem Leder- oder Wollseil hängt, auch direkt mit der Hand eintauchen kann.

Die »Grube hier in der Wüste« (1. Mose, 37, 22), in die Josef geworfen wurde, war ein ausgetrockneter Brunnen; es gibt davon sehr geräumige und gewölbte. Derjenige, an dem der verliebte Jakob die Schafe als Fronarbeit für die schönen Augen Rachels tränkte, war von ausgefeilter Art, ein Brunnen mit Deckel: »Und ein großer Stein lag vor dem Loch des Brunnens. Und sie pflegten die Herden alle dort zu versammeln und den Stein von dem Brunnenloch zu wälzen und die Schafe zu tränken und taten alsdann den Stein wieder vor das Loch an seine Stelle« (1. Mose, 29, 3). Und das macht man heute noch, man kann den Deckel aus Stein sogar mit Lehm verkleiden, um die Öffnung besser zu schützen.

Aber Brunnen können nicht nur einstürzen, sich mit Sand füllen, buchstäblich vom Hochwasser weggespült werden, sofern sie sich in einem Wadi befinden, oder auf natürliche Weise austrocknen, sie können natürlich auch vom Feind besetzt werden. Der Besitz von Wasserstellen spielt eine große Rolle in der Wüstenstrategie. Indem man den Feind am Trinken hindert, schwächt man ihn mehr als in zehn siegreichen Kämpfen. Dafür muss man den Brunnen besetzt halten, an dem er vorbeikommt, vor allem, wenn es sich um eine einsame Wasserstelle handelt, auf die der Ankömmling nicht verzichten kann, denn das zwingt ihn zum Kampf unter widrigsten Bedingungen, wenn er sich das Wasser beschaffen will, oder zur Flucht mit leeren *Guerbas*, was kaum besser ist.

Wenn man sicher sein kann, nicht selbst unter dem Vorgehen zu leiden, kann man auch, wie ein *Rezzou* auf dem Rückzug etwa, die Verfolger aufhalten, indem man die Brunnen verstopft. Im Jahre 1909 ließen die Oulad Djerir in Achouat mit Tierkadavern gefüllte Brunnen zurück: »Sie verstopften alle Wasserbrunnen« (2. Könige, 3, 25). »Nun hatten sie aber alle Brunnen verstopft, die seines Vaters Knechte gegraben hatten zur Zeit Abrahams, seines Vaters, und hatten sie mit Erde gefüllt« (1. Mose 26, 15).

Also heißt es von neuem graben: »Isaak … ließ die Wasserbrunnen wieder aufgraben, die sie zur Zeit Abrahams, seines Vaters, gegraben hatten und die die Philister verstopft hatten nach Abrahams Tod, und nannte sie mit denselben Namen, mit denen sein Vater sie genannt hatte« (1. Mose 26, 18).

Wenn man das Bohrloch fünfzig, achtzig, hundert Meter oder tiefer graben muss, wie es am südlichen Rand der Sahara, im Sahel, vorkommt, ist nicht mehr daran zu denken, das Wasser allein mit der Kraft der Arme heraufzuziehen, zumal auch die Rinder Durst haben und die *Délous* eine Füllmenge von fünfzig Litern erreichen können.

Eine oder mehrere stabile Holzgabeln werden am Rand des Brunnens eingegraben; das Seil – aus geflochtenen Rindslederriemen – läuft über eine große walzenförmige Rolle aus Akazienholz oder *Balanites* und wird dann an einem Gespann befestigt (Kamele, Rinder, kleine Esel), das sich vom Brunnen wegbewegt, um den *Délou* heraufzuziehen, und sich ihm wieder nähert, um das leere Gefäß herunterzulassen. Die Tiere laufen dabei im Kreis um das Loch in der Mitte und hinterlassen Pfade, die aussehen wie die Arme eines Schlangensterns. Diese sind genauso lang wie der Brunnen tief ist, was bedeutet, dass man auf diese Weise sehr schnell seine Tiefe abmessen kann.

Um diese klaffenden Abgründe herum passieren, im Gedränge von Kälbern, Sklaven, Schafen und Hirten, nicht selten Unfälle: Es genügt eine in tausend Stücke zerspringende Rolle, eine nachgebende Holzgabel, ein außerhalb des Brunnens reißendes Seil, das den Mann am Rand zu Boden wirft, oder ein falscher Schritt auf den mit Schlamm oder Mist besudelten Steinen, und schon ist man tot. Weder Tiere noch Menschen sind hiervor gefeit.

Das Brunnenwasser ist nicht immer sehr sauber und sein Geschmack und Anblick oft nicht gerade appetitlich. Es gibt Wasser, das Mineralsalze enthält, Magnesium oder Bitterstoffe. Manche sind wahre Salzlaken, deren abführende Wirkung bei Gelegenheit sehr wohltuend sein kann. Und es wurde sogar schon von giftigem Wasser berichtet.

Dann gibt es noch Wasser, das mit organischen Stoffen verschmutzt ist, modriges oder prickelndes Wasser (wenn zu viele Schmetterlinge in ihm gären), Wasser, in dem sich Stroh oder Rindenstücke der Brunnenverkleidung aufgelöst haben, in dem sich Ziegenkot oder ein längst verendeter Vogel zersetzt haben oder das mit Schakalurin gewürzt ist. Das Problem liegt oft darin, das am wenigsten dickflüssige oder auch nur das den geringsten Ekel erregende Wasser zu trinken. Nahe einem *Oglat* des Wadi Adrem beispielsweise spazierte der Feldwebel S. nach dem Trinken würdevoll und mit offenem Mund durch das Lager, um wieder Luft zu bekommen.

Zu alledem (»Gemischte Portion«, würde der Eisverkäufer sagen) gesellen sich im gegebenen Fall noch acht Tage Ziegenhaut mit ranziger Butter, um den Geschmack abzurunden.

Was nichts daran ändert, dass ich schmutziges Wasser überhaupt keinem Wasser vorziehe. Und da werden Sie mir wohl beipflichten.

Die Brunnen in der Wüste, die in einer von Nomaden oft besuchten Gegend liegen, gleichen ein wenig öffentlichen Plätzen und dienen den Hirten quasi als Marktplatz; dort versammelt sie alle, besonders in der trockenen Jahreszeit, die Notwendigkeit, ihre Kamele zu tränken und die *Guerbas* zu füllen. Hier erfährt man Neuigkeiten und gibt sie weiter, man schließt Bekanntschaften und manchmal keimt die Liebe auf: Bald schöpft Jakob Wasser für Rahels Ziegen, (1. Mose, 29,10), bald gibt Rebekka »allen Kamelen« des Dieners Abrahams zu trinken (1. Mose, 24, 20); eine von vielen Szenen der Sahara, wo man die Dromedare »auf den Knien« sieht, wie sie in einer »Tränke« ihren Durst stillen, einem einfachen Loch im Lehmboden oder einer Sandmulde, die mit einem Tuch aus festem, weitgehend wasserdichtem Gewebe ausgeschlagen ist.

Wie jeder kostbare und seltene Stoff ist Wasser oft die Quelle – im wahrsten Sinne des Wortes – von Zwistigkeiten, ja sogar von Kämpfen zweier Parteien, die sich darum streiten. »Und Abraham stellte Abimelech zur Rede um des Wasserbrunnens willen, den Abimelechs Knechte mit Gewalt genommen hatten« (1. Mose, 21, 25).

Eine andere Anekdote: »Auch gruben Isaaks Knechte im Grunde und fanden dort eine Quelle lebendigen Wassers. Aber die Hirten von Gerar zankten mit den Hirten Isaaks und sprachen: ›Das Wasser ist unser.‹ Da nannte er den Brunnen Zank, weil sie mit ihm da gezankt hatten. Da gruben sie einen andern Brunnen. Darüber stritten sie auch, darum nannte er ihn Streit. Da zog er weiter und grub noch einen andern Brunnen. Darüber zankten sie sich nicht, darum nannte er ihn Weiter Raum und sprach: Nun hat uns der Herr Raum gemacht, und wir können wachsen im Lande.« (1. Mose, 26, 19–22).

Ein ähnlicher Zwischenfall: Handgreiflichkeiten am Brunnen: »Der Priester aber in Midian hatte sieben Töchter; die kamen, Wasser zu schöpfen, und füllten die Rinnen, um die Schafe ihres Vaters zu tränken. Da kamen Hirten und stießen sie weg. Mose aber stand auf und half ihnen und tränkte ihre Schafe« (2. Mose, 2, 16–17).

# INITI

O Manâ, wie viele Initi sah ich schon aus Liebe zu dir,
wie viele habe ich schon überschritten für dich...

MAURISCHES GEDICHT

*Der unbekannte Gast. – Wieder die Krokodile. – Ein*
*unglücklicher Fußtritt. – Ouadane, eine überreife Frucht. – Eine*
*alte Sprache. – Künstler auf Stein. – Dem Süden entgegen. –*
*Geologische Entdeckung. – Eine merkwürdige Garderobe. – Im*
*Tagant: Jahreszeit der Blumen. – Feindliche Gewächse. – Ruinen*
*und Inschriften. – Der Gesang des Jonas. – Tichitt. – Der Gecko*
*ohne Saugnäpfe. – Ein malerischer Ort. – Wo man an Jules*
*Renard erinnert wird. – Wo man erneut an ihn denkt. – Wagen*
*der Sahara.*

Ende Juni: Eine neue Reise in den Süden und den Osten von Chinguetti, in die Dünen von Ouarane. Das Wetter ist mild – Wind bei
vierundvierzig Grad –, aber Schatten gibt es kaum, und wir bekommen langsam Schwierigkeiten mit dem Wasser, dank der tö-
richten Sorglosigkeit meiner Gefährten. Man kann einfach nicht
auf ihre Vernunft zählen: Sie trinken ihre *Guerbas* leer und verlassen sich fortan auf den Allmächtigen. Sicher eine sehr fromme
Vorgehensweise, aber eine, die sich in der Wüste als katastrophal
erweisen kann, wo jeder Tag genug Mühen bereit hält und die des

nächsten Tages schon am Abend vorher erkannt, eingeschätzt und überwunden werden sollten.

In den Dünen stoßen wir häufig auf Überreste aus der Jungsteinzeit: Pfeilspitzen, Schabeisen, Meißel aus hartem Schiefer, Reste von Knochen, Fragmente von Schüsseln und Mahlsteinen, Stößel aller Art, Keramikscherben, grüne Perlen aus Amazonit.

Am Brunnen von Toujimert ereignet sich ein bizarrer Zwischenfall. Ein schwarzer Käfer, eine Art Laufkäfer, hat sich in mein linkes Ohr geschlichen, in der Überzeugung, ein ruhiges Plätzchen für die Nacht gefunden zu haben. Davon höre ich jedoch zum ersten Mal – wenn ich so sagen darf – und protestiere, leider ohne Erfolg. Da der unbekannte Gast weiter dort herumwimmelt und ein Laufkäfer über sechs Beine, zwei Fühler und zwei Unterkiefer verfügt, rufe ich nach der Karbidlampe und Sidi. Dieser kann zwar nichts erkennen, schlägt aber vor, Sand in mein Ohr zu füllen, um den Untermieter zu vergraulen. Ich plädiere für Wasser statt Sand, und so nimmt das Schicksal seinen Lauf. Doch der griesgrämige Käfer ist darüber derart verärgert, dass er anfängt, mit den Füßen zu trommeln und eine Reihe – für den Hauseigentümer – schmerzhafter Kunststückchen zu vollführen, bevor er sich fügt und den Rückzug antritt. Sobald er sich ins Blickfeld wagt, wird er gepackt und entfernt. Eigentlich lächerlich.

Unter den Dünen befinden sich sehr oft Ablagerungen von Seen. Das versetzt zunächst mit Recht in Staunen, ist aber eine Tatsache. Der Sand bedeckt weite Flächen ausgetrockneter Mulden, alles, was noch von der westlichen Sahara des altertümlichen Tschad übrig geblieben ist: weiße, staubige Böden. Man findet dort Reste von Wasserpflanzen (Schilf), mikroskopisch kleine Algen, Muscheln – wohlgemerkt: Süßwassermuscheln –, Gerippe von Fischen, zahlreiche Koprolithe von Krokodilen, das heißt halb versteinerte Exkremente. Ich bedaure den seltsamen Inhalt meiner

Taschen in Matmata nicht mehr, denn er gestattet mir jetzt, Objekte zu identifizieren, die mir sonst rätselhaft erschienen wären.

Krokodile in Chinguetti… Man kann diesem unmittelbaren, unwiderruflichen Zeugnis kaum Glauben schenken. Man würde das alles zeitlich gern genauer eingrenzen. Wann fuhren Pirogen im Papyrusdickicht durchs Wasser, wo sich heute die Sandberge von Ouarane erheben? Wann geschah das, und: wer? Fragen, die noch auf Antwort warten.

Um die Erforschung des Gebietes abzuschließen, in dem sich der Meteorit befinden könnte – etwa fünfundvierzig Kilometer von Chinguetti entfernt – muss man eine recht einsame Dünenregion durchqueren. Sie ist so einsam, dass selbst der Partisan das Vorhaben für »unmöglich« erklärt. Er hat offensichtlich nicht die geringste Lust, im Hochsommer von den bekannten Wegen abzuweichen und gibt vor, er sei nicht in der Lage, mich zu führen. Doch daran soll es nicht liegen: Wir marschieren nach dem Kompass.

Während zwei Männer die *Guerbas* am Brunnen von Erigui füllen, bekomme ich einige Fetzen maurischer Folklore in einem Volksdialekt mit. Entlang der Sahara tummeln sich Poeten in allen Schichten der sozialen Hierarchie, vom namhaftesten *Marabut*, dem »Schriftgelehrten« von Beruf, oder dem berühmtesten *Griot* bis hin zum bescheidenen Kameltreiber. Der Großteil dieser Literatur wird rein mündlich überliefert und wäre es in der Tat wert, systematisch studiert und aufgeschrieben zu werden, bevor er im Schatten der Vergessenheit verschwindet. Thematisch herrscht große Abwechslung: Satiren, das religiöse Bekenntnis, eine historische Begebenheit, ein Loblied auf eine bestimmte Persönlichkeit oder eine Liebeserklärung.

Es handelt sich im Allgemeinen um kurze Stücke, die nach festgelegten prosodischen Mustern komponiert werden, jedoch so verkürzt und elliptisch sind und aus einem dialektal geprägten Vokabular bestehen, dass eine Deutung ohne zahlreiche Erklärungen eines Kommentators unmöglich ist.

Die vom Partisanen so gefürchtete Reise und die Rückkehr nach Chinguetti verlaufen ohne Zwischenfälle; am übernächsten Tag brechen wir erneut auf, dieses Mal nach Tinigui und Ouadane.

Tinigui – das die Mauren von heute Douérat Tinigui, die *Häuschen von Tinigui*, oder kurz Douérat nennen – ist eine tote Stadt, von der kaum mehr als ein riesiger Haufen Steine übrig geblieben ist.

Im Mittelalter brodelte die Stadt vor Leben und den portugiesischen Geografen des fünfzehnten Jahrhunderts war sie wohl bekannt. Mauren vom Stamm der Tadjakant hatten sie gegründet und nach einem Bürgerkrieg wieder aufgegeben. Der nach der örtlichen Überlieferung verantwortliche *Casus belli* verdient besondere Erwähnung:

Ein junger Mann der Tadjakant hatte die seltsame Idee, sich mit ausgestreckten Beinen quer über eine Straße zu legen, um die Leute am Vorbeigehen zu hindern. Offenbar ein großer Spaß, der aber bald eine böse Wendung nahm: Als eine junge Frau, die sich gerade auf dem Weg zum »Damenfrisör« befand, jenes drollige Hindernis übersteigen wollte, bewegte sich dieses so heftig hin und her, dass es der Passantin mit einem Fußtritt mehrere Zähne ausschlug. In Tränen aufgelöst, sammelte die junge Dame die kostbaren Beweisstücke auf und lief fort, um sich bei ihrem Onkel zu beklagen. Dieser eilte herbei, hielt aber einen Säbel unter seinem Gewand versteckt, und als sich der gewissenlose Spitzbube anschickte, seine Bewegung zu wiederholen, trennte er ihm mit einem einzigen Hieb beide Beine ab. Einfach so.

Der Ort ist heute vollkommen verlassen, und ich konnte durch die halb verfallenen Gassen gehen, ohne befürchten zu müssen, man könnte mir die Zähne austreten. Ein maurisches Sprichwort heißt übrigens: *Akhla men Tinigui*, »noch verlassener als Tinigui« – der Gipfel der Trostlosigkeit.

Mittags schlage ich Psichari auf: »Ich stehe vor den Ruinen eines *Ksar*, Schutt aus rohen Steinen am Rand eines Waldes…« Doch die äußere Umgebung dient nur als Dekor, und schon bricht der innere Dialog zitternd hervor: »Doch was bedeutet eine Ruhe-stätte schon für jenen, der vor sich selbst flieht in die Trunkenheit der Weite, der nichts mehr fürchtet, als dem Pfuhl seiner Seele Auge in Auge gegenüberzustehen… Was soll ich also tun, um mich über die eintönigen Landschaften der Erde zu erheben? – Und die Stimme spricht: ›Du selbst kannst nichts tun, aber siehe, hier kommt Er, der dir das Leben versprochen hat…‹ Nun bleibt der Reisende stehen. Er setzt sich hin, auf die Ruinen der alten Stadt… Einst verfolgte er mit Freuden den langsamen Niedergang der Nebelschleier unter der Sonne oder die fliehenden rosigen Wolken am Himmel. Doch nunmehr bedrückt ihn selbst diese Freude. Was sind nun die schönen Zauber der Welt für ihn, da sein krankes Herz voller Inbrunst das herbeisehnt, was unsichtbar ist?«

Am 1. Juli treffe ich in Ouadane ein. Wieder das Mittelalter, doch diesmal nicht vollkommen tot: Hat dieser Marktflecken auch viel von seiner vergangenen Blüte verloren, leben hier doch einige Menschen vor sich hin, gerade genug, um den Palmenhain zu pfle-gen und den Handel mit den Nomaden der Gegend aufrechtzuer-halten.

Eine schwarze Felswand, überragt von einer Schwindel erregen-den Anhäufung von Ruinen, erhebt sich aus einem Fluss, der im Licht der umliegenden Dattelpalmen grünlich schimmert. An den Felsen gepresst, dem sie nun die einst entliehenen Bruchstücke zurückgibt, liegt die alte Stadt, die antike *Cidade de Oaden* der

Chroniken, eine überreife Frucht, die im Licht der Sonne unter ihrer gigantischen Steinlast zusammenbricht. Mauerreste ragen hervor, absurd, grundlos stolz auf ihre trügerische Standfestigkeit, Terrassen sind eingebrochen, man irrt durch ein wahres Labyrinth aus Treppen, Gängen und Sackgassen; Häuser mit eingestürzten Dächern; ein Bienenstock mit tausend Waben, halb verstopft vom Schutt und Abfall der Jahrhunderte: Knochen, Lumpen, spröde, rissige Lederreste und vor allem Exkremente.

Einige Hütten sind noch bewohnt. Diese Inseln sorgen für etwas Leben inmitten dieser Abgestorbenheit. Salzhändler aus Idjil, eine Gruppe Antilopenjäger aus dem *Erg*, ein paar Krämer, während im heißen Halbschatten eines Hängebodens in einer Wolke aus Fliegen der letzte Gelehrte von Ouadane inmitten seiner nutzlosen Bücher kauert. Ein blinder Greis, der sich dem Todeskampf einer Welt ergeben hat, die von Schutt, Staub und Unrat erstickt wird, und der unbeweglich seinen eigenen erwartet.

Mein vorrangiges Interesse in Ouadane gilt der Erforschung von Überresten einer sudanesischen Sprache, des *Azzer*, die früher dort gesprochen wurde. Doch es ist zu spät, ich hätte hundert oder mindestens fünfzig Jahre früher kommen müssen. Heute stoße ich nur auf zwei Greise, die mir noch Auskunft geben können, von denen jedoch keiner das *Azzer* richtig sprechen kann. Sie kennen nur einzelne Wörter. Viel ist das nicht. Doch es gelingt mir immerhin, ein Vokabular zu erstellen, das später sehr wertvoll für mich sein wird, wenn ich es mit dem *Azzer* von Tichitt vergleiche, das noch sehr lebendig ist.

Man weiß aus bestimmten Texten, dass die Portugiesen am Ende des fünfzehnten Jahrhunderts in Ouadane einige Jahre einen Handelsstützpunkt unterhielten. Da in der Stadt selbst oder im direkten Umkreis keine Überreste europäischer Bauwerke zu finden sind, wollte man in zwei Ruinen des Hofrats, Agouédir und Faranni, portugiesische Bauten sehen.

Tatsächlich sind diese Vermutungen aber mehr als vage. Ich habe soeben zwei Tage dort verbracht, die mir durch einen heftigen Sandsturm versüßt wurden. Wind, Wind und nochmals Wind. Auf die Dauer wird das sehr lästig; es wäre langsam an der Zeit für etwas Abwechslung; diese Eintönigkeit spricht für eine ausnehmend kümmerliche Phantasie des Regisseurs.

7. Juli: *Gueïla* im dürftigen Schatten einer von Hirten verstümmelten Akazie. Schmutziges Salzwasser. Die Bücher behaupten, in bestimmten fernen Ländern könne man klares, frisches, weiches Wasser trinken, und zwar soviel man will – ohne Sand, ohne Ziegenhaare, ohne Ziegengeschmack, ohne die Reste von Exkrementen … Ob das stimmt? Ach! Hätte ich doch nur eine Viertelstunde lang einen Wasserhahn wie in der Küche …!

Ich werde prompt erhört: Am 8. Juli ist das Wasser am Brunnen von Ifezouane trinkbar.

Am 9. steige ich vormittags in der Hoffnung auf einen ruhigen Tag auf mein Kamel. Ich rechne mit einer schönen Strecke über die Hochebene, einem Paradies für faule Geologen, denn auf diesen platten und eintönigen Sandsteinböden kann man sich mit einer Probe pro Tag begnügen oder sogar ganz darauf verzichten. Ich sehe schon eine schöne *Gueïla* vor mir, so richtig zum Faulenzen, die ich mir nach den aufreibenden Anstrengungen der letzten Tage erschöpft versprochen habe. Und dann peng! Um neun Uhr stoßen wir in der Schlucht von Neïlane auf eine Felswand, voll geschmiert mit Gravuren und Inschriften. Also steigen wir statt einer Mittagspause in der prallen Sonne die Felsen hinauf.

Rückkehr nach Chinguetti. Wir reiten an der riesigen Felswand von Dhar vorbei, über eine graue, von rotem Feuerstein übersäte Ebene.

Tee mit Erdnüssen ist sehr in Mode. Heute Abend mischte ich in Sidis Glas ein Stück Ziegenkot unter die Nüsse. Ich werde ihm mit gewisser Neugier beim Trinken zusehen... Und siehe da, Sidi mengt noch mehr Erdnüsse unter den Ziegendreck; gleich wird er sie zerbeißen. Er genießt sein Getränk ohne den geringsten Protest, vielleicht ist das Gewürz gar nach seinem Geschmack... tatsächlich. Lukull hat sein Glas ohne Murren geleert. Es gibt eben Menschen, die leicht zufrieden zu stellen sind.

Es folgen »schöne«, erschöpfende Tage: Man wünscht sich nicht etwa einen Tag Ruhe, nein, denn wir wollen nicht zu viel verlangen, aber zumindest einmal eine Rast, die es einem erlaubt, sich auszuruhen, ohne bei vierzig Grad in praller Mittagssonne in den Steinen umherklettern zu müssen, während sich die anderen Männer um eine Teekanne versammelt unter einem Baum ausstrecken.

Am 13. Juli stürze ich um elf Uhr während einer dieser steinigen Mittagsruhen unsanft in den Felsen, schneide mir dabei den großen Zeh auf und lasse mein Barometer fallen: Es gibt doch immer wieder Anlass zur Freude.

Etwas später, um 13.35 Uhr, verspreche ich mir selbst halbherzig einen schönen ruhigen Nachmittag auf dem Rücken meines Wüstenschiffes. Doch mein verdammter Sidi beginnt voller Eifer in den Steinen herumzuspringen, um dort nach »Inschriften« für mich zu suchen. Trotz meiner recht inbrünstigen Stoßgebete, er möge dort nichts finden – wie ich ehrlich zugeben muss –, höre ich keine halbe Stunde später den schrecklichen Ruf aus der Felswand: »Monsieur Monod...« Nun denn, es hilft nichts: ich muss wieder auf die Beine und für mehrere Stunden in die Steine.

Der Juli geht zu Ende. Ich arbeite jetzt seit drei Monaten im Adrar. »Ganz normale« Temperaturen, wie der Obergefreite sagt. Man darf sich nur nicht vorstellen, dass irgendwo Leute im Schatten sitzen und zusehen, wie kleine Eisberge in ihren mit Zitronenlimonade gefüllten Gläsern schmelzen!

Noch eine Expedition nach Lemqader steht auf dem Programm, wo ich alte Grabstätten mit gravierten Säulen erforschen will; danach muss ich ohne längere Aufenthalte weiter in den Süden ziehen, ins Tagant und nach Timbuktu, wenn ich an der großen Winterkarawane teilnehmen will, der *Azalaï*, die hoch zu den Salzminen von Taoudenni zieht.

Ich verlasse den Adrar, ohne die besagte Schicht gefunden zu haben, die ich suche und ohne deren Entdeckung die regionale Geologie ein Rätsel bleiben wird. Ich habe kaum noch Hoffnung, auf sie zu stoßen.

Doch genau dies geschieht am 27. Juli im Süden von Niémilane. Da sich das Massiv von Iramach schon durch seinen Umriss vom üblichen Anblick der Sandsteinebenen des Adrar abhebt, erregte es schon von weitem meine Aufmerksamkeit... Und dieses Mal sollte meine Hoffnung nicht enttäuscht werden. Ich lag richtig. In einer kleinen Gebirgsschlucht finde ich schließlich die Schicht mit den Graptolithen.

Die Begebenheit erscheint eher alltäglich und meine Glücksgefühle sind haltlos übertrieben? Mag sein. Doch für den, der sich damit auskennt, verbirgt sich hinter dem bescheidenen Äußeren – dieser einfachen Hand voll blauen Schiefers, der unter meinen Fingern zerbröckelt und den man durchblättern kann wie ein Buch – nicht nur das genaue Alter der Sedimentgesteine des Adrar, sondern endlich lässt sich die gesamte mauretanische Geologie so einerseits mit der von Südalgerien, andererseits mit der von Guinea verbinden; gleichzeitig erklärt sich der Sandstein im Sudan, der die Geologen stets so heimtückisch und wie zum Vergnügen ratlos machte und der jetzt brav seinen Platz in der Entwicklung des Erdaltertums einnimmt.

All das liegt in dem Häufchen zerbrechlicher, malvenfarbener Plättchen verborgen, die ich wie einen Schatz in meinem Helm trage, als ich wieder im Laufschritt zu meiner Karawane zurückkehre? Ja, und dieser Tag hat mich für die fruchtlosen Forschungen der letzten Monate reich entschädigt und mit der Sahara versöhnt, wenn ich je mit ihr im Zwist gelegen habe.

Von nun an klärt sich alles auf. Ich werde im Tagant nicht lange verweilen. Eingehendere Forschungen werden genauere Ergebnisse bringen, doch die Grundzüge sind von heute an bekannt.

Überhaupt hat der Reisende noch andere Sorgen als die der wissenschaftlichen Forschung. Unterwegs kommt es immer wieder zu Zwischenfällen. An einem Tag verliert einer meiner Gefährten den Verstand. Er droht sich zu verirren, da er sich nicht auf ein Reittier setzen lassen will und sich sogar weigert, der Karawane zu folgen. Wir müssen ihn schließlich an einem Kamel festbinden, um seine Flucht zu verhindern, zweifellos eine ziemlich assyrische Transportmethode, doch ein notwendiger Schritt.

Am nächsten Tag entbrennt an einem versiegten Brunnen ein Streit mit Schlagstöcken zwischen meinen Leuten und einigen Hirten: noch eine sehr biblische Szene, die sich in der Wüste fast täglich abspielt. Der Streit ums Wasser, das ewige Thema: siehe das 1. Buch Mose, Kapitel 26, Vers 20.

Ein Tornado zwischen Charania und Tamga. Im Zelt haben wir nur eines im Kopf: Wird die dünne Stoffschicht, die uns vom Orkan trennt, fortgerissen oder nicht? Mitten in der Nacht werfen wir uns auf die Zeltpflöcke und klammern uns an die Seile, während eine Mischung aus Sand und Wasser fast waagerecht über uns hinwegfegt. Wie durch ein Wunder wird das Zelt nicht mitgerissen.

In Talorza ungenießbares Wasser: schwarz, faulig, übel riechend, scharf. Ich beschließe, die Nacht durchzumarschieren. Unheilvolle

Begegnungen: zuerst eine Viper, dann ein Skorpion, der mich im Gegensatz zur Schlange nicht verfehlt. Der Partisan rezitiert eifrig fromme Sprüche über meinem verletzten Fuß und benetzt ihn mit Spucke. Eine höchst biblische Therapie, die aber in diesem Fall wirkungslos bleibt. Zwölf Stunden lang plagen mich schreckliche Schmerzen. Die Nacht ist grauenvoll. Am Morgen fühle ich mich ganz »komisch« – wie man so sagt – und nicht sehr standfest. In Europa hätte der Patient zumindest die Erlaubnis bekommen, später aufzustehen; hier habe ich das Recht, mich im Morgengrauen schwankend und mit schmerzendem Fuß auf ein Kamel zu schwingen und einen Tagesmarsch in der Sonne anzutreten. Ach, die milden Freuden des Lebens unter freiem Himmel, ach ihr Wonnen des Lebens in der Natur!

Die Umgebung ändert sich schlagartig: Ich verlasse einen ausgetrockneten, versengten Adrar und betrete mit dem linken Ufer des Khat das Tagant. Sofort bin ich in einer anderen Welt. Dort war die Sahara, hier ist der Sahel, der Sahel am Anfang der Regenzeit. Tiefgrüne Landschaften, gesprenkelt mit schwarzem Sandstein und orangefarbenem Sand. Je weiter man in den Süden vordringt, desto dichter und üppiger zeigt sich die Vegetation. Die Wüste geht in Wiese über oder, um es mit den Botanikern zu sagen, die im Norden »offene« »krautartige Schicht« beginnt sich zu »schließen«. Blumen, Bäume, prächtige Vögel.

Das Wadi Tidjikja, das sich durch ein liebliches Land schlängelt, wird von schlanken Palmenhainen gesäumt, die sich durch das kleine Tal ziehen. Der Hain von Rachid liegt unterhalb einer Gruppe Schwindel erregender Felsen und ist sehr bemerkenswert. Man hat mir schon unterwegs die Entdeckung eines »Harnischs« angekündigt, und ich will Licht in diese Angelegenheit bringen.

Als ich den Entdecker, oder besser gesagt: Erfinder des Gegenstandes aufgestöbert habe, lasse ich mich an den Fundort führen.

Am Hang einer riesigen Felswand müssen wir unsere Kleider ablegen und uns in einen engen Gang hinunterlassen. Als wir in die unterirdische Röhre hinabsteigen – mit »leichter Reibung«, wie der Klempner sagen würde, die in Wirklichkeit aber alles andere als »leicht« ist – erreichen wir nach einer Reihe akrobatischer Kriechkunststücke eine waagerechte Spalte von der Breite einer Hand. »Hier ist es«, sagt unser Führer. Ich greife in die Kluft und hole eine Hand voll Überreste eines Kettenhemdes hervor, dessen Ringe aus Eisen und Bronze bestehen. Ein Relikt aus der Zeit der Eroberung durch die Muselmanen? Oder aus der Dynastie der Almoraviden? Doch sollte hier tatsächlich jemand seine Kleider aufbewahrt haben? Das wäre doch ein sehr merkwürdiger Garderobenschrank!

Nach einem kurzen Ausflug zurück in den Adrar, zu der mich die Beendigung einiger geologischer Arbeiten zwingt, verlasse ich am 18. August Tidjikja endgültig und mache mich auf den Weg nach Tichitt, und zwar auf einem ziemlichen Umweg.

Ich habe die Erlaubnis erhalten, die große Salzkarawane nach Taoudenni zu begleiten, muss daher Ende Oktober in Timbuktu sein. Trödeln ist also nicht erlaubt, was schade ist: Die Gegend von Tichitt-Oualata ist wunderbar reich an prähistorischen Überresten und wäre einen längeren Aufenthalt wert.

Regenzeit. Das Wadi von Tidjikja führt Wasser. Strauße und schwarze Kinder baden hier, die Kröten quaken voller Begeisterung. Wir haben Mitte August, Sommer laut Kalender; doch tatsächlich herrscht Frühling im Land.

Die riesigen kugelförmigen Büsche der Springkrautwolfsmilch bilden den Hintergrund im Dekor der Umgebung und werden von anderen Sträuchern und Tausenden krautartiger Pflanzen begleitet, die oft in den zartesten Farben blühen: rosig, blau, gelb, orange. Schwärme von Amseln schnattern in den Mimosen, die manchmal mit den hängenden Nestern der Webervögel beladen sind. Auf dem Boden zeugen unzählige kleine Zwillingslinien, die aussehen wie winzige Bahngleise, vom Vorüberziehen riesiger Tausendfüßler. Es gibt auch Pilze; und nicht die zähen, ledrigen Kugeln auf dünnen, holzigen Stielen, die in der Wüste unter dem Namen Tylostome wuchern, nein, richtige Pilze mit einem fleischigen Stiel, »ehrlich und gut katholisch« wie alle anständigen Menschen, und wie sie mit einem richtigen Hut mit echten Lamellen.

Wasserlachen: Man planscht im Schlamm herum.

Der Abstieg über die Felsen, die das Tagant im Südosten begrenzen – ungefähr dreihundert Meter – erweist sich als Schwindel erregend. Die Kamele vollbringen wahre Wunder an Geschicklichkeit und ziehen den größtmöglichen Vorteil aus ihren breiten Pfoten, die am Boden zu kleben scheinen. Sie schwanken von Felsen zu Felsen oder setzen sich einfach aufs Hinterteil, um die steilsten Steinplatten hinuntergleiten zu können. Manchmal reißen sie sich die Pfoten an den scharfen Steinen des »Pfades« auf, wenn man die Schlucht so nennen kann, die wir hinunterpurzeln.

Endlich liegt die Ebene vor uns und wir stehen am Ufer der riesigen mit Dünen angefüllten Mulde des Aoukâr und des Hodh. Heute Abend müssen wir den Angriff eines wütenden Sandsturms über uns ergehen lassen – um an meinem Herbarium zu arbeiten, bin ich gezwungen, in einen *Burnus* gehüllt Zuflucht hinter einem umgekippten Tisch zu suchen – und am nächsten Morgen betreten wir in einem dichten Nebel aus Staub, ohne irgendetwas zu sehen außer unseren Füßen, beinahe tastend, die brennend heißen Dünen des Aoukâr, die wir durchqueren müssen, um den kleinen Posten von Tâmcheket zu erreichen.

Am 21. August (brennend heißer Wind: 44,5 Grad im Schatten) tritt der sudanesische Charakter der Flora deutlicher hervor: Am darauf folgenden Tag liegt eine richtige Wiese vor uns, von Blumen übersät und mit einigen Bäumen bedeckt, eine bewaldete Savanne. Man sieht auch bereits einige Vögel des Südens: Blauracken, Amseln, Calaos, falsche Tukane usw.

Wie jede sudanesische Landschaft, die etwas auf sich hält, hat auch diese ihren Termitenhaufen, neben dem auch gleich der Bau ihres treuesten Kunden liegt, des Erdferkels, eines Vetters der amerikanischen Ameisenbären.

Bald tauchen auch kleine Tümpel auf, in einem Mimosenwald. Die Sahara ist weit.

Schlechte Tage und schlechte Nächte: Tornados, Mücken, *Cram-cram*, zu dem sich nun auch das *Timegelost* mit seinen spitzen Stacheln gesellt, Wadis mit Hochwasser, wackliges Geröll unter dem Gras, der heimtückischste aller Böden.

Wir studieren die Geologie und Botanik rund um Tâmcheket; dann taucht ein Vorgebirge im Norden auf, das kleine Sandsteinmassiv von Rkiz, und es hebt sich aus dem Sand des Aoukâr wie eine Insel aus dem Meer.


Und wir überqueren erneut diese vergänglichen Wiesen, die gerade dank des Regens herangewachsen sind, aber in einigen Wochen schon wieder vergilben werden. Nur in Gegenden mit trockenem Klima, im Land der brutalen Kontraste – kahler Boden oder blühende Rabatten, die Wüste oder der Garten Eden – versteht man den Psalmendichter: »Er blüht wie eine Blume auf dem Felde; wenn der Wind darüber geht, so ist sie nimmer da, und ihre Stätte kennet sie nicht mehr.«

Wir treffen auf mehrere Gazellenarten, darunter die prächtige *Mohor*, so elegant mit ihrem schneeweißen Bauch und roten Mantel. Die große Trappe gibt es im Überfluss: Hier liegt eins ihrer olivfarbenen Eier direkt vor mir auf dem Boden, das weder für die Wissenschaft (sorgfältig unter der Nummer 2109 meiner

Sammlung katalogisiert) noch für die Gastronomie verloren ist, wird es doch gebraten mein Abendessen bereichern.

In einem kleinen Tal des Rkiz ein riesiges Feld voller Steine, mit Bäumen bepflanzt und von hohem Gras bedeckt: die Ruinen einer alten Stadt. Überall wuchert hier *Cram-Cram*-Gras und *Timegelost*, das so gefährlich ist für Füße, die in einfachen Sandalen stecken; es macht das Herumgehen schwierig, manchmal schmerzhaft; an einigen Stellen muss man nach jedem Schritt stehen bleiben, um Stacheln aus dem Fuß zu ziehen.

Doch es hilft nichts: Ich muss durch die Ruinen streifen und in den Trümmern nach Überresten von Keramik suchen. Einige glasierte Scherben werden vielleicht interessante Vergleiche zulassen.

Ist dieses Tegdaoust das berühmte Aoudaghost der arabischen Geografen? Schon möglich.


An den Wänden einer Höhle im Tarf ech-Chérif, unweit des verfallenen *Ksars* von Togba, entdecke ich rätselhafte Inschriften, deren Buchstaben die Form von Vogelkrallen, Dreizacken oder dreiarmigen Lüstern aufweisen. Das ist eins der Geheimschriftsysteme, zu denen ich in Chinguetti den Schlüssel gefunden habe.

Ich entziffere das kürzeste Wort: »Fatima«. Ein Frauenname. Die Menschen sind sich so ähnlich: Sowohl in die glatte Rinde unserer Buchen als auch in die Höhlen der Wüste ritzt der Verliebte den Namen seiner Angebeteten.

Im Norden von Rkiz durchquere ich wieder die vollkommen verlassenen Dünen des Aoukâr, wo das Vorbeiziehen unserer kleinen Truppe von Zeit zu Zeit eine *Mohor* oder einen Strauß erschreckt.

Und wieder in der Sahara, ein Segen nach dem blühenden, aber regnerischen Sudan: Man wird jeder Sache überdrüssig, selbst der Moskitos in heißen und feuchten Nächten, selbst der zärtlichen Berührung des *Timegelost*.

Schmerzhafte Unpässlichkeit. »Dort«, in der Zivilisation, legt man sich zumindest ins Bett, hier klettert man aufs Kamel, um sich den lieben langen Tag in der prallen Sonne durchschütteln zu lassen. Auf geht's!

Vor uns liegt die gewaltige Mauer, die das Tagant nach Osten verlängert – dreihundert Meter steil aufragende Felsen – und gegen deren Fuß das Sandmeer wogt. Unüberwindlich ist sie, mit Ausnahme einiger bekannter Pfade, die von den Einheimischen danach klassifiziert werden, ob sie für eine beladene Karawane, Reitkamele, Ziegen oder Menschen zu Fuß am passendsten sind.

Ganeb: Forschungsarbeit in der *Sebkha*. Die Entdeckung eines Schädels aus dem Silur bereitet mir ein solches Vergnügen, dass ich den Gesang des Jonas anstimme:

> *Jonas sitzt in seinem Wal,*
> *Ist dort gefangen, aber froh*
> *Bereitet ihm die Luft auch Qual,*
> *Isst er der Fische Gräten sowieso …*

Abwechselnd mit diesen Versen biblischen Inhalts singe ich sogar einige Reime mit weltlicherem Charakter, ein Andenken aus Tâmcheket:

> *Warum malst du dich an geschwind,*
> *Philaminthe,*
> *Warum malst du dich an geschwind,*
> *Es sieht doch furchtbar aus, usw.*

Tichitt. Ein kleiner *Ksar*, der pausenlos vom Sturm gepeitscht wird – und was für einem! Es stürmt hier mehr als zweihundert Tage im Jahr so stark, dass es selbst unseren Wüstenschiffen den Atem raubt. Alles ertrinkt in Staub, Sand und Kies, die eine helle, undurchsichtige Mauer um uns errichten und unseren Kommandostand in ein von Windstößen gegeißeltes Schiff verwandeln. Der *Ksar* besteht aus grauen Steinhäusern, die mit grünen Plättchen verziert sind, ein erbärmlicher, halb verfallener kleiner Marktflecken, der sich mit seinem ärmlichen, ausgebleichten Palmenhain zwischen Felswand und Düne in den am besten durchlüfteten Korridor der ganzen Welt zwängt.

Das Dorf lebt von seiner *Sebkha*, wo man Salz – allerdings ziemlich unreines – an der Oberflächenkruste sammelt. Die Leute von Hodh und aus dem Sahel benötigen es als Tiernahrung. Sie bezahlen das Salz in Naturalien und geben den Bewohnern von Tichitt Waren im Wert von zwei Franc fünfzig (Hirse, Butter, Affenbrotbaumblätter, Tee, Zucker usw.) pro Kamelladung.

Die Gründung von Tichitt wird traditionell einem gewissen Alamin bel Haj zugeschrieben, einem Blinden, der aus dem Osten kam und nach einem Ort suchte, wo er sich niederlassen konnte. Jeden Tag pflegte er zur Mittagspause eine Prise Sand zwischen die Finger zu nehmen und sie schnuppernd zu befragen. Eines Tages versuchten seine Gefährten, denen bereits gewisse Zweifel an der geistigen Zurechnungsfähigkeit des Mannes kamen, ihn zu täuschen, indem sie ihm Sand vom Vortag vor die Nase hielten – ein Betrug, den der Geruchssinn des Blinden aber sofort durchschaute. Schließlich kamen sie in die Nähe von Tichitt, und nachdem er wie üblich den Boden beschnuppert hatte, rief der Mann aus: »Hier ist es«, (*chi'tou*), womit angeblich, wenn man eine Vorsilbe hinzufügt, der heutige Name des Ortes geboren war.

Ich werde mich sieben Tage in Tichitt aufhalten; das ist seit meinem Aufbruch von Aleg neben einem viertägigen Halt in Atar meine bisher längste Ruhepause. Ich komme dort übrigens müde, fieberkrank, etwas demütig und vor allem leicht beunruhigt von meiner körperlichen Schwäche an, da mir das Schwerste mit den großen Wintermärschen noch bevorsteht. Werde ich den anstrengenden sieben Monaten, die auf mich warten, gewachsen sein?

Für den Augenblick nutze ich den Aufenthalt in Tichitt, so gut ich kann: Sammeln prähistorischer Gegenstände, Felsgravuren und vor allem Nachforschungen über die *Azzer*-Sprache.

Wir haben weiter oben gesehen, dass diese praktisch aus Ouadane verschwunden ist; in Tichitt spricht man sie noch. Handelt es sich um Überreste eines einst weiter verbreiteten Dialektes, um ein Zeugnis einer früheren Verbreitung der Schwarzen über die gesamte Sahara oder ist es nur eine von fremden Sklaven oder Sklavenhändlern eingeführte Sprache?

Tichitt ist eine äußerst interessante Stadt. Man wünscht sich, hier verweilen zu können, um mehr zu sehen, besser hinschauen zu können, als es dem vorübereilenden Reisenden vergönnt ist. Doch der Weg ist noch weit, und ich muss weiterziehen.

Über Oualata wende ich mich Richtung Néma, von wo mich ein letzter Sprung nach Timbuktu bringen wird. Dort beginnt dann das Abenteuer des »Großen Nordens«, die Reise nach Taoudenni und in andere vergnügliche Ferienorte.

Die archäologischen Entdeckungen vervielfachen sich: Allein aus dem Ort Aghréjit nehme ich mehr als tausend prähistorische Objekte mit, unter denen sich kostbare Fundstücke befinden, zum Beispiel eine prächtige Harpune aus Knochen.

Ausflug nach Taokest: Abmarsch um 2.30 Uhr nach dem Mond, Rückkehr um 18.40 Uhr nach dem Mond. Zehn Stunden und vierzig Minuten im Sattel, zwei Stunden und dreißig Minuten Bergsteigen. Ein harter Tag, aber sehr lohnend: ein Grabstichel aus Knochen.

Ich folge weiterhin der großen Felswand von Tichitt in Richtung Osten. Hinter Tennegué stecke ich tief in einer Bergschlucht und erblicke vor mir einige Felsen, die nichts Gutes verheißen, zumindest nicht für das in der Suche von Felsmalereien geübte Auge. Ich stoße lästerliche Flüche aus und flehe die Götter an, sie mögen die Felsgravuren wegwischen, wenn es dort welche gibt, oder aber dafür sorgen, dass es sie nie gegeben hat. Es ist nämlich schon fünf Uhr abends und die nächste Wasserstelle weit.

Einen Augenblick später stoße ich auf eine fantastische Stelle mit sehr gut erhaltenen libysch-berberischen Gravuren… Was nun? Unmöglich, solche wunderbaren Zeugnisse unbeachtet zu lassen; ebenfalls unmöglich, die Arbeit des Dokumentierens auf morgen zu verschieben.

Ich halte die Karawane an und beginne um 17.30 Uhr mit dem Abzeichnen. Und unter welchen Bedingungen! Mitten in der Nacht, mit einer Karbidlampe, die ausgerechnet heute erbärmlich schlecht funktioniert, und an einer senkrechten Felswand, die man in Eidechsenhaltung erklimmen muss, mit dem Unterschied, dass die Eidechse Saugnäpfe, ich jedoch ein Zeichenbrett in den Fingern habe.

Gegen Mitternacht bin ich fertig. Gewöhnlich setze ich die Karawane um 2.30 Uhr in Marsch, heute brechen wir erst um 5.25 Uhr auf.


In einem zivilisierten Land – oder genauer, in einem, das sich in arger Selbstzufriedenheit gerne so nennt – würde Makhrouga als »Touristenparadies« ein Vermögen machen und wäre der Stolz einer jeden Region. An unseren Küsten rotten sich schon um einen einfachen natürlichen Kreidefelsbogen einfältige Gaffer und Liebhaber des Pittoresken zusammen. Was würde da erst in Makhrouga geschehen?

Stellen sie sich vor – versuchen Sie es zumindest, ohne allzu viel Hoffnung auf Erfolg –, man stellt einen riesigen Ziegel aus hartem Sandstein auf eine Ebene, so wie man einen Würfel auf einen Tisch stellt. Einen Ziegelstein, der etwa zweihundert Meter lang, sechzig breit und zwanzig hoch ist. Durchlöchern Sie diesen gigantischen Klumpen, sagen wir aus Butter, mit dem Taschenmesser, schneiden Sie Scharten, Gänge, Höhlen, Tunnel und Brunnen hinein. Durchbohren Sie ihn hier und da, schlagen Sie Brücken, bauen Sie Bögen und Gewölbe auf Säulen, schnitzen Sie Treppen. Dann brauchen Sie das Ganze nur wieder in Stein zu verwandeln, und Sie erhalten etwas, das Makhrouga ähnelt.

Der Anblick dieses Blocks ist absolut einzigartig. Die Wohnungen sind bereits fertig, da von der Natur eingerichtet; man kann einfach einziehen. Was sich die Menschen übrigens nicht zweimal sagen ließen, und die Unmenge altertümlicher Überreste, Gegenstände aus Stein, Ton, Gravuren und Inschriften belegen dies.

Noch bis vor kurzer Zeit war diese Festung, gleichzeitig Adlerhorst und Fuchsbau, bevorzugtes Ziel der bösen Buben des Landes und auch der Plünderer aus dem Norden, die durch diese Gegend zogen.

Der Stein hat sich leider seinen schlechten Ruf bewahrt, und meine Kameltreiber äußern den lebhaften Wunsch, sich nicht dort aufzuhalten, aus Angst, am Horizont die gefürchteten Umrisse einer bewaffneten Gruppe *Razzieurs* zu entdecken.


Aratâne, Imoudelane, El Glatt (eine anstrengende Reise: fünf Uhr morgens bis zehn Uhr abends mit zehn Minuten Pause am Nachmittag, in denen ich meine *Kessera* verschlinge), Enji, Kedama, Oujâf, Tagourâret, so viele Namen, die für mich mit interessanten Funden oder neuen Erkenntnissen verbunden sind.

Der geologische Aufbau des Landes tritt immer deutlicher zu Tage. Wir haben geduldig einzelne Beobachtungen gesammelt, ohne noch viel zu begreifen. Doch sind wir nicht verzweifelt und fleißig durch das Dunkel getappt. Wir taten so, als ob man eines Tages einfach begreifen müsste, und so wurden weiter Steine beschriftet und Notizen gemacht.

Und dann plötzlich, wie der in die gesättigte Lösung eingetauchte Kristall die Formgebung bewirkt, stößt eine letzte Einzelheit die Tür zur allgemeinen Erklärung auf, die schließlich den Schlüssel zur Struktur des Landes liefert. Wir haben endlich verstanden.

Wenigstens einen kleinen Teil vom Mysterium dieser Welt erklären, begreifen und darin eintauchen zu können, nur eine Ecke des Schleiers der Isis zu lüften – es gibt für den Geist keine größere Freude und kein berauschenderes Glück, als das zu erreichen, und sei es nur ein einziges Mal, im bescheidensten Wissenszweig und bei der unwichtigsten Einzelheit.

In Enji muss ich an Jules Renard denken: Er erzählt an einer Stelle von der mühseligen Befragung eines Gärtners, der schließlich zugibt, dass sich die letzte Sprosse der Leiter, diejenige, auf der er – barfuß – im Brunnen steht, *unter Wasser* befindet. Diese schreckliche Enthüllung sorgte dafür, dass dem Autor der Durst verging. Ich traf heute an der Quelle, wo ich jeden Morgen trinke, einen rechtschaffenen Beduinen, der gerade schweißgebadet angekommen war und sich bestimmt seit längerem nicht gewaschen hatte (sagen wir … seit mehreren Monaten). Er stand bis zur Gürtellinie im Wasser und füllte ganz friedlich seine *Guerba*.

Einige Tage später werde ich erneut an Jules Renard erinnert: Wenn ihn schon der schmutzige Zeh eines Gärtners abschreckte, der kurz in sein Wasser tauchte, was hätte er wohl vom Guelt el Abd gedacht, wo ich soeben getrunken habe?

Die Wasserstelle hat in dieser Jahreszeit etwa den Umfang eines mittelgroßen Zimmers. Auf einmal brechen etwa hundert durstige Schafe aus dem Gebüsch hervor und stürzen sich alle auf einmal in das schlammige Bad. Sie schwitzen, schnaufen, niesen, urinieren, koten und lösen in dieser kleinen Badeschüssel den in vierzehn Tagen angesammelten Schmutz auf. Und mit dieser Soße haben wir anschließend unsere *Guerbas* gefüllt.

In Kedama entdecke ich eine Gravur, die einen altertümlichen Wagen mit zwei Rädern zeigt, bespannt mit einem einzigen Pferd. Im Westen der Sahara gab es also auch Wagen als Fahrzeuge, genau wie in der Zentralsahara und der des Tschad; ein orientalisches Element, zweifellos »libysch«, das also die westliche Sahara kaum lange vor der christlichen Zeitrechnung erreicht haben dürfte.

# Von der Zecke
# zum Elefanten

In dieser Wüste gibt es viele schädliche Tiere
und andere, die niemandem etwas zuleide tun.

LÉON

*Mehr oder weniger. – Die Tiere der Wüste. – Kann man leben,
ohne zu trinken? – Künftige Sintflut und künftige Arche. –
Die Paare gehen an Bord. – Die Sage vom Wüstenfuchs. –
Noch ein Mythos: die furchtbare »Tarantel«. – Bewaldete
Wüste. – Wüste ohne Bäume. – Ein Wort zur Botanik. – Ein
beschwerliches Leben. – Die Lösung der mehrjährigen Arten. –
Die der einjährigen. – Der geduldige Samen. – Wer hat es
ihm gesagt?*

Man wird wieder einmal mit dem *Mehr oder Weniger* konfron-
tiert, dieser »Goldenen Mitte«, die uns irgendwie zuwider ist, und
doch der Wahrheit am nächsten liegt.

*Weniger*, weil man lange geglaubt hat, in der Sahara wimmele
es von Ungeheuern, *deren Mannigfaltigkeit und Vielzahl man
dem Fehlen von Wasser zuschreibt, wodurch alle Arten von Tieren gezwungen sind, sich am nächsten Fluss zu versammeln, um
dort ihren Durst zu stillen:* Basilisken, Wüstenlöwen, *wild und gefährlich für alle anderen, so wie sie munter, grausam und lebhaft
sind,* Leoparden, Elefanten, Drachen, *riesengroß und tonnen-*

*schwer, die ihre Feinde, die großen Bestien, verfolgen, riesige Schlangen, denen Gras auf dem Rücken wächst,* Hydren *mit einem scharfen und tödlichen Gift,* Nattern, Skytale, Boas, Guaral, *mit giftigem Kopf und Schwanz, so dass die Araber diese Teile abschneiden und den Rest dann essen,* Thoren, *geboren aus Wolf und Hyäne,* der Dant, *so leichtfüßig beim Laufen, dass kein anderes Tier ihm gleichkommt, usw.*

*Mehr,* weil man sich die Sahara gut vollkommen ohne Leben vorstellen kann. Und wenn Tiere dort auch selten sind, gibt es doch überall einige.

Der Botaniker Ascherson verlor in der libyschen Wüste einmal die Wette, er würde mindestens eine Pflanze am Tag finden. Ein Zoologe hätte gewonnen: Ich halte es für unmöglich, auf einem Tagesmarsch durch die Sahara, selbst in den toten Gegenden des Erg Chech, selbst in der Tanezrouft, kein Anzeichen tierischen Lebens zu entdecken – mal abgesehen von den Fliegen, die um die Menschen herumschwirren. Man wird mindestens die Spur eines Käfers, eine Ameise, eine Vogelfeder oder einen Heuschreckenkadaver finden. Doch man muss genau hinsehen, mit dem Blick des Naturforschers.

Zweifellos sind die »großen Tiere« selten – man kann fünfhundert Kilometer laufen, ohne eine Gazelle zu Gesicht zu bekommen – doch die kleinen sind weitaus häufiger, und niemand ist je fünfzig Kilometer gelaufen, ohne wenn schon nicht auf einen Vogel, eine Eidechse *und* ein Insekt zu treffen, dann wenigstens einem Vogel *oder* einer Eidechse *oder* einem Insekt zu begegnen.

Im Gesamten ist die Fauna natürlich überaus ärmlich. Keine Fische, keine Lurche, keine Schnecken, keine Krebse, keine Asseln, keine Regenwürmer, keine Tausendfüßler. Nichts außer Säugetieren, Vögeln, Schlangen, Eidechsen, Insekten und Spinnentieren.

Anders als man glauben könnte, ist die Zahl der Säugetierarten in der Sahara relativ groß: etwa fünfundsechzig; auch in Frankreich leben kaum mehr als hundert (einhundertfünfzehn). Bei den Vögeln ist der Unterschied deutlicher: vierhundertfünfzehn in Frankreich und nur neunzig in der Sahara.

Natürlich zählen nur die hier heimischen Vögel – Zugvögel, die jedes Jahr ihre Flugbahn mit mumifizierten Kadavern markieren, werden nicht dazu gerechnet. Von diesen neunzig Vogelarten leben achtzehn ausschließlich in der Sahara und sind damit typisch für diese Gegend: ein Dompfaff, der weiße Spatz, mehrere Lerchenarten, eine Wüstenläuferlerche, verschiedene Steinschmätzer und Sandflughühner, eine Trappe.

Von unseren fünfundsechzig Säugetieren findet man vierundzwanzig ausschließlich in der Sahara: zwei Arten von Igeln, den Wüstenfuchs, eine Springmaus, eine oder zwei Sinai-Stachelmäuse oder Stachelratten, andere Nagetiere, einen Klippschliefer, die weiße Gazelle, die Addax-Antilope usw.

Da wir jeden Tag das Bedürfnis haben zu trinken, bilden wir uns ein – sancta simplicitas! –, dass hier alle so sind wie wir. Ein großer Irrtum: Eine Vielzahl von Tieren, vor allem die Säugetiere – unsere Vettern, sozusagen – leben in der Sahara, ohne zu trinken. Und wo sollten sie das auch tun, selbst wenn ihnen der Sinn danach stünde?

Es ist schon für einen Beduinen, der immerhin mit Händen und einer Reihe Apparaturen wie Rollen, Seilen und *Délous* ausgestattet ist, nicht gerade einfach, seine Wasserration zu Tage zu fördern; wie sollen das bitte Gazellen, Wüstenfüchse oder Eidechsen anstellen?

Wenn es gerade einmal geregnet hat – »einmal ist keinmal« – und die erwähnte Gazelle, der fragliche Fuchs oder die oben genannte Eidechse vor einer Wasserstelle stehen, ist es ihnen natürlich nicht verboten, das Maul hineinzustecken, doch das wäre purer Zufall, unvorhersehbar, ein Geschenk des Himmels, eine Freigebigkeit Gottes, sozusagen ein »Freigetränk«. Normalerweise regiert die Trockenheit.

Zumindest in Form von Wasser, denn natürlich müssen die Tiere Flüssigkeit mit ihrer Nahrung aufnehmen, wenn sie anders nicht vorhanden ist. Sie sind darauf angewiesen, denn ohne Wasser gibt es kein Blut mehr, keine Milch, keine Tränen – kein Leben.

Bei den Pflanzenfressern kann man das noch ungefähr nachvollziehen: Die Gazelle frisst einen Stiel der Reseda oder des Sauerampfers, die Addax-Antilope grast die dürren *Aristida*-Gewächse auf der Ebene ab und isst und trinkt so gleichzeitig. Unter uns gesagt: die *Aristida* mit ihren federartigen, zitternden Büscheln macht trotz ihrer grünen Farbe nicht gerade den saftigsten Eindruck, doch wenn es der Antilope schmeckt…

Das Kamel kommt im Winter inmitten einer Wiese voller Jerjir monatelang ohne Trinken aus. Ich auch, würde ich von Salat und Trauben leben.

Zur Not verstehe ich noch, dass Raubvögel, Geparden, Wüstenfüchse und Eidechsen genügend Wasser aus ihrer Beute ziehen. Doch was ist mit genau diesen Beutetieren – Nager, die sich von trockenen Körnern ernähren, große Käfer, Termiten, Ameisen – woher bekommen sie ihr Wasser? Ein physiologisches Rätsel, das bisher weder gelöst noch erforscht ist.

Doch die Tatsache ist unumstößlich: Die typischen Tiere der Sahara trinken nicht, oder genauer, sie können leben, ohne zu trinken.

Alle? Ja, bis auf… drei: den Wüstengimpel, die Felsentaube und die Sandflughühner. Als ausschließliche Körnerfresser sind diese Vögel eng an die Wasserstellen gebunden und können sich nicht weit entfernen.

Es hat einmal Seen in der Sahara gegeben, und eines Tages wird es vielleicht wieder welche geben. Stellen wir uns die nächste Sintflut vor, eine, o weh, modernisierte Arche mit Ölheizung und Kino. Ein furchtbarer Gedanke. Aber was soll's?! Und natürlich mit einem Noah, einem leutseligen Noah, der an der Reling steht und seine Lieblingslied anstimmt:

> *Weil Gott die Wassermassen schickt,*
> *Die Arche bald die Inseln erblickt...*

während er mit einem Auge die Paare abzählt, die sich um den Einstieg drängen.

Als Erstes die Säugetiere: die Gazellen, hübsch und anmutig, trotz des entsetzlichen Missbrauchs, den die orientalische Poesie mit ihnen getrieben hat, und auch trotz der unglücklichen Tatsache, dass sie essbar sind, was sie von Seiten aller Gewehrträger der Sahara der Ausrottung weiht. Mit Hilfe der Terminologien übrigens, denn dort, wo die Gazellenjagd verboten ist, tötet man nur noch *Halfaziegen* und *Felsenböcke*. Sehr schnelle Tiere: ein Zoologe maß einmal zweiundsiebzig Kilometer in der Stunde, die sie eine Viertelstunde lang durchhielten.

Die *Mohor*, eine große Gazelle, die mit ihrem flammendroten Mantel prächtig aussieht und von den Europäern »Robert-Hirschkuh« genannt wird; warum, zum Teufel?

Die Addax-Antilope, in Südalgerien ausgerottet, doch zahlreich in den Weiten des Westens, wo sie in arglosen Herden töricht mit kleinen Schritten vor die drohenden Karabiner trottet; wie die letzten Strauße ist sie zur Zeit noch durch die natürlichen Barrieren des Geländes gegen das Gewehr der Schlächter geschützt. Diese sind ungleich wirksamer als die gesetzlichen Vorschriften, welche selbst systematisch von jenen verletzt werden, deren Aufgabe es ist, ihre Einhaltung zu überwachen. Doch trotzdem werden wir die Ausrottung der Addax-Antilope auch im Westen vollenden, wenn wir so weitermachen.

Die Oryx-Antilope mit langen spitzen Hörnern und fester, widerstandsfähiger Haut, aus der man im Mittelalter »die besten Schilde der Welt« herstellte, »die keine Lanze durchstoßen konnte«. Sie ist aus der nördlichen Sahara verschwunden und lebt nur noch in der Sahelzone und den atlantischen Steppen.

Das Mufflon mit seinen »Manschetten«, aber vor allem mit Bart, ein begeisterter Felsenliebhaber und Kletterer erster Güte. Wenn Sie mühselig einen Gipfel besteigen, den Sie als »unerreichbar« einschätzten und von dem Sie glaubten, ihn als Erster zu bezwingen, können Sie sicher sein, bei Ihrer Ankunft an der Spitze zwar nicht Amundsens Flagge, aber etwas Gleichwertiges zu entdecken: Mufflonkot. Das ist ärgerlich, geben Sie es ruhig zu. Steckt am Ende irgendeine Zauberei dahinter? Kann es vielleicht sein, dass die Tiere am Tage springen, nachts aber fliegen?

Der Wildesel oder der angeblich wilde, der mit dieser falschen zivilrechtlichen Angabe keinen Zutritt zur Arche hätte. Denn der Name ist nicht korrekt: Es gibt keine »wilden« Esel in der Sahara – nicht mehr –, sondern lediglich »verwilderte«. Ein Spaßvogel, wenn man der Chronik glaubt: »… und wenn sie einen Menschen bemerken, haben sie die Angewohnheit, zu brüllen und wütend auszuschlagen, ohne sich von der Stelle zu bewegen, bis man so nah ist, dass man sie berühren kann. Dann halten sie plötzlich inne und laufen fort.«

Auch vom Kamel gäbe es laut eines Kapitels von E. F. Gautier einige Frechheiten zu berichten. Doch wollen wir es ihm nicht gleichtun und halten es mit den weisen Worten des großen Léon: »Ich könnte noch viele andere einzigartige Dinge berichten, die das Wesen dieses Tieres berühren; doch ich werde sie unerwähnt lassen, um euch keinen Verdruss zu bereiten.«

Kaum hat man ihn aufgescheucht, ist er auch schon auf Umwegen mit rasender Geschwindigkeit auf den glatten und harten Abhang geklettert und hinter dem Dünenkamm verschwunden. Niemand hat etwas gesehen außer einer kleinen, undeutlichen, sandfarbenen Gestalt, die in wilder Eile davonstürmt, und doch weiß jeder, was es ist. – Ein Wüstenfuchs? – Natürlich.

Seine Schnelligkeit ist sagenumwoben. Man besingt sie sogar:

Ein Hund: kein Grund zur Beunruhigung. Zwei Hunde: Der Wüstenfuchs verhöhnt sie. Drei Hunde: Der Wüstenfuchs grinst. Vier Hunde: Der Wüstenfuchs läuft. Fünf Hunde: Der Wüstenfuchs läuft um sein Leben. Sechs Hunde: Der Wüstenfuchs ist tot.

Der Hase, allgegenwärtig außer in der Tanezrouft, zusammen mit dem Schakal, dem Stachelschwein und der Hyäne ein wichtiger Bestandteil der zoologischen »Folklore«.

Der Klippdachs, eins der vier Tiere, die der Verfasser der *Sprüche* (30, 26) als »klüger als die Weisen« bezeichnet, der in den Felsen lebt und groß wie ein Kaninchen ist – was jedoch nichts daran ändert, dass er ein kleiner Vetter des Rhinozeros ist: siehe hierzu die zoologischen Abhandlungen, Kapitel »Hyracoidea«.

Und das kleine Volk der Nagetiere, Stachelmäuse, Gundis, die ähnlich aussehen wie Meerschweinchen, Springmäuse voller Tatkraft, vertraute Nager, immer auf dem Sprung in den vom Feuer erleuchteten Kreis, auf ein kleines Stück *Kessera* oder ein Reiskorn; im Ahnet nistete sich eine Springmaus in meiner Hose ein und verschönerte die neue Wohnung über Nacht mit Koloquintenkernen.

Zwei Straußenarten leben in der Sahara, die mit ihren Köpfen das geflügelte Volk überragen und »von den Alarven eher zu den Säugetieren als zu den Vögeln gezählt werden, obwohl sie Federn besitzen und Eier legen«, wie Valentin Fernandes berichtet.

Wenn Sie nach der Rückkehr aus der Sahara die Leichtgläubigkeit Ihrer Zuhörer testen wollen, bevor Sie ihnen gröbere Lügengeschichten auftischen, beginnen sie mit dem Straußenei, im doppelten Sinne ein Versuchsballon: »Und als ich so durch die Wüste wandere, finde ich ein Straußenei. Ich bohre ein Loch hinein, verschließe es mit einem Holzstopfen und hänge es mir mit einer Schnur um die Hüften. Dann bei der nächsten Rast schnell her mit einer Pfanne… Ich entkorke das Ei, schütte etwas aus und verschließe es wieder, und schon habe ich das schönste Omelett. Am nächsten Tag das gleiche Spiel und immer so weiter, bis das Ei leer ist.« Wenn Ihre Zuschauer das schlucken – was schon vorgekommen ist –, können Sie ohne Bedenken fortfahren.

Harmlose, helle Nattern und unzählige Vipern, überall dort, wo es Eidechsen und Nager zu fressen gibt. Aber bitte vergessen Sie bei Ihren Erzählungen nicht, das »Horn« der Schlangen zu erwähnen – das ist nämlich viel grauenvoller für Ihr Publikum, das daraufhin glaubt, dieser teuflische Fortsatz diene als zusätzliche Waffe, was die Gefährlichkeit des Reptils natürlich erhöht. Und bei Skorpionen verwenden Sie bitte das Wort »schwarz«, das macht ihn »böser«.

Die Vipern der Sahara sind Hornvipern und haben wie alle wilden Tiere mehr Angst vor uns als wir vor ihnen, was einiges heißen will. Um gebissen zu werden, bedarf es eines unglücklichen Zufalls, man muss zum Beispiel versehentlich auf die Schlange treten, aus Unachtsamkeit die Hand darauf legen oder sie erschrecken. Solche Fälle sind übrigens außerordentlich selten, was um so bemerkenswerter erscheint, wenn man bedenkt, dass jeden Abend vom Atlantik bis ans Rote Meer Zehntausende Menschen zwischen Zehntausenden Büscheln *Drinn* schlafen, das wiederum Zehntausende Hornvipern beherbergt.

Schuppeneidechsen, vom großen Waran, einem wahren »Erdkrokodil«, das eine Länge von bis zu einem Meter fünfzig erreicht, bis hin zu kleinen Eidechsen, Gefährten in den heißen Stunden, die den Reisenden mit ihren plötzlichen Attacken auf Insekten unterhalten und in eigenwilligen Arabesken verschnörkelte Zeichen in den jungfräulichen Sand malen.

Und natürlich dürfen die Geckos nicht fehlen, auch nicht die Kielschildechsen, geschickte und geschmeidige Schwimmer im Sand, und der Uromastix, auch Dornschwanzagame genannt, platt, schwer und mit Stacheln besetzt. Er ernährt sich vegetarisch, weswegen er mein Heiligtum geworden ist, beinahe ein Verwandter.

Und kommt auch eine Schildkröte auf die Arche der Sahara? Ja, denn theoretisch lebt sie zwar im Sahel, aber von Zeit zu Zeit verirrt sich auch ein Exemplar in die Wüste. Kann an Bord kommen, dritte Klasse.

Ganze Heerscharen von Insekten: eine Fracht, die zwar nicht viel Platz wegnimmt, bei der es aber ewig dauert, bis alle Fahrscheine kontrolliert sind. O nein, bitte nicht! Nicht die Fliegen, bloß nicht dieses Paar! Die kennen wir schon! Heute sind sie noch zu zweit, ganz bescheiden, ruhig, sittsam, alles was man will, und morgen haben wir dann tausend davon und übermorgen eine Million! Und dann sind sie überall, in der Nase, in den Ohren, in allen Mahlzeiten, allen Gläsern, auf allen Federn aller Stifte, ja sogar zwischen den Seiten aller Bücher, die von außen mit einer ganzen Milchstraße aus punktförmigen Exkrementen besudelt und von innen mit vielen kleinen schwarzen Kadavern verseucht werden, die inmitten eines Flecks aus getrocknetem, rotgelbem Eiter zerquetscht wurden.

Nichts da! Nicht die Fliegen! Raus mit diesem unerwünschten Paar! Ab ins nächste Boot mit ihnen oder ab ins Meer.

Doch an Bord nehmen werden wir die Heuschrecken, die Schmetterlinge und die Hornkäfer, ihre zahlreichen Verwandten, Freunde und Bekannten. Auch die Skorpione – wir zwingen ja niemanden, sie zu streicheln –, die Zecken – jeder hat ein Recht auf Leben –, und die »Taranteln«, in Wirklichkeit Walzenspinnen, dank eines grundlosen Vorurteils der Schrecken der Saharabewohner, denn ihre starken Zangen enthalten, obwohl sie ziemlich kräftig und bis aufs Blut kneifen können – ich habe es ausprobiert –, keinerlei Gift, obwohl eine hartnäckige Legende das Gegenteil behauptet.

Man kann die Leute ziemlich in Erstaunen versetzen, wenn man ihnen versichert, man könne die Sahara durchqueren und müsse keinen Tag ohne Holz auskommen, denn jeden Tag bekomme man Bäume zu Gesicht – allerdings nur unter der Bedingung, dass man den Weg durch Westmauretanien über Senegal nach Marokko nimmt.

Aber sie würden wohl ebenso erstaunt sein zu erfahren, dass man von Adafer bis Biskra zweitausendfünfhundert Kilometer – das entspricht der Entfernung von Paris nach Moskau – immer geradeaus laufen könne, ohne einen einzigen Baum zu entdecken.

Der Tuareg, der im dichten Schatten einer zehn Meter hohen *Acacia albida* sitzt, wird keinen Widerspruch im Titel *Die Wälder der Sahara* sehen, eine jüngere botanische Veröffentlichung, während die Addax-Antilopen im Lemriyé, die mehrere Hundert Kilometer vom nächsten Strauch trennen, gewisse Mühe hätten, sich eine bewaldete Sahara vorzustellen.

Sagen Sie nicht: In der Sahara gibt es überall Bäume, aber sagen Sie auch nicht: Es gibt dort nirgends Bäume. Hier lauert die Gefahr unvorsichtiger Verallgemeinerungen.

In der Sahara wachsen vor allem Mimosen, die mit kleinen, kugelförmigen und köstlich duftenden Kätzchen bedeckt sind, weiß beim *Talha*, goldgelb beim *Tamat*, sowie mit langen silbernen Dornen bewehrt, scharf und gefährlich – man muss aufpassen, wo man hintritt! Vor allem Mimosen, aber auch Tamarisken, die mit feinen blühenden Trauben besetzt sind, *Atils,* die so prächtige Zahnbürsten abgeben; der *Sedra,* dessen Brustbeeren so genießbar sind, dass sich der Reisende damit in den nicht enden wollenden Stunden des Marsches gerne die Langeweile vertreibt, und noch viele andere.

Bewaldet oder nicht, ansonsten ist die Sahara ein Land mit ärmlicher Flora: Es existieren nur wenige Arten. In der ganzen Sahara gibt es vom Atlantik bis zum Roten Meer – eine Fläche, die so groß ist wie ganz Europa – weniger Pflanzenarten (knapp tausend) als in der Umgebung von Paris (tausendfünfhundert) oder in Skandinavien (tausendsechshundert) und nur einen Bruchteil der Arten, die im mediterranen Nordafrika wachsen (drei- bis viertausend).

In kleineren Gebieten sinken die Zahlen schnell noch weiter: Vierhundertfünfzig Arten besitzt die Zentralsahara – eine Fläche so groß wie Frankreich –, nur zweihundert der Emmidir oder die Saoura. Ein einziges Département Frankreichs hingegen zählt schon tausendfünfhundert. Aber das hat eigentlich nichts zu sagen.

Wohlgemerkt: Die botanischen Formationen der Sahara sind weitgehend »offen«, dass heißt, zwischen den Sträuchern ist der kahle Boden sichtbar, manchmal über erhebliche Entfernungen. Selbst im günstigsten Fall, wenn der Kameltreiber von »Weiden« spricht, ist kein Vergleich mit dem möglich, was dank einer zufälligen Homonymie in Europa genauso bezeichnet wird. Die üppigste Weide der Sahara besteht lediglich aus mehr oder weniger weit voneinander entfernt stehenden Pflanzen, gleichgültig, ob es sich um mehrjährige oder einjährige Pflanzen handelt.

Der Unterschied zwischen unserer geschlossenen europäischen Vegetation und der Vegetation der Sahara ist so groß wie der zwi-

schen geschlossenem Packeis und Resten von auseinander ge-
sprengten Eisbergen.

Diese Vegetation ist manchmal *diffus* und bedeckt wie ein sehr
lockerer Schleier das ganze Land. Das ist der Fall, wenn sich die
verfügbare Feuchtigkeit gleichförmig über das Gebiet verteilt.
Dann wieder erscheint die Vegetation *zusammengezogen*, und
zwar dann, wenn sich das Wasser genau lokalisieren lässt und in
relativ feuchten Rinnen sammelt, die aber durch vollständig unfruchtbare Gebiete voneinander getrennt liegen.

Die erste Form lässt sich zum Beispiel in der algerischen, atlantischen und südlichen Sahara, an der Spitze des Hoggar beobachten, während die zweite für Bergmassive mittlerer Höhe
(Tuareg-Ebenen usw.) typisch ist. Beide sind sowohl von der
Menge des verfügbaren Wassers als auch von der Art des Bodens
abhängig.

Wo liegt der Ursprung der Flora in der Sahara? Ganz schematisch
kann man drei Hauptelemente unterscheiden: *mediterran, suda-
nesisch* und schließlich *saharisch*, im weiteren Sinne des Wortes.
Das heißt, dass Europa und Afrika – die Tropen und das Berber-
land einmal ausgenommen – ihre »Ableger« auf der Grundlage
der alten Wüstenarten ausgesetzt haben, die sich dann vor Ort
weiter differenziert haben.

Gehen wir in die letzte Trockenperiode zurück, von der uns die
neolithische Feuchtperiode trennt; während sich die großen Seen
des Pleistozän zurückbilden und die Dünen sich aufschichten, entwickeln sich die Endemiten der Sahara, das heißt Pflanzen, die sich
mit der Zeit speziell an das Wüstenleben anpassen.

Auf jeden Fall wurde diese Wüstenflora mit der Wiederkehr
feuchterer Umweltbedingungen, ohne ganz zu verschwinden, in
bestimmte höhere Gebiete zurückgedrängt, in die Dünen und in
Gegenden mit Salzvorkommen, während der Rest des Landes von

Heiden, Savannen und an einzelnen Stellen sogar von Wäldern bedeckt wurde.

Der Kampf entbrennt zwischen den beiden feindlichen Elementen, *nördlich-mediterran* und *südlich-afrikanisch*. Pistazie gegen Akazie, Zypresse gegen Brustbeerenbaum, Olivenbaum gegen Weihrauch, provenzalischer Wald gegen sudanesischen Busch.

Seitdem ist eine schleichende Verkümmerung zu beobachten: Der Mensch, inzwischen Hirte geworden, lässt ihren schlimmsten Feind auf die Pflanze los, das Schaf, gefolgt von einem anderen furchtbaren Plünderer, der Hacke des Schäfers, und trägt deshalb vielleicht viel größere Verantwortung für die Verwüstung, als man annehmen möchte. Auf jeden Fall bieten sich unserem Auge heute einerseits die Überreste der »wüstenpaläolithischen« Flora, die der letzten Feuchtperiode entkommen sind, andererseits die letzten Vertreter der mediterranen und tropischen Floren. Alles in allem nichts als Reste.

Der gesamte Prozess tendiert scheinbar zu einer noch stärkeren Verringerung der Pflanzenbevölkerung. Also ist die Düne auf dem Vormarsch, es sei denn, man hätte es bis dahin gelernt, Regen zu machen.

Die geografische Verbreitung der Pflanzen ist sehr ungleichmäßig. Nicht nur ihre Anzahl (Arten und einzelne Gewächse) variiert je nach Region, sondern es wachsen auch nicht überall die gleichen.

Und daher kann man die Sahara in mehrere botanische Regionen unterteilen.

Ein Pflanzenleben in der Sahara kann nicht vom erstbesten Löwenzahn bewältigt werden. Weder das Schneeglöckchen noch die Akelei oder die Pfingstrose würden sich dort wohl fühlen.

Es bedarf nämlich ganz besonderer Eigenschaften, ob es sich nun um mehrjährige Arten handelt, die speziell dafür ausgerüstet

sind, Feuchtigkeit erreichen und halten zu können, oder um einjährige, die ihren Nutzen aus dem geringsten Regenschauer ziehen müssen, um keimen, blühen und knospen zu können, bevor
der Boden wieder unfruchtbar wird und sich vielleicht für Jahre –
wenig erfreuliche Aussichten für eine Saat voller professionellem
Elan – in staubtrockene Kieselerde verwandelt.

Man hat eine Reihe morphologischer Anpassungsmuster
beschrieben, in der Hoffnung, damit die Widerstandsfähigkeit
der Arten gegen ihre widrigen Lebensumstände zu erklären:
Reichweite der Wurzeln, Verringerung der Blätter, häufiges Vorkommen der Manschettenform, haarige, wächserne, lederartige
Erscheinungsformen, Dornen, fleischige Blätter, Drüsenaus-
scheidungen, chlorophyllhaltige Rinden, klebrige Beeren, zu-
sammengewachsene Beeren – oder »Synaptospermie«, was ele-
ganter klingt –, usw.

Die mehrjährigen Pflanzen vollbringen so wahre Wunder an
*anatomischer* Ausgeklügeltheit, um dem Tod zu entrinnen. Die
einjährigen, aus denen der *Acheb* besteht – die vergängliche
Weide, die der Regen aufblühen lässt – schaffen dagegen *physio-
logische* Höchstleistungen.

Sobald der Regen den Sand befeuchtet hat, müssen sie so
schnell wie möglich, bevor sie bei lebendigem Leib geröstet werden, ihren gesamten vegetativen Kreislauf mobilisieren. Keine
Zeit zu verlieren. Es ist eine Frage von Stunden und von Samen,
die um die Wette keimen.

Und das bedeutend schneller als bei uns. Man hat ein Experi-
ment mit fünfzig Arten der Sahara und zweiundsiebzig Skandina-
viens durchgeführt: nach vierundzwanzig Stunden sieben Kei-
mungen in der ersten Gruppe, keine einzige in der zweiten; nach
achtundvierzig Stunden einunddreißig und keine einzige; erst am
dritten Tag konnte sich Skandinavien zu bescheidenen vier (!)
Keimlingen durchringen, während die Sahara bereits fünfund-

vierzig Pflänzchen zählte. Unsere Samen haben es nicht eilig, denn sie wissen genau, dass die Feuchtigkeit andauern wird.

Die Samen der Sahara dagegen ahnen, dass sie nicht andauern wird, und beeilen sich: Acht Tage nach der Keimung war ein Pflänzchen der *Boerhavia repens* bereits aufgeblüht, abgeblüht und hatte seinen Samen verstreut… ein neuer Rekord.

Das Merkwürdigste ist, dass sich die gleiche Art, die sich so beeilt, eine Blüte auf einen ärmlichen, zwei Zentimeter hohen Stängel zu setzen, das Vergnügen gönnt, anderswo, wo der Boden weniger trocken ist und die Zeit demzufolge weniger drängt, einen ein Meter großen Strauch emporschießen zu lassen. Woher weiß der Samen im Voraus die Anzahl der Tage, die ihm zur Verfügung stehen? Wer hat es ihm gesagt?

P.S. Wegen der irreführenden Kapitelüberschrift haben einige vielleicht auf den Elefanten gewartet. Vergeblich: Wir kamen zu spät, er war schon fort, denn die letzten Exemplare Nordafrikas sind am Beginn unseres Zeitalters zugrunde gegangen, und die des Sudan wandern kaum mehr in den Norden, sondern leben im Afollé, am 17. Breitengrad, am Rande der eigentlichen Sahara.

# Der Große Norden

Wir sahen den Sand und wir sahen die Wellen
Und wir sahen zugleich die Sterne;
Und mochte uns bisweilen auch der Schrecken quälen
Langweilten wir uns trotzdem sogar in der Ferne.

DIE REISE

*Oualata. – Gemalte Arabesken und Keramik. – Ibn Battúta empört sich. – Die Steppe des Sahel. – Ein lächerliches Bad. – Cram-cram. – Ferien am Wasser. – Timbuktu. – Die große Karawane. – Vorgebirge im Norden. – Taoudenni. – Die Salzminen. – Minenarbeiter. – Eine Stadt aus Steinsalz. – Die Gefährten des Abenteuers. – Gefräßigkeit. – Hagelkörner. – Ein langer Ritt. – Letzte Arbeiten. – Abschied von der Wüste.*

Oualata krönt seinen Hügel aus vielfarbigen Lehmschichten mit rosaroten Häusern.

Noch eine alte Stadt, die seit langem im Verfall begriffen ist, doch hat Oualata eine große Blütezeit erlebt und war vor der Nebenbuhlerin Timbuktu die eigentliche Metropole an den südlichen Grenzen der Sahara.

Eigentlich ist es nur ein großes Dorf, doch eines mit sehr urbanem Charakter und städtischem Erscheinungsbild, die sofort ins Auge fallen. Kasr el Barka, Chinguetti, Ouadane, Tichitt – das sind Städte der Sahara. Die sesshaften Einwohner unterscheiden sich von den Nomaden der Umgebung nur durch die Beschaffenheit ihrer Behausung: ein Zelt aus Stein für den Sesshaften, ein Haus aus Haardecken für den Nomaden. Davon abgesehen verläuft ihr Leben ganz ähnlich, und das Mobiliar eines Zeltes unterscheidet sich wenig von dem eines Hauses.

Doch in Oualata geht es anders zu. Die Straße ist kein einfacher Schlauch, sondern mehr als nur ein Durchgang: Die entlang der Mauern aufgestellten Bänke zeugen von ihrem Charakter. Die Straße ist gleichzeitig Straße im eigentlichen Sinne des Wortes und öffentlicher Park, der Ort, wo sich das gesellschaftliche Leben außerhalb der Gebäude abspielt.

Die Häuser machen bereits einen sehr sudanesischen Eindruck: Türen mit Standpfeilern, Säulen mit Kapitellen. Man kann schon von Architektur sprechen.

Im Inneren ebenfalls keine einfache Lagereinrichtung, sondern Gegenstände, die man bei den Nomaden und sogar in den eigentlichen Saharastädten nicht findet: Betten, die auf Stützen aus gebrannter Erde stehen, aus Milchkalebassen geschnitzte Pfosten, Tonlampen, Räucherschalen. Also eine recht wohnliche Innenausstattung.

Eine der auffälligsten Besonderheiten von Oualata ist eine außergewöhnliche Art der Mauerverzierung. Wenn die Außenwände der Häuser auch kahl bleiben, die Innenhöfe und vor allem die Wände der Zimmer sind reich mit farbigen Arabesken geschmückt.

In den Zimmern purpurne Zeichnungen auf weißem Grund, in den Höfen weiße Zeichnungen auf rosafarbenem Lehmputz. Die purpurrote Farbe mischt man mit zwei Lehmarten und Gummiarabicum.

Die oft sehr komplizierten Muster, die von einer starken und wahrscheinlich uralten künstlerischen Tradition zeugen, werden direkt ohne vorherige Skizze mit dem Finger gezeichnet. Die Frauen aus der Kaste der Schmiede führen sie aus und sie zeigen eine Genauigkeit des Augenmaßes und einen Sinn für Symmetrie, die wahrlich verblüffend sind.

Bei Fatma der Töpferin erkundige ich mich über ihr Handwerk. Um die moderne Töpferei besser mit den prähistorischen Scherben vergleichen zu können, möchte ich wissen, wie man sie heute praktiziert.

Ich informiere mich über die Herstellung von Wasserkrügen, Schüsseln, Kochtöpfen, Bettpfosten, Stövchen, Kuskusgefäßen, Rohren für Dachrinnen, Lampen und Rauchschalen, erfahre alles über das Schlagen und Bearbeiten des Tons, über die Formgebung und schließlich das Verzieren.

Es besteht nicht der geringste Zweifel, dass die Töpfer der Steinzeit genau die gleichen Methoden angewendet haben, die noch heute vor unseren Augen gebräuchlich sind und sich im Lauf der Jahrhunderte nicht verändert haben. Wenn diese Methoden tatsächlich den Schwarzen eigen sind, wie es den Anschein hat, müsste man die neolithischen Scherben dann nicht schwarzen Bauern zuschreiben, und folglich auch alle anderen Überreste? Warum nicht?

Ich denke nicht wie Ibn Battúta, der im Jahr 1352 bedauerte, nach Iouâlâten gereist zu sein und das Land der Schwarzen besucht zu haben, da »es ihnen an Bildung und an Achtung vor dem weißen Mann mangelt«.

Und dieser fromme Tourist notiert in seinem Buch, während er auf die Abreise aus Oualata nach Mali wartet, die Kargheit der ihm vorgesetzten Mahlzeit (stellen Sie sich vor, »zerstoßene Hirse mit ein wenig Honig und saurer Milch versetzt… Was soll man von diesem Volk schon Gutes erwarten…«), die *unerträgliche* Hitze, die

Schönheit der schamlosen Frauen, die überrascht anfangen »zu lachen angesichts meiner Verlegenheit, weit davon entfernt, vor Scham zu erröten« und die fehlende Eifersucht der Ehemänner (»und trotzdem ist dieser Mann ein Rechtsgelehrter, ein *Hadji*…«). Unmissverständlich schließt der ach so rechtschaffene Herr ganz empört: »Der Zustand dieses Volkes ist wahrhaft erstaunlich und seine Sitten sind wunderlich.«

Oualata liegt genau an der Grenze zwischen Sahara und Sahel, am Südrand der Wüste und am nördlichen Ende der bewaldeten Steppe des Hodh, die mit Affenbrotbäumen übersät ist und wo quasi sesshafte maurische Stämme auf immergrünen Weiden zahlreiche Rinder und Schafe züchten. Auch Löwen gibt es hier, wir befinden uns also nicht mehr in der Wüste, denn trotz eines weit verbreiteten Vorurteils treten diese beiden niemals gemeinsam in Erscheinung. Erst nördlich von Timbuktu sollte ich wieder auf die Sahara stoßen.

In Oualata verabschiede ich mich von dem liebenswürdigen Feldwebel N. und überlasse ihm als Andenken ein kleines Buch: das Evangelium. »Vielen Dank… Na, mit dem Ding werde ich schon meinen Spaß haben.«

Nun muss ich schnell Timbuktu erreichen, damit ich nicht den Abmarsch der Salzkarawane verpasse. Ich muss mich beeilen.

Am 14. Oktober begleiten mich Châteaubriands *Erinnerungen von jenseits des Grabes* fast zwölf Stunden – von 5.10 bis 17 Uhr – auf meinem Weg über den *Dhar* von Néma, eine bewaldete, grüngelbe Ebene (die *Commiphora* kleiden sich gerade in ihr Herbstgewand). Unmöglich, in einer geraden Linie zu gehen; wir werden pausenlos ausgepeitscht, geohrfeigt, gegeißelt, gequält und durchbohrt.

Am nächsten Tag ereignet sich ein lächerlicher Unfall: Wir, mein Kamel und ich, fallen am Teich von Dendaré ins Wasser. Ein hinreißendes Bild: Das Kamel zappelt im schlammigen Wasser, genau wie ich, wobei sich mein rechtes Bein im *Khezama* verheddert hat und ich mich inmitten schwimmender – oder untergehender – Teile befinde, die ich aus der Brühe zu ziehen versuche: mein Herbarium (mag überhaupt keine Feuchtigkeit), einen Brotsack, zwei *Burnusse* usw.

Eintönige Landschaften: Bäume auf gelblichen Wiesen, so weit das Auge reicht, und das geht noch fünfhundert Kilometer so weiter … Weder sehr lustig noch sehr abwechslungsreich, doch mangelt es nicht an Erhabenheit an diesen verlorenen, vergessenen Orten, wo »nicht mal am Sonntag« ein Mensch zu sehen ist.

Ein großer fauler Mistkäfer rollt seine Kugel an meinen Füßen vorbei. Um sich die Arbeit des Knetens zu ersparen, hat er sich ein Stück Kamelkot geschnappt. Eine bereits fertige Kugel? Was für ein Glückstreffer!


Die Regenzeit ist vorbei; die stachligen spitzen Samen des *Cramcram* sind vertrocknet, und die kleinste Strecke zu Fuß wird zum Problem. Während der *Gueila* krempelt man seinen *Séroual* möglichst weit hoch und setzt sich mit seinen vier Buchstaben auf die *Grundzüge der Geschichte der Westsahara*, abends muss man lange nach einem geeigneten Schlafplatz suchen.

Herrlicher Hibiskus: große gelbe Blüten mit purpurrotem Herz. Ein Warzenschwein, das beim Laufen grunzt, und beim Grunzen läuft, die Mähne im Wind und den Schwanz in die Höhe gerichtet. Rosarote Wolken. Korallenblüten auf den *Adress*-Bäumen. Der abgehackte Flug der »Tukane«. Der viel zu süße Duft der *Boscias*.

Ich bin so an das Leben auf dem Rücken des Kamels gewöhnt und daran, zum Ansporn meines Reittieres gekonnte Klack-Laute von mir zu geben, dass ich nun, da ich zu Fuß und alleine marschiere, mich manchmal ertappe, wie ich mich selbst mit diesen leisen Geräuschen antreibe: Gewohnheit, Geringschätzung oder Autosuggestion?

18. Oktober: etwa zwölf Stunden marschiert, salziges *und* fauliges Wasser in Bou Zériba. Meistens hat man die Wahl zwischen salzigem *oder* fauligem Wasser, aber heute werde ich offensichtlich richtig verwöhnt.

19. Oktober: unterwegs von 5 Uhr morgens bis 20.35 Uhr.

20. Oktober: von 5.15 bis… 22 Uhr. In diesem Rhythmus wird es langsam unmenschlich. Und immer noch diese widerliche Steppe mit *Cram-cram* und *Timegelost.*

Aber als ich den friedlichen Strand des Sees Faguibine erreiche: Was für eine Erlösung!

Ein feuchter Sandstrand, übersät mit perlmuttartigen Muscheln, an warmem, ruhigem Wasser. Darauf schwimmen in majestätischen Geschwadern würdevolle Pelikane, Truppen »religiöser« Ibisse (*Ibis religiosa*, wie sie die Naturforscher nennen), deren strenges schwarzweißes Federkleid sich plötzlich halb öffnet und darunter die Farbe von Mandelblüten offenbart, sowie ägyptische Gänse mit korallenroten Füßen, dazu eine malerische Umgebung blauer Berge am Horizont, Milch der Tuareg-Herden – all das ist es wert, genossen zu werden.

Mehr als sechs Monate marschiere ich jetzt schon durch die Wüste, stolpere über Steine oder stapfe durch Sand. Diese viel zu kurzen Tage am Ufer eines Sees – endlich einmal ein See, der nicht ausgetrocknet ist! –, ein paar Stunden, ohne Felsen hinaufzuklettern, ohne Dünen zu erklimmen, ohne *Cram-cram* – das ist für mich wie Ferien.

Bald – schon morgen, denn der See Faguibine ist auch nur hundert Kilometer lang – wird die harte Pilgerreise weitergehen. Taoudenni, der Hank, das Lemriyé... ich habe erst die Hälfte der Strecke zurückgelegt. Jetzt ist Oktober, und ich werde meine Arbeiten kaum vor Mai abschließen können...

Und wie ein Schüler auf Urlaub amüsiere ich mich am Wasser, plansche und bade. Es fehlt nicht viel, und ich würde anfangen, Sandkuchen zu backen.

Am nächsten Tag geht die »Schule« wieder los: sofort Steine und *Initi*, auf den Beinen von 11.55 bis 18 Uhr, der Weg führt über zwei Berge und so dichte Felder voll *Initi*, dass ich mir erstmals blutige Füße hole.

Timbuktu, 25. Oktober 1934. Ich bin gut marschiert, doch am 29. muss ich schon wieder weiter, für sechs Monate in den Norden. Das erfordert einige Vorkehrungen.

Drei Tage lang besorge ich mir die nötigen Vorräte: gemahlenen Weizen für Fladen, roten Reis aus dem Niger, geschmolzene Butter in Ziegenhaut, Erdnüsse, Zuckerhüte, grünen Tee, eine *Guerba* voll Honig, ein Ersatzpaar Sandalen aus Rindsleder, zwei neue *Sérouals* usw.

Dreitausend Kamele werden nach Taoudenni hinaufziehen, um dort Salzblöcke zu laden. In endloser Reihe, wie die einzelnen Glieder einer Riesenschlange, langsam und stetig über den Boden kriechend, schiebt sich die *Azalaï* zunächst durch die letzten Akazien des Sahel, über die mit *Cram-cram*-Gras bewachsene Steppe, gleitet die unbeweglichen Dünen von Azaouad hinauf und wieder hinab, die so hübsch parallel hintereinander angeordnet sind.

Dann, eines schönen Tages, bei Tagant Keïna, dem »kleinen Wald«, verabschieden wir uns von den letzten Bäumen; die regelmäßigen, geordneten Sandhügel machen den echten Wanderdünen der Sahara Platz, während das *Cram-cram*-Gras entmutigt aufgibt und sich nicht weiter hinauswagt. Na endlich!

Und bald kommen wir nach Araouan, ein elendes, in den Sandmassen verlorenes kleines Dorf aus Lehmhütten, das nur überleben kann, weil es die vorüberziehenden Karawanen mit Seilen und Packsätteln versorgt. Wasser gibt es im Überfluss und die Brunnenrollen quietschen Tag und Nacht, denn die Kamele werden noch einmal ausgiebig getränkt, bevor sie etwa die folgenden zehn Tage ohne Wasser auskommen müssen.

Von Timbuktu bis nach Araouan, und noch weiter Richtung Norden, besteht der Boden aus Süßwasserablagerungen eines ehemaligen Sees, der die Abflusszone des mittleren Niger gewesen zu sein scheint. Der Fluss hat seinen Verlauf geändert und das Abflussbecken ist ausgetrocknet, doch man findet in dem mehligen Lehmboden, über den der glühend heiße Wüstenwind Staubwolken fegt, noch Wassermuscheln, Fischgerippe und Überreste von Krokodilen.

Im Norden von Araouan wird die Landschaft noch karger. Man betritt das Nichts: eine »sehr raue und unangenehme Ebene«, sagt Léon; der Sand ist nur leicht gewellt und vollkommen unfruchtbar; eine glatte Fläche erstreckt sich bis zum endlos kreisförmigen Horizont, es gibt nichts, woran man den Blick heften könnte, nur hin und wieder taucht ein von der Sonne gebleichtes einsames Kamelgerippe auf.

Von Araouan nach Taoudenni sind es vierhundertfünfzig Kilometer, die wir in acht Tagen hinter uns bringen wollen. Jeden Tag von der Morgendämmerung bis in die Nacht – am 13. November ein Marsch von achtzehn Stunden und vierzig Minuten ohne Pause, von 3.20 bis 22 Uhr – schleppt sich die unendliche Prozession durch diese grenzenlose Landschaft, deren Gewaltigkeit erdrückend ist.

Foum el Alba. Endlich einmal eine nachvollziehbare Etymologie. *Foum el Elb*, das »Tor der Düne«. Doch ein hoher Offizier, der weiß, wie versessen ich auf präzise Auskünfte bin, informiert mich höchstselbst: »Das ist portugiesisch: *foum*, der Rauch, *alba*, weiß, ›der weiße Rauch‹, weil hier bei Sandstürmen oft die Dünen rauchen…« Ich dachte an einen Scherz und wollte dem Spaßvogel schon Beifall klatschen; doch glücklicherweise hielt ich mich zurück. Er meinte es ernst.

Man sollte nicht unüberlegt die Heilige Schrift zu Rate ziehen. Im Vertrauen auf *Salomons Sprüche* 24, 13: »Iss Honig, mein Sohn, denn er ist gut« startete ich in glühender Hitze einen ausgiebigen Versuch, der aber nicht sehr erfolgreich verlief. In den *Sprüchen* 25, 27 steht geschrieben: »Zu viel Honig essen ist nicht gut.« Ich hätte aufpassen und kühlere Temperaturen abwarten sollen, bevor ich den Verzehr einer großen Dosis wagte.

Doch nach und nach bedeckt sich der Boden mit Gesteinsbrocken, und eines Abends erreichen wir eine kleine Felswand. Was für eine Freude, wieder einige Unebenheiten im Boden zu entdecken, Hügel, Hochebenen, Schluchten, etwas, das ein wenig den Horizont verdeckt. Die Landschaft bewahrt so ihre Geheimnisse und schenkt dem Reisenden das Vergnügen, sie mit jedem erreichten und überwundenen Hindernis neu zu entdecken. Es gibt nichts Bedrückenderes, als schon morgens beim Aufbruch den Ort zu sehen, wo man abends oder am nächsten Tag ankommen wird. Und dazwischen nur endlose Leere.

In einem kleinen Tal schöpfen wir Wasser aus Brunnen, die in den roten Lehmboden gegraben wurden. Das Wasser hat die gleiche Farbe, schmeckt aber immerhin nicht salzig.

Von den *Oglats* von Khnâchîch bis nach Taoudenni sind es nur noch etwa hundert Kilometer. Die Landschaft leuchtet in verschiedenen Rottönen: Von orange, rot und weinrot spielt es bis ins Violett, mit einigen schwarzen und weißen Verzierungen. Wir nähern uns langsam dem Grund der Senke.

Taoudenni war ursprünglich vielleicht eher der Name einer Gegend als eines bestimmten Ortes. Darauf weist auch der Sprachgebrauch der Berber des Westens hin, die sie *Taoudenit* nennen, eine weibliche geografische Form wie Tidikelt, Tefedest, Tanezrouft, Tagant usw. Auf jeden Fall heißt die Saline Agorgott, der einige Kilometer entfernte *Ksar* Smida und der Brunnen Libhaïré.

Ein ärmlicher, befestigter, rechteckiger Marktflecken (120 auf 50 Meter) mit einer Mauer, Ecktürmen und sogar zwei alten marokkanischen Kanonen, der zu drei Vierteln verfallen ist und auf dem düstersten Felsgestein steht, das man sich vorstellen kann.

Eine anorganische Landschaft, bläuliche Kiesel, weißer Tuffstein, Säulen aus grünem und rötlichem Sandstein, weinroter Lehmboden, schwarz geädert, Gips und Salz – alles zusammen wirkt eher wie eine Mondlandschaft als ein Ort auf der Erde. Kein einziger Grashalm. Wie in Araouan produzieren die Kamele den Brennstoff.

Im Winter ist dieses Fleckchen schon nicht gerade einladend – im Sommer ist es die Hölle. Eisgekühlte Salzlake kann man vielleicht noch trinken, aber probieren Sie einmal, diese lauwarm herunterzubekommen, und das bei Temperaturen, die eine Flüssigkeitsaufnahme von fünf bis zehn Litern pro Tag verlangen.

Taoudenni würde ohne das Salz nicht existieren. Bis Ende des sechzehnten Jahrhunderts befanden sich die Salinen noch in Teghazza, einhundertfünfzig Kilometer nordwestlich von Taoudenni, und gehörten zum mächtigen schwarzen Reich von Songhai, Hauptstadt Gao, am Niger. Nur ihrer Eroberung durch Moulay Ahmed el Mansour, Sultan von Marokko, verdankt man die Erschaffung einer neuen Salzbergbaumetropole in Taoudenni.

In einer Teichmulde von einigen Metern Tiefe überlagern sich, durch unfruchtbare Schichten getrennt, eine Reihe von Steinsalzadern, die sehr harte Platten liefern. Diese können ohne Verpackung direkt aufs Kamel geladen werden.

Große, viereckige Gruben sind aus dem roten Lehm gehoben und auf ihrem Grund modert eine übel riechende Lake. Sie enthüllen die Oberfläche der Salzschichten, die anschließend flach ausgeschnitten, hochgehievt und von ihrer körnigen Rinde befreit werden, bis nur noch der feste Teil in der Mitte übrig bleibt.

Drei Eisenwerkzeuge sind für die Arbeit in der Mine unabdingbar: eine *Hacke* zum Zertrümmern des Lehms und der Abfälle, eine *Picke* zum Anreißen und Spalten benachbarter Adern und ein *Querbeil* zum Abschaben der rohen Stangen, das ihnen die endgültige Form verleiht.

Vor allem aber braucht man Minenarbeiter, deren Los nicht beneidenswert ist. Denn obwohl der Begriff »Sklaverei« aus unserem offiziellen Wortschatz – der auf diesem Gebiet so anständig ist, dass er manchmal freundlichere Umschreibungen wie »geborene Diener«, »Unfreie« oder »Freiwillige« wählt – längst getilgt ist, entwickeln sich die gesellschaftlichen Strukturen und die daraus resultierenden Bräuche sehr viel langsamer als das Vokabular.

Von Taoudenni aus mache ich einen Abstecher zu den altertümlichen Salzminen von Teghazza, die vor mir nur zwei »Zivilisten« betreten haben: Ibn Battúta im Jahre 1352 und René Caillié im Jahre 1828.

In einer riesigen, vor Salz glitzernden *Sebkha* liegt die Mine offen vor dem Besucher. Hier wurde der Boden im Laufe mehrerer Jahrhunderte verwüstet: Die aufgequollene, gequälte, mit Tonsteinhügeln und aufgehäuften Salzblöcken bedeckte Erde ähnelt Packeis.

Zwei Dorfruinen sind noch sichtbar, wo man tatsächlich – wie mein Kollege Ibn Battúta behauptet hat – Bauten aus Steinsalzziegeln entdecken kann. Und es handelt sich nicht nur um abgeschliffene Mauerreste, sondern manchmal sogar um richtige architektonische Fragmente, zum Beispiel Rundbögen. Aus Natriumchlorid. Die sich nach vierhundert Jahren, die sie schon verwaist sind, immer noch nicht aufgelöst haben, denn es regnet nun wirklich nicht sehr oft in Teghazza.

Auf dem Boden liegen Unmengen von Trümmern. Bemalte und glasierte Tonscherben marokkanischen Ursprungs, Gegenstände aus Kupfer, Perlen, unzählige Fragmente von Armbändern aus geschmolzenem, vielfarbigem Glas.

Teghazza liegt im Herzen einer öden Wüstengegend: Hier wächst kein einziger Grashalm. Ein Ort, der nicht zum Verweilen einlädt. Ich verbringe dort nur wenige Stunden.


Früh am nächsten Morgen machten wir uns wieder auf den Weg nach Taoudenni. Wir stoßen auf prächtige Funde von primitiven prähistorischen Instrumenten der Sorte »Schlagstein« oder »Faustkeil«.

Zwischen Oum el Assel und Taoudenni (hundertzwanzig Kilometer) ein kleiner Zwischenfall: Es ist windig, und ich verliere die Spur der Abteilung vor mir.

Ich habe mich tatsächlich verirrt und bin nunmehr allein mit: 1. zwei Kamelen, 2. einem Einheimischen, 3. ein paar Erdnüssen, 4. weniger als zwei Litern Wasser. Ein Glück, dass es Winter ist. Allerdings ist es zwecklos, sich heute Abend noch Sorgen zu machen: Wir werden Tee kochen, schlafen gehen und morgen mit dem Kompass versuchen, Taoudenni wiederzufinden.

Der Weg erweist sich dann als ziemlich beschwerlich, und eine Zeit lang tappen wir im Dunkeln. Erst am späten Nachmittag kommen die Spitzen der Vororte von Taoudenni in Sichtweite. Ohne den geringsten Verdruss gönnen wir uns noch eine Pause und kochen aus dem Bodensatz der Kanne etwas Tee, eine schwärzliche, salzige Brühe, alles, was wir noch haben. Jetzt kommt es auf eine halbe Stunde nicht mehr an, wir sind sicher, am Abend in der Stadt zu sein. Um 21.30 Uhr kehre ich schließlich ins Lager zurück, um 6.35 Uhr waren wir morgens losmarschiert.

Ich beschließe, mich für den Rest des Winterfeldzugs der Nomadeneinsatztruppe von Araouan anzuschließen. Fast vier Monate lang werde ich die kleine Abteilung begleiten.

Eine Hand voll sudanesischer Schützen, die unermüdlich und unverwüstlich guter Stimmung sind; einige *Goumiers* der Bérabiches, die aber in der richtigen Wüste eher eine bescheidene Hilfe sind, wo sich diese Männer der Steppe, weit entfernt von ihrem heimischen *Cram-cram* und ihren Rinderherden, völlig fremd fühlen.

Auch einige Europäer. Ich werde nie die Gefährten bei diesem Abenteuer vergessen, mit denen ich so viele eisige Nächte, so viele Sandstürme und so viele spartanische Mahlzeiten geteilt habe.

Hauptmann G., eine von enormem Backenbart eingefasste römische Maske, zweifellos geerbt von einem Vorfahr, der Admiral war, gekrönt von einem ringförmigen Ordensband, das wiederum von einem Haarschopf überragt wird; einigermaßen schweigsam und nachdenklich, bildet sich nicht ein, wie es üblich ist, sich aufzuregen und sich zu regen sei dasselbe; handelt ohne das Bedürfnis, den Rest der Welt davon im Voraus in Kenntnis zu setzen; beherrscht das Denken; spielt Schach. Der geborene Anführer.

Oberleutnant B. Zu Ehren seines bevorzugten Musikinstrumentes und des glänzenden Rots seines luxuriösen *Burnusses*, neben dem unsere eigenen aus vorschriftsmäßig ärmlichem, krapprotem Tuch verblassen, nennt man ihn auch den »roten Mönchspfeifer«. Ein sehr begabter Topograf; steht immer als Erster auf; hat einen Lieblingssatz, den er mit Vorliebe in schwierigen Situationen lächelnd in seinen blonden Bart spricht: »Das ist kein Spaziergang hier …«, womit er übrigens völlig Recht hat.

Doktor R., der noch ein Neuling in der Sahara ist und eine ausgebleichte, altrosafarbene Soldatenmütze trägt, die ich ihm geschenkt habe. Sie ist allerdings zu klein für seinen dicken Schädel, weitet sich gemäß der Breite seines Kopfes, nimmt dann die Kegelform eines ägyptischen *Tarbouch* an und lässt ihren Träger einem *Effendi* gleicher Herkunft ähneln. Hervorragend zu Fuß, trägt stets einen merkwürdigen, schweren Knüppel bei sich, der einem Golfschläger ähnelt und den er seit Timbuktu mitschleppt; sitzt mit Hingabe und Kompetenz als Küchenchef der Zusammenstellung unserer Mahlzeiten vor, wobei seine Aufgabe oft nur darin besteht zu zählen, wie viele Hand voll Reis uns heute zur Verfügung stehen; hat ebenfalls einen Lieblingssatz, vielleicht etwas rätselhaft, doch voller verborgener Schönheit: »Die Welt ist ein einziges großes Geheimnis.«

Oberleutnant L., bei dem sich unter einem altmodischen Kolonialhelm in Zuckerhutform ein scharfes Profil und funkelnde Augen verbergen. Ist spezialisiert darauf, reihenweise unschuldige Sterne in die Falle seines Sextanten zu locken, deren Ergreifung er zuerst ankündigt, dann mit Geräuschen untermalt: »Achtung... Tock!«, zur großen Freude der Schützen. Diese schmettern sich noch monatelang, allerdings ohne den geringsten astronomischen Vorwand oder Sextanten, im ganzen Lager ein scherzhaftes »Tock!« entgegen. Verhilft dem Würfel-Poker zu ungewohnten Ehren, der so manches Mal die Verteilung des Nachtischs regelt, bis er schließlich, als keine Einsätze mehr übrig sind, selbst verspielt wird.

Monatelang ziehen wir durch die Einsamkeit des Erg Chech, des Azlef, des Hank, des Lemriyé, Landschaften ohne Form und Farbe, Ebenen, *Regs*, Dünen, *Regs*, Ebenen, Dünen und so weiter und so weiter.

24. Dezember, *Sebkha* von el-Kseib: Wir marschieren durch die Nacht wie die drei Weisen aus dem Morgenland, anschließend ein mageres Weihnachtsessen (Nudeln, *Kessera*, Honig, Kakao).

Bei Oum el Jeïem: auf einem Haufen zwei Kamelkadaver und ein Mensch. Verdurstet.

Wir ziehen nach Agâraktem hinauf. Das Wasser wird knapp, die Tagesmärsche unerträglich lang, es ist kalt. Oberleutnant F. setzt sich eine Gebirgsmütze auf, Oberleutnant B. zieht Stiefel und gefütterte Handschuhe an, während der Doktor eine Schützenjacke mit einer Mullbinde als Gürtel über seine Kleider zieht: Gestalten der Polarsahara.

Um den Erg Ijoubbane zu vergessen, reden wir über Kulinarisches: Kuchen, Käse, Brot und andere weit entfernte Köstlichkeiten. Unser streng asketisches Leben führt nicht dazu, dass wir für das Laster der Gefräßigkeit anfällig werden, obwohl es den Anschein haben mag. Diese Ausbrüche von Sinneslust bleiben rein verbaler Natur, ein einfaches psychologisches Mittel, um die Gegenwart an der Zukunft zu rächen. Doch ist die Zukunft da, vergisst man, von ihr das einzufordern, was sie sich zu versprechen gewagt hat. Und die Erfahrung des Lebens in der Sahara hat im Gegenteil zur Folge, dass man sehr genügsam wird und sich nach dem einfachen Leben zurücksehnt. Obwohl man das nicht verallgemeinern kann.

Die Gegend von Agâraktem zeigt sich dieses Jahr von kleinen Seen und Weideflächen bedeckt: *Farsetia* und *Aristida*.

Wir schaffen ordentliche Tagesmärsche. Und machen wir endlich Halt, sind nicht mehr in Bewegung, löst sich plötzlich die Anspannung der körperlichen Anstrengung, ein wunderbares Gefühl breitet sich aus wie ein Bogen, von dem man die Sehne entfernt, die ihn gespannt hat. Es lohnt sich zu laufen, richtig hart zu marschieren, allein für den Genuss, wieder anhalten zu können. Und besteht die Freude beim Aufbruch nicht zu einem großen Teil bereits aus der Freude der Ankunft, bis hin zur Grausamkeit, die die Abwesenheit mit sich bringt?

Im Moment jedoch marschieren wir »auf der Piste«, die kein

Ende zu nehmen scheint. Auch die Arbeit ruht nicht: Am 18. Januar finde ich aber in einer kleinen Schlucht des Hank mitten am Tag eine halbe Stunde Ruhe und schlafe prompt dabei ein, mit La Fontaine in der Hand.

Noch besser am 27.: Endlich mal richtig ausschlafen! Ich stehe erst um sieben Uhr für meine Wetterbeobachtungen auf und lege mich bald darauf wieder hin, während sich zur selben Zeit ein scheußlicher Sandsturm erhebt, der sich im Gegensatz zu mir leider erst am nächsten Tag wieder schlafen legt.

Mit der Kälte bekommen die Fersen tiefe Risse: Das ist typisch für die Jahreszeit. Hauptmann G. lässt sich seine von einem Schützen mit einer großen Nadel und Gazellensehnen zunähen, ich bevorzuge den »Keil« aus Höckerfett: Das wirkt Wunder.

Sand unter null Grad, die Zehen werden gefühllos.

Teghazza, zweite Auflage, dann erneut Agâraktem, dieses Mal im Regen. Es folgen mehrere Tage mit Blitz und Donner und Hagelstürmen ... Werden wir unsere Erkundungen in einer Piroge beenden? Am Morgen des 8. Februar ein Meer von Wolken. Zu unseren Füßen erstreckt sich eine dicke Nebelschicht, aus der nur hier und da *Garas* und Dünen auftauchen ... Wir kriegen alles geboten. Jetzt fehlt nur noch ein Erdbeben, aber was nicht ist, kann ja noch kommen.

Zwischen Tinioulig und Bir Amran weitere Seen, so riesig, dass man sie umgehen oder in einer Furt durchqueren muss. Dann ein kleiner Sandsturm, damit uns nicht langweilig wird.

Nach Tinioulig folgt die letzte Etappe der langen Reise, der krönende Abschluss des Winterfeldzugs durch das unbekannte Lemriyé, »von vielen Dämonen heimgesucht«, wie Ibn Battúta versichert, der noch hinzufügt: »Diese Ebene ist schön und prächtig; hier weitet sich das Herz, die Seele erhebt sich, und Diebe braucht man nicht zu fürchten.«

Anfang März: Die Hitze beginnt. Vier Liter am Tag (Kochen inbegriffen), das reicht natürlich aus, doch es gibt Stunden, in denen man sehnsüchtig an Häuser mit fließendem Wasser zurückdenkt.

Bald heißt es nachts marschieren, nach folgendem Rhythmus: Abmarsch um 18 Uhr, drei Stunden Fußmarsch (fünfzehn Kilometer), von 21 bis 0.00 Uhr weiter mit dem Kamel (fünfzehn Kilometer), von 0.00 bis 1.00 Uhr zu Fuß (fünf Kilometer), drei Stunden Schlaf, weiter zu Fuß gegen 5.30 Uhr, Halt um 8.30 Uhr (fünfzehn Kilometer), das wären pro Tag fünfzig Kilometer, davon fünfzehn mit dem Kamel.

Ein Land ohne Namen: Anderswo fehlen einem vielleicht nur die Informationen, die es aber irgendwo gibt. Auch wenn man sie selbst nicht kennt, die Karte, die Einheimischen und die Bücher sind im Bilde. Hier aber braucht man sich keine Hoffnungen zu machen. Diese Düne oder jenes Kastental haben bestimmt niemals einen arabischen, berberischen oder gar sudanesischen Namen gehabt: Der »letzte« kam in irgendeinem prähistorischen Dialekt vor ...

Am 15. März tauchen am Horizont die Umrisse der Festung von Araouan auf: Wir gehen genau darauf zu. Ein Erfolg für den Topografen, der uns seit sechshundert Kilometern mit dem Kompass ohne jeden Anhaltspunkt durch diese »verlassenen, mit Sand bedeckten Orte, hässlich und verbrannt von der Gluthitze der Sonne«, führt.

Wasser, soviel wir wollen, Brot und Ausruhen, das wissen wir zu schätzen. Wir sind müde. G. kann mit seiner Ferse nicht mehr auftreten, und ich humpele seit über einem Monat mit einem Abszess an der Fußsohle.

Für die Kamelreiter ist die Reise beendet, nicht aber für mich. Am 27. März verlasse ich Araouan in Richtung Asselar, das etwa vierhundert Kilometer weiter östlich liegt und wo mich der Fundort unseres fossilen Menschen erwartet.

Diesen Winter – wir haben bereits Frühling – verzichte ich also darauf, die zentrale Tanezrouft zu durchqueren. Ein rein vorläufiger Verzicht: Das hebe ich mir für ein anderes Mal auf. Ich warte seit 1928 auf die Gelegenheit und irgendwann wird sie sich schon bieten.

Trübsinnige Trostlosigkeit im Sand des Azaouad. Die Hitze senkt sich über uns: Die Bodentemperatur wird sechzig Grad, die Lufttemperatur vierzig Grad übersteigen.

In Guir sammle ich urzeitliche Angelhaken aus Knochen. Die nächste Station heißt El Mraïti, dann Mabrouk, wo ein alter, zerbrochener Mörser klaffend in den Ruinen eines kleinen *Ksar* ruht.

Wir erreichen das Timétrine, eine kristalline, stark zerfurchte Wölbung des Bodens, die durch einen Einschnitt in den kreidezeitlich-tertiären Schichten entstand und mit mehreren Wadis bewaldet ist.

»Asselar. Sein Glutofen. Seine Sandstürme. Sein Wasser: salzig und mit Abführwirkung«, wird eines Tages auf ausgebleichten Postkarten zu lesen sein.

Übrigens eine beklagenswerte Rechtschreibung: Nach dem Tamaschek-Alphabet müsste man *Aslagh* schreiben; das Wort stammt aus der Sprache der Tuareg. Ein *Kounta* bestätigt mir, dass es »salzige Erde« bedeutet, doch im Hoggar bezeichnet *Aslagh* und im Iforhas die weibliche Form *Taslagh* eine Pflanze, einen Kreuzblütler, um genau zu sein.

Eine grausige Gegend, wenn jahrelang kein Tropfen Regen gefallen ist. Doch die geologischen Forschungen erweisen sich als fruchtbar: Ich finde zahlreiche Fossilien und, vor allem aus dem Quartär, zahlreiche Überreste von Tieren und Pflanzen, die in den Seen (Fische, Weichtiere, Krustentiere, Schilf) oder an ihren Ufern lebten (Elefanten, Flusspferde, Pflanzenfresser, »Schnecken« und sogar ein Vogelei).

Von Asselar aus unternehme ich einige Ausflüge, unter anderem einen Abstecher ins Adrar des Iforhas, um dort Granit zu sammeln und das Lager der Nomadengruppe von Timétrine zu besuchen, wo dann fast zufällig in einem Gespräch mit dem Oberleutnant Brandstetter das Vorhaben Tanezrouft Formen annimmt, das wir im kommenden Winter in die Tat umsetzen werden.

Rückkehr nach Timbuktu durch ein ausgedörrtes Azaouad, das wir diagonal – vierhundert Kilometer – bei mittlerweile sengender Hitze durchqueren, begleitet von einem Führer, der auf der gleichen Strecke beim nächsten Mal zusammen mit einem kleinen Jungen verdursten sollte. Eine eintönige Reise, nur erhellt von einigen wenigen Lichtblicken: ein erstaunlicher Sonnenuntergang mit blauen, etwas ins Grüne spielenden Wolken am 1. Mai; das entzückende Gewimmel einer ungewöhnlichen Zeckenart, matt und genarbt, unter einigen Akazien; das langsame Wiederauftauchen des *Cram-cram*-Grases in der Landschaft – und bald leider auch in den *Sérouals;* ein letzter Berg, der zu besteigen ist – der nach Südosten weisende Tadrart, einhundertfünfzig Meter einsturzgefährdetes, Schwindel erregendes Geröll, so heiß, dass man es an diesem 8. Mai während der *Gueïla* kaum berühren kann; und schließlich ein vergeblicher Versuch, den Fakiren nachzueifern (der glühend heiße Boden versengt mir die Füße).

Am 10. Mai am Brunnen von Aguenni, dreißig Kilometer von Timbuktu entfernt: die letzte Nacht in der echten Wüste, und nicht gerade einsam. Die Hirten haben, so glaube ich, hier vom Abend bis zum Morgen Wasser geschöpft. Ein Chor von Rindern, Schafen und Eseln, in dem nur eine Stimme fehlt, nämlich die des Kälbchens, das gestern in den Brunnen gefallen und dabei umgekommen ist.

Und dann erreichen wir die Hauptverkehrsstraße des Nordens, die um diese Jahreszeit, wenn die *Azalaïs* auf dem Rückweg sind, sehr bevölkert ist. Endlose, stille Reihen von Kamelen, die im Mondlicht durch die Nacht gleiten. Ein ziemlich feierliches, fast erhabenes Schauspiel: Schier endlos reihen sich die Züge hintereinander, erinnern an irgendein riesiges Tier, einen gigantischen Tausendfüßler mit unzähligen Beinen, der sich in langsamem Takt, aber entschlossen und unermüdlich auf sein Ziel zubewegt.

Bleiben wir bei diesem Schauplatz. Durch dieselbe Arena aus akazienbewachsenem Sand, nahe dem schwarzen, von ächzenden Winden gekrönten Loch, zogen schon vor zweitausend Jahren unter demselben Maimond die libyschen Karawanen, vor tausend Jahren die Salzkarawanen der Songhai, vor dreihundertfünfzig Jahren die marokkanischen Eroberer und vor einem Jahrhundert Laing und Caillié, der eine Richtung Elend und Ruhm, der andere in den Tod unter dem *Atil* von Seheb drei Stunden weiter nördlich.

In der Morgendämmerung des 11. Mai glaube ich zu träumen: Vor mir liegen eine Stadt und Türme… schimmernde Vögel, Blauracken und scharlachrote Bienenfresser. Timbuktu, das Ende der Wüste.

Es wird Zeit. Ich trage nur noch Fetzen am Leib, alles lässt mich im Stich: *Séroual*, Hemd, Helm, Sandalen. Eine dicke Wüstenpatina verfärbt meine Haut: »Und ich dachte, Sie hätten braune Socken getragen«, wird die Frau des Oberst morgen zu mir sagen.

Die Sitzung ist beendet.

# Ein Buch unter der Sonne
## oder der Konfirmand der Sahara

There rolls the deep where grew the tree.
O Earth, what changes hast thou seen!

. . . . . . . . . . . . . . . . . . . . . . . . . . . . . . . . . .

They melt like mist, the solid lands,
Like clouds they shape themselves and go.

<small>IN MEMORIAM</small>

*Ein eifriger Neuling. – Geologie als offenes Buch. – Aber kaum lesbar. – Eine hartnäckige Legende. – Das Klima schafft die Wüste. – Tausendundzwei Nächte:* Das verzauberte Blech. *– Der Konfirmand protestiert. – Rede an meine Mütze. – Felswände durch Erosion. – Strukturtypen. – Der Einfluss des Wortschatzes auf das Relief. – Sand und Dünen. – Die Wadis ersticken.*

»Und der hier?« – »Ein Oolith.« – »Und der da?« – »Ein Rhyolith. Ein Prachtexemplar, Musterbeispiel für fließende Struktur. Den behalte ich. Sie werden ihn mir sicher gerne schenken.« – »Und das?« – »Ein verrotteter Dolerit. Nichts Besonderes; ich habe Ihnen doch schon mal gesagt, Sie sollen nur unbeschädigte Steine sammeln!« – »Und das?« – »Das ist gar nichts. Irgendein Abfall vom Feuerstein. Den haben Sie nicht einmal an Ort und Stelle, sondern im *Reg* aufgesammelt. Vollkommen uninteressant. Können Sie wegwerfen. Nein, nicht dahin, sondern auf Ibrahims Mütze, ich will sein dummes Gesicht sehen…«

Bei der Rast sortieren wir, was wir tagsüber gesammelt haben. Der Oberleutnant hat die Taschen voll.

Ich habe nämlich endlich einen Schüler gefunden, zum ersten Mal im Leben! Der Neuling ist voller Tatendrang und mit so viel Feuereifer bei der Sache, dass er gleich mit dem ersten Schlag die Spitze meines Geologenhammers ruiniert hat.

Für meinen Konfirmanden ist das alles eine Offenbarung. Er hat plötzlich gemerkt, dass die Arbeit des Geologen nicht etwa daraus besteht, auf gut Glück Felsproben und Fossilien zu sammeln, wie oft angenommen wird, sondern darin, das Aussehen des Bodens zu deuten, seine Architektur zu begreifen und seine Geschichte zu rekonstruieren. Das ist sicher eine vorläufige, unvollständige und umständliche Erklärung, aber sie steckt voller Verheißungen und bildet eine gute Grundlage für künftige Lehrsätze.

»Und wir haben keinen blassen Schimmer! Man schickt uns in die Wüste, uns berittene Offiziere, die in der prallen Sonne pausenlos mit topografischen Problemen, Wasserstellen und Weiden beschäftigt sind, aber so wenig Ahnung von Geologie haben, dass kaum einer Granit von Sandstein unterscheiden kann. Warum bringt man uns nicht ein paar einfache, praktische Begriffe bei? Wenn wir schon keine Spezialistenarbeit verrichten, was wir auch niemals könnten, würden sie es uns doch wenigstens ermöglichen, dem Fachmann mit Beobachtungen und einfachen Arbeiten zur Hand zu gehen. Dann würden wir auch etwas von dem Land verstehen, das wir kartografieren, und bewusster reisen als ein Strohballen, eine Kiste Munition, ein Tourist oder eine *Guerba*!«

Freund B. hat nicht Unrecht. Wir werden wie die Geologen unter freiem Himmel reisen: mit offenen Augen, sozusagen mit der B. A. H. N.: Barometer, Augen, Hammer, Notizbuch.

Übrigens ist die Geologie der Sahara außergewöhnlich einfach und außergewöhnlich kompliziert zugleich. Einfach, weil zuerst einmal die Struktur simpel ist, von der Einfachheit eines schulmäßigen Schemas, und kompliziert, weil mangels Boden – im botanischen Sinne des Wortes – der Unterboden überall frei liegt; keine Kulturen, keine Wälder, keine Häuser. Keine Schutzschicht, die das Gerippe verdeckt, man tritt sofort darauf. In den feuchten Landstrichen bedarf der Geologe oft mohikanischer List, um die Beschaffenheit des Unterbodens und der Kunstwerke, Brunnen, Bohrlöcher, Steinbrüche und Gräben herauszufinden. Hier muss man kein Schloss mehr aufbrechen, man braucht nur zu lesen. »Wenn man das Alphabet beherrscht«, fügt B. hinzu. In der Tat.

Die Entfernungen sind riesig. Das eintönige, unendlich plattenförmige System weist keine erkennbaren Erhebungen auf. Fossilien enthaltende Kimmungen sind äußerst selten, womit datierbare Anhaltspunkte fehlen. Der gefürchtete Rückgang der Fazies ist lithologisch mit den verschiedensten Ebenen der Abstufung der Schichten identisch. Die jüngeren Ablagerungen sind von Bedeutung, da sie das Substrat verdecken könnten. Und schließlich gestalten sich die bloßen Arbeitsbedingungen in der Wüste und die unabdingbar hohe Reisegeschwindigkeit sehr schwierig. All dies sind Gründe, warum dieses Schema – so einfach es denn auch erscheinen mag – nur von einem geübten Auge entschlüsselt werden kann.

Diese alte Geschichte vom ausgetrockneten Meeresboden ist nicht totzukriegen. Da steckt natürlich der Aberglauben des Volkes dahinter, aber der hält sich hartnäckig. Und all das wegen ein bisschen Sand und ein paar Muscheln.

Biskra ist schuld. Am hügeligen Südabfall des Aurès-Gebirges stolpert man direkt in die Ebene, und in was für eine! Eine horizontale Steppe, feinster Sand, Schotts, Salz, wie bei einer richtigen Ebbe.

Also ein Meer. Humboldt hat sich davon täuschen lassen. Doch hätte man die Wüste vom Aïr, dem Hoggar oder Tagant in Angriff genommen, wäre eine solche Hypothese niemals aufgekommen.

Was die Muscheln im *Oued* Rhir angeht, diese beweisen lediglich das jüngere Vorkommen dieser Weichtiere im Salzwasser der Gegend. »Salz« bedeutet aber nicht zwangsläufig »Meer«. Der Gedanke, das Salz komme vom Meer, ist ein weiteres Vorurteil: Es kommt nicht daher, es geht dorthin.

Nein, die Sahara ist keine Wüste, weil sie angeblich einmal ein Meeresboden war. Es stimmt, dass sie kürzlich, im Quartär, große Wasserflächen aufwies, doch hierbei handelte es sich um Süßwasser. Die Sahara ist also keine Wüste chemischen Ursprungs; ihre Trockenheit hängt nicht von der Beschaffenheit des Bodens ab. Das muss man grundsätzlich erst einmal begreifen.

Tatsächlich findet man dort verschiedenste Felsen, Granit und Basalt, Schiefer, Sandstein, Kalkstein, Ton usw., genau wie in Frankreich.

Es gibt nur einen einzigen kleinen Unterschied, der aus diesem anderswo florierenden Boden eine Wüste macht: das Klima.

Der Ursprung der Sahara ist rein klimatisch. Würde man sie um einige Breitengrade nach Norden in ein feuchteres Klima verschieben, würde im Nu eine Bretagne, Touraine oder Normandie daraus, mit Wäldern, Flüssen, Wiesen, Krebsen und Seerosen.

Der Ursprung ihrer Trockenheit liegt im übermäßigen Ungleichgewicht zwischen der Regenmenge, die dort fällt, und der Wassermenge, die dem Boden durch Verdunstung entzogen wird.

Um es noch einmal zu wiederholen: Abgesehen von der Tatsache, dass es kaum auf ihn regnet, ist es ein Boden wie jeder andere.

Und hat, ebenfalls wie viele andere, seine Geschichte. Freund B., der gelehrige Schüler, hat schon sein Notizbuch gezückt und wartet gespannt, dass ich sie ihm erzähle, und genau das werde ich jetzt tun – grob zusammengefasst, unverschämt lückenhaft, und gnadenlos vereinfacht, versteht sich.

Die Sahara ist ein robuster Landstrich, beständig und ruhig, etwas, das die Geologen »Schild« oder »Mole« nennen. Es erinnert an die verstärkte Brustpartie eines Hemdes, das Stück, das sich nicht zerknittern lässt. Es ist nicht biegsam genug, um den Wellenbewegungen des umliegenden Stoffs zu folgen, und man würde es eher zerbrechen als knicken. Ein starrer, horizontaler Kuchen mit einigen unvermeidlichen Bruchstellen und wenig oder gar keinen Falten.

Schreiben Sie, Freund B.: »Tausendundzwei Nächte: *Das verzauberte Blech*« oder »Die besten Küchenrezepte: Torte nach Art des Hauses.« So lautet der Titel.

Stellen wir uns zunächst ein großes Blech vor, das als Backform und Sockel dienen wird (unser mauretanischer und tuaregischer Granit).

1. Füllen Sie den Teig ungleichmäßig in die Form [A]: Das sind unsere präkambrischen Bergketten, die Sahariden.

2. Tragen Sie mit dem Messer sorgfältig [B] die oberste Schicht ab, bis eine ebene Oberfläche entsteht, ganz so wie die Erosion die Sahariden eingeebnet hat, deren Falten nur noch an den Narben erkennbar sind, die sich durch die Ebene ziehen; der Hobel hat ganze Arbeit geleistet.

3. Erster Zwischenfall: Ein Wasserhahn (aus dem glücklicherweise Konfitüre fließt) überschwemmt unsere bis dahin nur wenig gefüllte Form [C], wie das Meer zu Beginn der Primärzeit den Sockel der Sahara überflutet hat, an einigen Stellen bis ins mittlere Karbon: Kambrium, Silur, Devon, Anfang des Karbon… nichts als Konfitüre! Die Sahara steht immer noch unter Wasser: Sandstein, Kalkstein, Konglomerate und Ton lagern

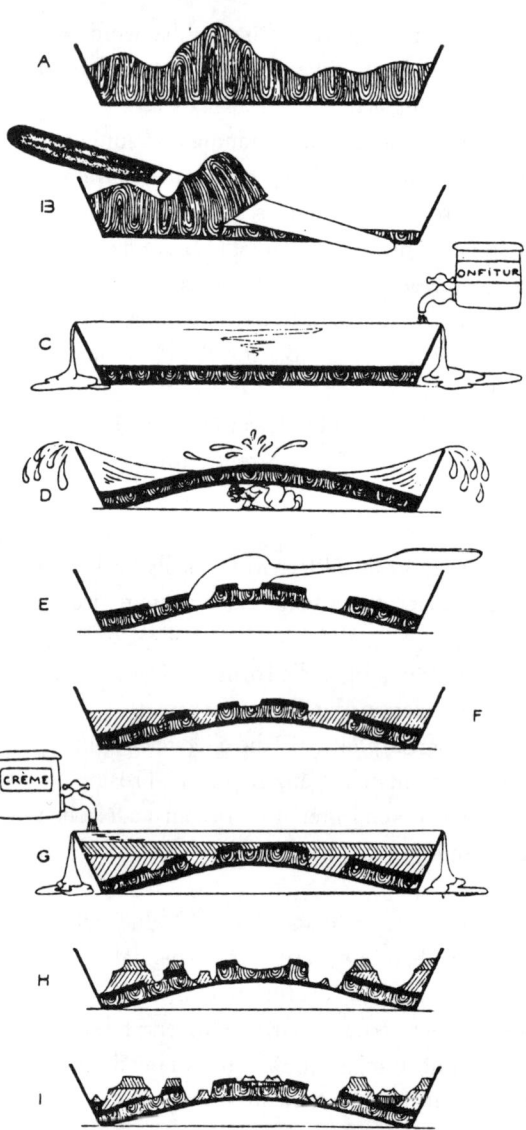

*»Tausendundzwei Nächte: Das verzauberte Blech«* oder die geologische Geschichte der Sahara als Küchenrezept

sich ab, alle Sedimente der mauretanischen und tuaregischen Ebenen.

4. Und wieder verändert sich alles (mit hundertprozentiger Sicherheit haben da die *Djinns* ihre Finger drin): Der Boden der Form wölbt sich, und Blech, Teig und Konfitüre steigen an die Oberfläche [D]. Das ist das Zeitalter der Kohle. Das Meer geht zurück, die von den Fluten frei gelegte Sahara heizt sich in der Sonne auf.

5. Doch wo »fester Boden« ist, ist auch »Erosion«. Die Sedimente werden angegriffen, zerfressen und abgetragen. Der Löffel wütet so gewaltig, dass er oft durch die Konfitüre hindurch den Teig und manchmal das Metall der Form erreicht [E].

6. Und so geht es Tausende von Jahren weiter. Doch die Erosion hat nicht genug Kraft, um den Ertrag ihres Gehobels verdunsten zu lassen. Sie kann das Wasser nur verlagern, und wenn es nicht zum Meer gelangt, dann muss es sich eben irgendwo anders sammeln. Was aus einigen Bereichen abfließt, lässt andere dadurch wachsen; die Löcher werden wieder gestopft. [F]

7. Und dann eines schönen Tages, während sich die Iguanodons in der Picardie tummeln und Schwärme von Ammoniten durch die Meere von Paris schwimmen, ist der Wasserhahn wieder an der Reihe, diesmal ein anderer, der Sahne ausspuckt (sicher weil man es so besser erklären kann). Das Meer nimmt erneut einen großen Teil der Sahara ein und lagert natürlich die üblichen Sedimente aus Kreidezeit und Eozän ab (Beginn des Tertiärs).

8. Erneuter Rückgang des Salzwassers, neue Festlandphase [H], Erosion und Akkumulation Seite an Seite, ganz wie üblich.

9. Die Landschaft nimmt nach und nach ihr heutiges Erscheinungsbild an. Jetzt nur noch Kristallzucker (Süßwasserablagerungen aus dem Quartär) und Puderzucker (Dünen) darüber streuen [I].

10. Fertig! Kann heiß oder kalt serviert werden.

B. sagt keinen Ton und zeigt nicht die geringste Begeisterung für meine pädagogischen Talente. Ich bin tödlich beleidigt. Also? – »Also«, brummelt B., »ich habe kein Wort von Ihren verdammten Geschichten über Wasserhähne, Konfitüre und Wölbungen verstanden...«

Na, das hat ja toll geklappt. Das wird mich lehren, noch einmal dumme Sachen zu erfinden, wo es doch so einfach ist, meinem Schüler ganz schlicht »den Einfluss der Tektonik der Sahara auf die Ausrichtung der karbonprimären Virgationen, die Anzeichen einer Winkeldiskordanz, welche die post-visenischen Böden vom Basiskonglomerat der eingeschobenen kontinentalen Stufenfolge trennt, oder ganz einfach den Ursprung des Bowlingit, den nach Télig der pigeonithaltige Andesit mit diabasischer Fazies einschließt...«, zu erklären.

Vielleicht hätte er davon aber auch nicht mehr begriffen.

Nein, fragen Sie mich bitte nicht: »Haben Sie etwas gefunden?« Denn *für Sie* habe ich sicher nichts gefunden. Ich weiß nämlich ganz genau, was Ihre Frage bedeutet: »Haben Sie eine Goldmine gefunden, Smaragde der Garamanten, einen künstlichen Karfunkel, wie ihn noch niemand gesehen hat, Urin eines Luchses, eine Cognacquelle, einen Benzinbrunnen?«

Habe ich Recht? Ja? Ich habe es geahnt. Ihr »Etwas« muss entweder wunderschön oder Gewinn bringend sein. Da muss ich Sie enttäuschen, denn ich habe Ihnen – Gott sei Dank! – weder das eine noch das andere zu bieten, nichts als die graue, alltägliche, enttäuschende Wirklichkeit, nichts als das bisschen Wahrheit, das wir während unserer langen Tagesmärsche erkämpfen, oder bescheidener, aufsammeln konnten.

Hierin liegt übrigens das Wunderbarste aller Wunder und der Bereicherndste aller Gewinne; das aber natürlich nicht im üblichen, »journalistischen« Sinne dieser Wörter.

Für den »praktischen Nutzen« oder den »emotionalen Wert« –

wenn möglich noch gewürzt mit einer Prise Gefühlsduselei, nicht wahr? – wenden Sie sich bitte an die Regenbogenpresse, Sensationsreporter und Extrablätter.

Natürlich betrifft Sie der vorherige Absatz gar nicht. Ich habe mit meiner Mütze gesprochen und mit Leuten, die mein Buch sowieso nicht lesen werden, was auch besser so ist.

Noch ein Detail, das sich B. nicht anhören muss, das ich aber für nützlich halte: Die Ebenen der Sahara werden oft von hohen Felswänden eingerahmt – bis fünf Meter hoch –, die sich über Hunderte von Kilometern erstrecken können. Ihre Existenz wirft eine interessante Frage auf: Wie sind sie entstanden?

Man hat manchmal versucht, sie mit Verwerfungen zu erklären, das heißt mit senkrechten Verschiebungen, die das Zusammenfallen eines Bodenabschnitts bewirken, wobei ein Vorsprung entsteht, der – im Falle der Felswand – der Art des Bruches entspricht. In Wirklichkeit muss man sich diese Stufen ganz einfach als Erosionsrelief vorstellen.

Schneiden Sie ein Stück Käse an: Der Verlauf der Einschnitte ergibt prächtige Erosionswände. Das bedeutet – wie Sie bestätigen werden, wenn Sie das entnommene Stück auf Ihren Teller legen –, dass ein Teil des Ganzen verschwindet. Beseitigung, Abtransport und nicht bloß ein einfacher Bruch an Ort und Stelle wie im Falle der Verwerfung.

Man muss das Verschwinden der fehlenden Teile fließendem Wasser zuschreiben. Vielleicht übersteigt das die Vorstellungskraft einiger Leute – etwa derer, die siebzig Jahre alt werden und geologische Flüsse am Ausmaß der Seine, des Amazonas und anderen ärmlichen Rinnsalen messen – das mag schon sein. Und doch sprechen die Tatsachen für sich.

Und überhaupt: Ist das ein größeres Wunder als die Entstehung des Himalaya oder das Aufbrechen des Nordatlantiks?

Und es kann gar nicht schaden – hören Sie, B.? – eine Vorstellung der verschiedenen Landschaftsformen der Sahara in Wechselwirkung mit Klima und Geologie zu haben, denn sonst versteht man überhaupt nichts.

Doch für Augen, die an das Modell der feuchten Länder gewöhnt sind, bedeuten die Schärfe der Konturen, die Neigung der Geröllabhänge, die rechtwinklige Verbindung zwischen Ebene und *Gara*, die Unvorhersehbarkeit der Wasserversorgung oder ihr gänzliches Fehlen eine himmelschreiende Absurdität. Als Beweis dafür möge die rührende Sorgfalt dienen, mit der die europäischen Kartografen allzu oft versuchen, die topografischen Gegebenheiten der Sahara zu retuschieren und an ihnen »herumzufeilen«, damit das Modell »wirklichkeitsgetreuer« wird.

Sie wollen nicht zugeben, dass es einen hoch emporragenden Berg gibt, der auf einer Ebene steht wie ein Zuckerhut auf einem Brett, und das ohne größeren Übergang als seinen eigenen Fuß, ohne jede Krümmung aus verwachsenen Stufen und mit senkrechten Wänden. Man muss das natürlich erst gesehen haben.

Wir unterscheiden – noch ein paar Minuten Aufmerksamkeit bitte, Freund B. – vier Haupttypen von Strukturen, die man im Auge behalten sollte, wenn man wie Sie vorhat, anders als blind durch die Sahara zu reisen.

Sie entsprechen natürlich den groben Einteilungen der Stratigraphie der Sahara. Wenn man den rein morphologischen Blickwinkel beibehält, kann man sich mit folgenden Definitionen zufrieden geben: I. *das zerklüftete Relief* (Berg, *Djebel, Adrar*), und II. *die horizontale Fläche* (*Hammada* und *Reg*), die wiederum 1. auf einer Hochebene liegt oder 2. im Flachland (abgetragen oder aufgeschüttet). Plus die Düne.

Doch will man sich nicht nur der heutigen Formen, sondern auch ihrer Entstehung bewusst werden, erweist sich die Erklärung als ein wenig komplizierter.

I. *Kristalline Massive*, tatsächliche (Reliefs) oder ehemalige (das heißt fast abgetragene Reliefs). – Wenn das Massiv standgehalten hat: Berge – Berge der Sahara, versteht sich, in Frankreich würde man sie nur Hügel nennen –: Adrar des Iforhas, Hoggar (das die Einschnitte in seiner Decke allein verspäteten vulkanischen Aktivitäten verdankt, eine Überbelastung für den alten Sockel), usw. – Wenn das Massiv fast abgeschliffen wurde: eine kristalline Ebene; Karêt, Yetti, östliche Tanezrouft. – Schließlich, wenn das Massiv gleichermaßen aus dichten und weniger widerstandsfähigen Elementen besteht, wird die Erosion die letztere Schicht abtragen und eine Archipellandschaft in den Stein graben. Über die ganze Ebene verteilt ragen immer wieder unvermittelt kleine Inseln aus dem Boden und die privilegierten deutschen Geologen haben das Glück, dieses Phänomen mit einem einzigen Wort ausdrücken zu können: *Inselberglandschaft*.

II. *Schuppenartiger Stil* (im rein morphologischen Sinne des Wortes, wohlgemerkt, und nicht auf die Tektonik bezogen). – Dieser kennzeichnet die subhorizontalen Sedimente. An der Oberfläche dieser Ebenen oder Hochebenen zeichnet sich von Zeit zu Zeit ein asymmetrischer Kamm ab, entweder eine einfache Treppenstufe oder eine richtiggehende Felswand. Diese Terrassen begrenzen einzelne Gebiete, die sich wie Dachpfannen oder Fischschuppen überlappen. Beispiele: *Tassilis*, mauretanische Hochebenen, Mulde von Taoudenni, sudanesische Aureolen aus Kreidezeit und Eozän usw.

III. *Alte Erhebungen*. – Horizontale Hochebenen: Hammada von Tindouf, El Khnâchîch, zentrale Tanezrouft.

IV. *Aufgeschüttete Ebenen*. – Jüngere Erhebungen. Hierbei handelt es sich um Ablagerungen aus dem Quartär. Beispiel: Azaouad. Süßwasserablagerungen, denn das Meer hat sich am Anfang des Tertiärs aus der Sahara zurückgezogen, während die

Tapire durch die Savanne am Montmartre galoppierten. Tatsächlich findet man in Timbuktu eine Menge Meermuscheln. Darin wollte man den Beweis dafür sehen, dass es im Quartär hier ein Meer gegeben hat. Doch sind diese Weichtiere hier fehl am Platz, denn sie haben bestimmt nicht in Timbuktu gelebt, sondern sind dorthin gebracht worden, zweifellos von der Küste Mauretaniens.

Man hätte übrigens größte Schwierigkeiten, für dieses jüngere Meer im Sahel einen Berührungspunkt mit dem Ozean zu finden. Die Legende vom *Djouf* kam da gerade recht, um die Kommunikation zu erleichtern und die Neugier all derer zu befriedigen, die gerne Hypothesen über die Geografie und über Atlantis aufstellen.

Sie war fast perfekt, bis auf ein winziges Detail, denn: Der berühmte *Djouf* existiert nicht.

Die offiziellen Geografen stießen zwischen Mauretanien und dem Sudan auf eine riesige, ziemlich tiefe Niederung, offenbar ein Meeresbecken. Mackenzie schlug 1877 vor, es unter Wasser zu setzen, um so den Sudan besser erreichen zu können. Timbuktu als Meerhafen …

Ein Kapitel, das zu schreiben Freude macht: »Vom Einfluss des Wortschatzes auf das Relief«. In der Toponymie der Sahara bezeichnet *Djouf*, ein Substantiv mit allgemeiner Bedeutung, einen Talkessel, eine Vertiefung in den Dünen, eine Rinne am Fuße eines Felsens, und das immer mit lokalem Bezug. Man sagt: der *Djouf* von El Guettara, der *Djouf* von Taoudenni, niemals nur *der Djouf.*

Die von Barth eingeholte Auskunft eines Einheimischen liegt dieser Legende zugrunde. Die europäischen Kartografen, für die Leere schrecklicher ist als für die Natur selbst, freuten sich, über unbekannte, einsame Gegenden quer einen Namen schreiben zu können, und belegten mit dieser unheilvollen Vokabel Orte, die mit Sicherheit überhaupt nichts mehr damit zu tun hatten.

Dann erfuhren sie unglücklicherweise, dass *Djouf* »Bauch« bedeutet. Sofort fingen sie an, mit Worten die nicht vorhandene Grube zu vertiefen. Man beschrieb sie aus sicherer Entfernung, natürlich ohne sie jemals zu Gesicht bekommen zu haben, und in hypsometrischen Karten wurde sie mit einem netten hellen Grün gekennzeichnet, was zumindest unvorsichtig zu nennen ist.

In Wirklichkeit ist das Lemriyé eine Ebene, die etwa auf gleicher Höhe wie Timbuktu liegt, eigentlich sogar etwas höher, und keinesfalls eine topografische Mulde. Doch woher sollte man das wissen?

In Ermangelung eines flüssigen Ozeans ein »Meer aus Sand«? Mit seinen Unwettern, seinem Samum, seinen Wellen und verschütteten Karawanen? Ein klassischer Gemeinplatz. Übrigens erstklassiges Material für klischeehafte Bilder und Reportagen.

Eine Düne hat noch niemand anderen unter sich begraben als die fünftausend Perser aus Cambyse: »Und dann kam ein Sturm des Südwindes über sie, wirbelte allen Sand auf, ließ sie darunter versunken zurück, und so verschwanden sie alle.«

Doch heute ist der heftigste Sandsturm, und wenn er – wozu er unglücklicherweise manchmal neigt – mehrere Tage andauert, im schlimmsten Fall ein hässliches Ärgernis, doch niemals eine unmittelbare Gefahr.

Die Fragezeichen häufen sich: Woher kommt der Sand der Dünen, wann und wie hat er sich angesammelt, warum nur hier und nicht dort, einerseits liegt er an sanft gewellten Stränden, andererseits türmt er sich zu wahren Bergen auf?

Der Sand der Sahara besteht aus Quarzkörnchen des Eruptivgesteins, dem er entweder direkt oder meist mit einem Umweg über den Sandstein entstammt. Er ist der ehemalige (und zukünftige) in Bewegung versetzte Sandstein, wie der Sandstein der ehemalige (und zukünftige) verfestigte Sand ist.

Der Erosion durch Wasser verdankt der Sand der Dünen zum großen Teil seinen Ursprung. Die Erosion durch den Wind, heute als einzige noch am Werk, war hier sicher weitaus weniger beteiligt.

Der Wind hat, kurz gesagt, lediglich die Sandmassen aufgebaut und geformt, die seinen architektonischen Künsten von den einmal ausgetrockneten Quartärablagerungen anvertraut wurden. Doch die Flüsse haben dieses Material erst geliefert.

Wir wissen genau – denn wir haben schon einmal hier und dort in unseren Tälern ein paar Kieselsteine, eine Schlammschicht oder eine Sandbank gesehen –, dass Flüsse nicht nur aufgelöste Materie mit sich führen, sondern auch einen »festen Anteil« wegschwemmen, doch wie wichtig dieser Teil ist, entgeht uns, da er ins Meer fließt; das Resultat dieses Klärvorganges bleibt uns verborgen.

Im Gegensatz dazu hatten die Flüsse der Sahara – zumindest die letzten – keinen Abfluss ins Meer, sondern mündeten in sumpfige Schwemmlandgebiete, für die der heutige Tschadsee ein hervorragendes Beispiel darstellt.

In solch einer flachen Mulde sammelten sich *aufgelöste Salze*, die durch Verdunstung nur noch kristallisieren müssen, und *Anschwemmungen*. Diese sind nicht löslich, sie bleiben dort, wo sie das Hochwasser abgelagert hat, und erhöhen mit ihrem Schlamm den Grund des Wasserlaufs, dessen Fließgeschwindigkeit und Gefälle sich verringern. Das Flussbett verstopft. Der Fluss bekommt keine Luft mehr, er vegetiert dahin und wird verenden, erstickt von seinen eigenen Anschwemmungen: ein Selbstmord.

Ausgetrocknet steht das Material nun jedem Interessierten zur Verfügung: »Schlamm gratis abzugeben«, steht auf dem Schild an der Hintertür des Waisenhauses. Es gibt einen Abnehmer: den Wind.

Der Lehm ist sehr schnell eliminiert: Der feine Staub wird sich als Schlamm über den Grund des Ozeans verteilen. Der schwerere Sand wird Afrika nicht verlassen. Doch er wird seine Gestalt ändern. Aus den flachen, horizontal gelagerten Schichten wird der Wind die Düne formen.

Oder vielmehr: die Dünen, denn es gibt sie in allen Arten, vom pfeilgeraden kleinen *Nebka*, der bescheiden hinter seinem *Hâd*-Büschel versteckt liegt und zuverlässig starke Winde ankündigt, bis hin zu riesigen, komplizierten Bauten, die mehr als hundert Meter hoch werden können, ganz zu schweigen von der halbmondförmigen *Barkane* und noch weiteren Modellen.

Für die Füße, die sich lange und schwer in den Steinen, im scharfen und geräuschvollen Schiefer des Azlef oder den riesigen stachligen Schwämmen des Terrecht abgemüht haben, ist der erste Sand sanft und eine Sinnesfreude – eine Befreiung.

Doch die Befreiung ist drei Tage später tausendmal größer, wenn man vom letzten Gipfel aus, wo der Fuß viele winzige Lawinen auslöst, den blauen See eines felsigen Horizontes ohne Sand entdeckt: »Das *Reg*, endlich das *Reg*!« Man wird bald diesem feindseligen, hinterhältigen, unüberwindlichen Stoff entrinnen, der jeden umschlingt, der stehen bleibt, diesem unerbittlichen Feind des Marschierenden, der von seiner unsichtbaren, erstickenden und zähen Umarmung erschöpft ist.

Haben Sie sich vorgestellt, als Sie den *Erg* erreicht und Ihre Sandalen geöffnet haben, Sie würden barfuss laufen? Weit gefehlt, Sie haben Bleistiefel angezogen.

# Schifffahrt
## durch die Tanezrouft

»It's just like the sea«, said Una (…). »You see where you're going, and – you go there and there's nothing between.«

R. KIPLING, REWARDS AND FAIRIES

*Eine unerwartete Eskapade. – Auf dem Weg nach Südmarokko. –*
*Das Abenteuer geht weiter. – Der letzte weiße Fleck. – In*
*Dagouber. – Vorbereitungen. – Sokrates. – »Und jetzt,*
*Komma…« – Der große Aufbruch. – Ouallen, 75 Grad. – Das*
*Nichts. – Von der Kurzsichtigkeit der Zecken. – Eine Libelle. –*
*Meteorit. – Plätzchen à la Tanezrouft. – Landung. – »Also*
*das Ganze noch einmal?« – Erg Chech. – Beschwerliche Aklé-*
*Dünen. – Befürchtungen. – Ein Sprichwort hat Unrecht. –*
*Und immer weiter. – 6. März 1936: Endstation. – Rückkehr*
*nach Touat.*

Als ich im Juni 1935 nach Frankreich zurückkehrte, glaubte ich, jahrelang auf die Abenteuer in der Sahara verzichten zu müssen – und sei es auch nur, um in Ruhe meine Funde studieren zu können.

Im provinziellen Rahmen des alten Jardin Des Plantes, in einem friedlichen Laboratorium, von dem aus man auf Wiesen und schattiges Laubwerk blickt, glaubte ich mich für lange Zeit einzurichten.

Nun aber befinde ich mich doch wieder auf den Pisten des Westens. Das Schicksal hat mich dorthin geführt, fast gegen meinen Willen, zum Felsen von Hank, wo ich – ohne mich groß darüber zu wundern – Mohammed Mokhtar wiedergetroffen habe, den alten tadjakantischen Führer vom letzten Jahr. Er empfängt mich seinerseits ohne Erstaunen.

Im Herzen einer trostlosen Hochebene aus Kalkstein, weiß, so weit das Auge reicht, bedeckt mit kantigem Geröll, Schiefer und Gipsschutt und übersät mit merkwürdigen Knäueln des »Blumenkohls der Wüste«, hat sich in einer Schlucht ein winziger Palmenhain eingenistet, bei den Ruinen eines *Ksar*, eine richtige kleine Stadt mit mehreren Türmen und einem Minarett: Tindouf vor den Toren Südmarokkos.

*Weihnachten 1935.* Von Tindouf aus müssen wir wieder zum Hank, von neuem die Dünen des Erg Chech überwinden, um nach Taoudenni zu gelangen und dann nach In Dagouber an der Grenze zur Tanezrouft. Von dort werden wir die unbekannte Gegend durchqueren, die Taoudenni vom Ahnet trennt, ein vierhundert Kilometer langer Weg mit dem Kompass, ohne Wasserstelle natürlich, durch eine der verlassensten Regionen der Welt; schließlich werden wir durch die Touat-Oasen in den Norden zurückkehren.

Wenn ich Tindouf morgen früh verlasse, habe ich mehr als zweitausend Kilometer Weg vor mir, zu Fuß und mit dem Kamel, beschwerliche Strecken, anstrengende Märsche, aber es erwartet mich auch der tiefe Schlaf der Erschöpfung, der jede Nacht das Wunder vollbringt, dass ich in der Morgendämmerung in der Lage bin, die Arbeit vom Vortag wieder aufzunehmen.

Sobald die Oase, ihre Häuser und ihr bequemes Leben am Horizont verschwunden sind – man bedenke nur, ein Bett, Camembert, Stühle, Brot! –, fängt wieder das Leben in der Wildnis an, aufs Wesentliche reduziert, brutal und so nüchtern, wie man es sich nur vorstellen kann; doch auch, und das muss man anerkennen, äußerst heilsam.

Nicht immer »angenehm«, aber der Gesundheit sehr förderlich und voller Lehren für die »zivilisierten Menschen«, die so tief gesunken sind, dass sie Haupt- und Nebensache verwechseln und ihr Leben mit Unmassen von künstlichen Gegenständen, erfundenen Bedürfnissen und ungesunden Nutzlosigkeiten voll stopfen, die sie einfältig als »unentbehrlich« betrachten.

Das wirklich Unentbehrliche wiegt nicht viel, kaum dreißig Kilogramm pro Monat. Es ist der Proviant des Kamelreiters: zwanzig Kilogramm gemahlener Weizen, ein Kilogramm Fadennudeln, fünf Kilogramm Zucker, ein halbes Kilogramm grüner Tee, zwei Liter Öl. Und da haben wir schon alles, was die Menschen, deren Alltag oft maßlose körperliche Anstrengungen erfordert, zum Leben und Gedeihen brauchen – oft ohne Fleisch, immer ohne Alkohol –, auch wenn Europäer sich das kaum vorstellen können.


Das hier ist ganz sicher kein Land für kränkliche Leute, ich empfehle es nur kräftigen, gesunden Menschen. Ein Land ohne medizinische Hilfe, ein Land, in dem man nicht das Recht hat, krank zu werden. Versuchen Sie einmal, dieser Regel zuwider zu handeln, sei es nur, um eine Erfahrung zu sammeln oder einfach zu »sehen, was passiert«. Was geschieht mit Ihnen? Gar nichts, denn man kann nichts tun. Sie sind krank oder verletzt, liegen vielleicht im Sterben? Mag sein, doch ein derartiger Fall ist nicht vorgesehen, und so interessant Sie auch sein mögen, bringt das trotzdem den noch weit entfernten Brunnen nicht einen Schritt näher... Man muss um jeden Preis weiter, und wenn Sie wirklich nicht fähig sind, sich im Sattel zu halten, gut, dann wird man Sie daran festbinden, aber dann geht der Marsch weiter, weil er weitergehen muss.

226

Das ist eine harte Schule, doch ihre Lehre Gewinn bringend. Hier bei uns pflegt man sich »interessant« zu machen, indem man unendliche Jammertiraden wegen der nichtigsten Anlässe ausstößt: der Hitze (oder Kälte), des Regens (oder der Sonne) usw. Beim kleinsten Wehwehchen stürzen wir in die Apotheke. In der Sahara jedoch wird sich nicht beklagt: Das wäre auch völlig unnütz, denn es gibt niemanden, dessen Mitleid man erregen könnte. Also bleibt uns nichts anderes übrig, als die Zähne zusammenzubeißen und den Gesichtsausdruck des Indianers, der keinen Schmerz kennt, aufzusetzen. Eine hervorragende Methode: Verdienen unsere unbedeutenden Gesundheitsprobleme und Empfindlichkeiten, vom Sirius aus betrachtet, wirklich die rührende Aufmerksamkeit, die wir ihnen zollen?

Ein weiterer Segen der Wüste: ein gewisses »Zurück zur Natur«, doch ohne Romantik, lyrische Ergüsse oder alberne Gefühlsduseleien.

Zuallererst erfolgt ein Rhythmuswechsel: Wir halten uns nicht mehr an den Tagesablauf des »zivilisierten« Lebens – oder dem, was wir dafür halten, obwohl es in Wirklichkeit künstlich und beschränkt ist –, sondern unterliegen nunmehr dem Rhythmus, den die Sonne allem Leben auf der Welt vorgibt, mit dem regelmäßigen Wechselspiel von Licht und Dunkelheit.

Diesem Rhythmus müssen wir nun gehorchen: Bei Einbruch der Nacht legen wir uns schlafen, im Morgengrauen sind wir wieder auf den Beinen.

Wir erleben auch eine Annäherung an die Erdkruste, die uns unmittelbar trägt. Wir marschieren, sitzen und schlafen auf ihr und können sie auf diese Weise fühlen – direkt, ohne störende Schichten dazwischen. Man muss einmal den ganzen Tag im Sand gewatet sein, sich die Zehen am Schotter aufgeschnitten und auf bloßen Felsen geschlafen haben, um zu begreifen, was das bedeutet. Außerdem ist der Blickwinkel des Wanderers ein anderer als der des Fliegers, der die Welt von weit oben betrachtet und die Dinge auf der Erde daher schlechter erkennen kann.

Eine Lektion in Demut erteilt uns dieses Leben als an den Boden gefesselte Asseln, dieses friedliche Zusammenleben mit den Tieren, zwischen denen wir nunmehr wieder unseren Platz einnehmen, um im Kampf gegen eine schrecklich unmenschliche Natur zu entdecken, dass wir nur Zuschauer eines Stücks sind, das gar nicht für uns gespielt wird. Eine kalte Dusche für unseren einfältigen Hochmut als »Krone der Schöpfung«…

Gewiss, wir leben auf dem nackten Boden, aber dafür unter freiem Himmel! In der Stadt sitzen wir zwischen unseren Parkettböden und Dächern und sehen weder das eine noch das andere. Hier kommen wir in den Genuss des einen *und* des anderen, wobei uns der Himmel mit seiner glorreichen Pracht manchmal über die gänzlich fehlende Zartheit und Zärtlichkeit des Bodens hinweg tröstet.

Der Himmel tröstet uns über den Boden hinweg? Das ist alles? Wenig, wenn man dessen unverändert feststehende, unbeugsame Feindseligkeit in Betracht zieht. Die Schönheit des Himmels erleuchtet und lindert die Unerbittlichkeit eines Bodens, die man nicht verdrängen darf, sondern akzeptieren und besiegen muss – der Boden wird durch den Himmel verklärt? Damit bin ich einverstanden! Und dieses Programm lässt sich nicht nur auf die Sahara anwenden…

Und dann hält die Sahara für den Reisenden noch die Entdeckerfreude bereit, wobei sich Probleme nach und nach lösen, Geheimnisse der menschlichen oder geologischen Vergangenheit Stück für Stück einem Land entrissen werden, das sie zu verteidigen weiß. Man fühlt die Freude, die wissenschaftliche Erforschung der

Wüste voranzutreiben, und sei es nur in bescheidenstem Maße. Das alles lässt einen die widrigen Umstände eines Lebens in der wahren Sahara vergessen, die natürlich erst jenseits der Umgebung von Biskra oder der Hotelgärten von Bou-Saada beginnt und die sich doch sehr von der Sahara der Touristen unterscheidet.

Auf jeden Fall wird die Sahara stets fruchtbar bleiben, zumindest an unvorhersehbaren Ereignissen. Sie wird nie das Land präziser Zeitpläne und genau geregelter Abläufe sein. Hier, wo man im Schoß eines Meeres aus gleichförmigen und eintönigen Tagen so leicht das Zeitgefühl verliert, wo man nie eine oder zwei Wochen im Voraus planen darf, ist es unklug, sich seine Zeit zu detailliert einzuteilen.

Die Versprechen zeitlich genau begrenzter Reisen (»Besuchen Sie die weite Wüste. Die Sahara in vier Tagen, acht Stunden und zehn Minuten. Preis 3895 Francs inklusive Löwenjagd, Kamelritt und Freigetränke«) werden niemals etwas anderes bezeichnen als Busfahrten auf zwei oder drei klassischen Strecken, die bereits mit leeren Corned-Beef-Dosen und zerbrochenen Flaschen verschandelt sind. Die wahre Sahara wird davon auf ewig verschont bleiben.

Weiter oben habe ich bereits erwähnt, wie ich mich zu meiner größten Überraschung plötzlich in eine neue Expedition »eingespannt« sah, kaum dass ich von meiner langen Fahrt 1934 bis 1935 zurückgekehrt war. Ich fühlte mich ein wenig wie eins dieser mechanischen Spielzeuge, die von ihrer letzten akrobatischen Leistung noch zittern und gerade erst zur Ruhe gekommen sind, da werden sie schon zur nächsten Vorführung auf die Piste geschickt und müssen erneut dem Trieb einer bis zum Zerreißen gespannten Feder gehorchen.

Allerdings war diese unerwartete Rückkehr nur als kurzer Aufenthalt geplant: Ich musste schnell die Gegend von Taoudenni erreichen, schnell die Tanezrouft der Länge nach durchqueren – diesen letzten großen weißen Fleck auf der Landkarte der Sahara oder vielleicht Afrikas –, und dann unverzüglich wieder ins Museum zurückkehren. Zwei Monate mussten ausreichen.

Doch es ergaben sich unvorhergesehene Gelegenheiten, und ich nutzte sie, um meine Beobachtungen aus dem Vorjahr zu vervollständigen und auszuweiten. Es ist niemals Zeitverschwendung, noch einmal eine bereits bekannte Gegend aufzusuchen, denn man durchschaut selten auf den ersten Blick, was eine Landschaft zu bieten hat: ein aufschlussreiches Dokument; das zur Altersbestimmung eines Bodens unerlässliche Fossil oder irgendein geologisches Detail, das den Schlüssel zur Deutung einer ganzen Region liefert; dies sind Glücksfälle, die allein meist für die Rückkehr an bereits besuchte Orte entschädigen und die man bei einer ersten Berührung selten erlebt.

Mit diesem verschlossenen Land ist es wie mit dem Freund, der erst etwas von sich preisgibt, wenn er glaubt, dass die Zeit dafür gekommen ist, und niemals gegenüber einem neuen Bekannten. Zumeist verlässt man ihn unbefriedigt: Man hat genug gesehen, damit das Interesse geweckt ist, und zu wenig, als dass die Neugier gestillt wäre. Sollte das ein raffinierter Kniff sein, um sicherzugehen, dass man wiederkommt?

Ende Januar 1936 erreiche ich endlich In Dagouber und das Lager der Nomadengruppe von Timétrine: einige Zelte in der Ebene, die um einen Brunnen herum gruppiert sind.

In Dagouber markiert bis heute die äußerste Grenze des bekannten Gebiets im Nordosten, in Richtung Südalgerien. Jenseits davon liegt die Tanezrouft, unberührte Wüste, die nicht einmal die Einheimischen kennen.

Dennoch muss sich irgendjemand dazu durchringen nachzusehen, was dort ist, und wenn dort nichts ist, muss man sich eben vergewissern, dass dort nichts ist. Wir werden uns vergewissern.

Von In Dagouber aus wird die kleine Truppe in die See der Tanezrouft stechen und versuchen, den algerischen Posten von Ouallen auf der anderen Seite zu erreichen.

Vorbereitungen: Die Kamele werden ausgewählt, die Ziegenlederbehälter kontrolliert, die Wasserfässchen gefüllt, das *Drinn* geschnitten und gebündelt. Dieses Stroh wird den Tieren, wenn nicht als Nahrung, das ist ein zu kühnes Wort, dann zumindest als Ablenkung oder psychologischer Schutz vor Entkräftung usw. dienen.

Die Truppe der Reisenden, die sich auf die Strecke wagen, besteht aus zwei Europäern, dem Oberleutnant Brandstetter aus der Nomadentruppe von Timétrine und mir, sowie drei Einheimischen: einem Schützen, Ibrahima ag Bessa, Koch und Faktotum, und zwei *Goumiers*. Zunächst der würdevolle Laghla, genannt entweder Sokrates – wegen seines kahlen Schädels, der gewölbten Stirn und des antiken Philosophenbartes – oder Die Matrone, da sein Gang aufgrund seines dicken Hinterteils sehr schwerfällig wirkt –, und schließlich der plumpe El Djouf, der keinen Spitznamen braucht, da sein richtiger Name bereits genug über seine intellektuellen Fähigkeiten verrät: der Bauch!

Wir brechen am 3. Februar auf. Etwa hundert Kilometer von In Dagouber entfernt liegt der Brunnen Sobti, den Oberleutnant Brandstetter erst kürzlich entdeckt hat. Das ist unser erster Anlaufpunkt. Die geologische Bedeutung der Strecke wird dadurch nicht gemindert, und wir können dann mit gefüllten Schläuchen weiterziehen.

Was es bedeutet, eine solche Strecke zurückzulegen, kann ich wahrscheinlich am besten vermitteln, indem ich einfach die wenigen Notizen wiedergebe, die ich abends noch niederkritzelte, nachdem die Reinschrift des eigentlichen Reisetagebuches mit den wissenschaftlichen Aufzeichnungen beendet war.

*3. Februar.* Endlich sind wir unterwegs. Brandstetter kündigt es den vier Himmelsrichtungen an: »Und nun, Komma, auf geht's, Komma, ins Ungewisse, Ausrufezeichen!« Ein sehr kurzer Tagesmarsch: 15.15 bis 18.45 Uhr. Die Hauptsache bei einem Aufbruch, wenn man auf große Fahrt geht und den Hafen verlässt, besteht darin, »den Abflug« zu schaffen. Ab morgen wird alles schneller gehen: Menschen, Tiere und Gepäck sind einem neuen Rhythmus unterworfen, haben ihre Reflexe und Gewohnheiten geändert, und im Handumdrehen wird das Lager abgebrochen sein.

Der Abschied in In Dagouber war freundlich, doch ohne jede Gefühlsregung. Zweifellos sind solche Bekundungen hier nicht üblich, oder die Saharabewohner lassen sich einfach nicht leicht erstaunen, rühren und beunruhigen. Für sie ist alles so einfach: Wozu soll man sich wegen einer solchen Kleinigkeit aufregen?

Vier- bis fünfhundert Kilometer durch eine der rauesten Wüsten der Welt? Ein Kinderspiel! Und warum auch nicht? Die Kamele befinden sich in hervorragendem Zustand, »mit solchen Höckern«, wie der exzellente Hauptmann D. unaufhörlich wiederholt, wobei er mit der linken Hand auf seinen rechten Ellenbogen zeigt. Die Fässer sind wohl gefüllt und die Männer kräftig und an die Härte der Entbehrungen in der Sahara gewöhnt. Los geht's, jeder wird es überstehen, außer es tritt eine kosmische Katastrophe ein, was aber ziemlich unwahrscheinlich ist.

Unnütze Sorgen sind zwecklos: Jetzt kommt es auf die Seefahrer selbst an. Sie haben es in der Hand, und nur von ihnen – und ihren Kamelen – hängt der Erfolg ab.

Die Einheimischen, die sich für das Abenteuer eingeschifft haben, sind etwas weniger zuversichtlich. Der Schütze allerdings ist kaum beunruhigt und folgt blindlings dem Weißen, der sich schon zu helfen wissen wird, was auch passiert. Er besitzt schließlich eine kleine Zauberschachtel, die aussieht wie eine Taschenuhr und die den Weg kennt.

Die *Goumiers* sind misstrauischer und betreten ohne Begeisterung eine Gegend, die keiner der Ihren je durchquert hat und über die sie nicht das Geringste wissen, nicht einmal vom Hörensagen.

Beim Abschied aus In Dagouber erwartet uns eine merkwürdige, in den Sandstein geschnittene Landschaft: Kuppeln, Pfeiler, riesige Pilze, gewaltige Türme, baufällige Bergfriede, natürliche Bögen, die dem bleichen Himmel ihre seltsamen Umrisse entgegenstrecken. Das gäbe ein herrliches Plakat für eine Eisenbahngesellschaft!

Keine Weide heute Abend. Doch die Kamele haben heute Morgen gefressen und werden es morgen Abend wieder tun.

*4. Februar.* Gemäßigter Tagesmarsch, sieben Stunden und dreißig Minuten. Unveränderte Umgebung: Felsspitzen, Inseln aus Sandstein, Stümpfe, die sich über die gesamte Ebene erstrecken, dunkle Adern aus Eruptivgestein, aufgeworfen in Mauern oder Dämmen, entweder kahl oder mit gehärteten Sedimenten überzogen.

An einigen Stellen winzige grüne Weideplätze: Es hat geregnet, und einige Gräser konnten keimen: die hübschen Büschel eines Kreuzblütlers mit blassen, malvenfarbenen Blüten und die teuflischen Rosazeen mit den stachligen Beeren. Die Kamele erwartet heute Abend eine nahrhafte *Hâd*-Mahlzeit, eine ihrer bevorzugten Leckereien, eine herbe, stachlige, fast metallische und außerdem noch salzige Pflanze. Mir schmecken Himbeeren besser.

*5. Februar.* Große Verspätung am Morgen: Die Kamele haben sich in der Nacht trotz Fußfesseln aus dem Staub gemacht. Wir müssen lange und weit gehen, um sie wiederzufinden.

Etwa acht Stunden Marsch, was nicht ausreicht, um Sobti zu erreichen. Wir werden erst morgen Vormittag da sein.

Das Malerische der Landschaft verliert sich langsam, es wird immer flacher. Den ganzen Tag bedeckter Himmel, nicht zu heiß. Schließlich schlagen wir unser Lager auf dem *Reg* auf und verteilen ein wenig von dem für die Tanezrouft mitgenommenen Stroh an die Kamele.

*6. Februar.* Heute Morgen Ankunft am Brunnen von Sobti. Etwas Wasser, leider sehr wenig, aber genug, um alle unsere Behälter zu füllen. Einige Ziegenlederschläuche, eben noch schlaff und ausgemergelt, sind schnell wieder prall wie ein wohlgenährtes Schwein, doch danach ist der Brunnen leer und füllt sich nur sehr langsam wieder.

Das ursprüngliche Programm sah vor, dass uns zwei *Goumiers* mit Wasserkamelen noch einige Tage begleiten sollen. Das wird kurzfristig geändert.

Wir werden endgültig von hier abreisen, mit allem, was wir mitnehmen können, wie zum Beispiel den metallenen Fässchen (mindestens zweihundertsiebzig Liter) und acht *Guerbas*, übrigens jede mit unterschiedlichem Fassungsvermögen.

Am Nachmittag werden wir Sobti verlassen, um einen Ort mit einer ehemaligen Wasserstelle einige Kilometer weiter nördlich zu erkunden. »Der Bauch« wird in der Morgendämmerung wieder mit zwei Ziegenlederschläuchen zu uns stoßen, gefüllt mit dem Wasser, das der Brunnen bis morgen noch hergeben wird, und so werden wir genug Wasser haben, um die unbekannte Region gefahrlos betreten zu können.

So geschieht es. Wir verlassen Sobti gegen sechzehn Uhr. Die Nacht überrascht uns schnell, und wir müssen unser Lager im Mondlicht aufschlagen, nachdem wir das gesuchte Wadi gefunden haben. In der Nähe stehen einige große Büschel Auarache, ein rankender Strauch mit nadelförmigen Blättern.

Totes Land, vergessenes Land, das jedoch einst regelmäßig von

Karawanen durchquert wurde, die vom Sudan nach Algerien zogen und umgekehrt: Um Sobti herum zeugen zahlreiche *Mejbeds* von diesen früheren Wanderungen. Seit vielen Jahrzehnten scheint sich niemand mehr in diese Einsamkeit gewagt zu haben.

Wir bestimmen unseren Aufenthaltsort auf der Karte: ein Strich mit dem Lineal, der Winkelmesser wird angesetzt: 75 Grad ist der Marschwinkel, den wir bis Ouallen beibehalten müssen.

*7. Februar.* Der Himmel ist mit schwarzen Wolken bedeckt, durch die sich der Vollmond kaum erahnen lässt. Ob es regnen wird?

Wir waren von morgens bis abends unterwegs und haben doch nur... mickrige dreißig Kilometer geschafft. Es gab schon beim Aufbruch verschiedene Verzögerungen, dann folgten Zwischenfälle mit der Ladung, als wir kurze, aber sehr raue Dünen überwinden mussten, die uns viel Zeit gekostet haben.

Die Landschaft ist ein einziges Durcheinander, am Nachmittag wird es sogar fast bergig. Das ist noch nicht das *Reg* der klassischen Tanezrouft. An manchen Stellen liegen Senken, die mit feinstem Staub gefüllt sind, leicht wie Asche, ein richtiges Steinmehl, das unter den Schritten aufwirbelt und den Gang verlangsamt.

*8. Februar.* Heute elf Stunden und dreißig Minuten marschiert, mehr als fünfzig Kilometer. Immerhin, langsam machen wir Fortschritte.

Heute Mittag haben wir die Hügellandschaft verlassen und ein vollkommen flaches Hochplateau erklommen. So weit das Auge reicht, erstreckt sich grober Sand oder Kies, in alle Richtungen liegt das grenzenlose *Reg*. Endlich haben wir die wahre Tanezrouft erreicht, »weite Wüste, flach und unfruchtbar, ohne Wasser und Weide«, wie das Wörterbuch des alten Pater Foucauld spezifiziert. Und so kann es bis Ouallen weitergehen, und das sind mehr als dreihundert Kilometer...

Die Aufgabe des Topografen vereinfacht sich plötzlich ungemein, die des Geologen ebenfalls.

Ein heftiger Sandsturm am Nachmittag: die »Landschaft« – wenn man sich so ausdrücken kann – versinkt in einem weißen, unwirklichen Ozean, zu unseren Füßen schlängeln sich Sandbäche. In Bewegung kann man diese Art Unterhaltung – die dem Mann am Ruder die Arbeit nicht gerade erleichtert (»Ouallen… 75 Grad…«) – und die stechenden Körner, die einem um die Ohren fliegen, gerade noch ertragen; bleibt man stehen, wird es die Hölle.

Bei Sonnenuntergang hat der Wind ein Einsehen und lässt nach. Er weht zwar noch, aber ohne Schichten von Kies durch die Luft zu wirbeln, und wir können auf eine ruhigere Nacht als die letzte hoffen, die denkbar windig, sandig und mit ein paar Regentropfen gewürzt war.

*9. Februar.* In meiner Eigenschaft als staatlich geprüfter und anerkannter Wecker stoße ich um 4.45 Uhr meinen fürchterlichen Schrei aus. Die Viertelstunde früher als gestern soll unseren neuen Zeitplan optimieren. Doch mehrere Zwischenfälle unterwegs sorgen dafür, dass wir in elfdreiviertel Stunden Marsch nicht mehr als fünfzig Kilometer hinter uns bringen.

Vollkommen unfruchtbare Gegend, eine in solchem Maße absolute Wüste, wie man sie sicher kaum anderswo findet. Das grenzenlose Reg, bedeckt mit Kies, mehr oder weniger sandig, fahlrot, an einigen Stellen weiß oder hellblau, glatt und flach wie eine Marmorplatte. Der kleinste Stein – wenn es welche gäbe – käme sich vor wie ein Berg.

Eine Landschaft nahezu ohne Leben. Am Tage sehe ich außer den Fliegen – die wir selbst mitgebracht haben und die mit uns auf dem Kamelrücken reisen – nur einige Gottesanbeterinnen der treffend benannten Art *Eremiaphila* (»Die-die-Einsamkeit-lieben«), ein paar *Neurada*- und Gräserkeimlinge und... eine Schwalbe. Woher kommt sie? Ein verirrter Zugvogel?

*10. Februar.* Gestern Abend ein Festmahl: Der tägliche Reis wurde durch Bohnen ersetzt, hier eine seltene Delikatesse. Den ganzen Tag hatten diese ehrwürdigen Schoten in einem Wasserkessel an der Seite eines Kamels getanzt und ließen sich so ausreichend durchweicht am Abend widerstandslos kochen.

Wir schlemmten wie die Könige. Und da man nichts verschweigen soll und »die Stunde der Enthüllungen geschlagen hat«, wie die Journalisten sagen würden, muss ich zugeben, dass ein Rest, den wir stehen gelassen hatten – vielleicht eher ein Anstandsrest als eine Kapitulation vor zu großen Mengen –, heute Morgen in der Dämmerung vor Aufbruch noch mit großem Appetit verspeist wurde.

In der Nacht ein Juckreiz: Ein »Kamelfloh« (in Wirklichkeit eine Zecke) hatte ihr Rostrum in mein rechtes Bein gejagt. Diese Verwechslung schmeichelt mir nicht gerade, oder der Angreifer muss unglaublich kurzsichtig gewesen sein. Immerhin fand der Irrtum in der Dunkelheit statt.

Heute fast sechzig Kilometer auf einem eintönigen *Reg* von entsetzlicher Monotonie: grober Sand und Kies. Nichts, worauf man den Blick heften könnte, ausser ein paar leichten, flamingofarbenen Wolken am Horizont.

*11. Februar.* Neunundfünfzig Kilometer Reg, ununterbrochen und ohne Abwechslung. Genau wie gestern und sicher auch wie morgen, ohne irgendetwas, das diesen eintönigen, dem Meer gleichenden Anblick durchbrechen könnte.

Der Mangel an Steinen, die dem Koch als Fuß für seinen Kessel dienen könnten, erweist sich langsam als Problem. Gestern musste ich Ibrahima drei Benzinkocherbolzen, zwei von meinen groben Geologenmeißeln und eine Blechdose anvertrauen. Heute hat sich die Situation etwas entspannt, denn wir haben einen prächtigen Mühlstein aus dem Neolithikum entdeckt, den wir zerschlagen werden und dessen Einzelteile hervorragende Brocken für die Feuerstelle abgeben werden.

Die Bauern der Tanezrouft, die mit diesem Stein ihr Korn gemahlen haben, hätten sich sicher nicht träumen lassen, wozu er jetzt gut ist. Und erzählen Sie bloß niemandem, dass ich, der im Auftrag des Ethnografischen Museums prähistorische Objekte sammeln soll, Mühlsteine aus der Jungsteinzeit aus niedrigen nahrungstechnischen Beweggründen ruiniere.

Am Abend ein paar Schmetterlinge unter der Lampe...

*12. Februar.* Ein nicht ganz so düsterer Tag. Am Mittag Spuren – ach, ganz schwache Spuren! – von Vegetation, zwei Vögel (lebend), ein toter Storch, eine Libelle... eine Libelle, o ihr Seerosen...

Doch den Höhepunkt des Tages stellt die unerwartete Entdeckung eines Meteoriten dar, eines dieser Steine, die vom Himmel fallen, immer selten und kostbar.

Als ich zu früher Stunde durch das *Reg* spaziere, stolpere ich plötzlich über einen seltsamen Felsbrocken, der in zwei Teile zerbrochen und ungefähr so groß wie eine Hand ist, mit abgerundeten Kanten und vollkommen schwarz, so wie es ihn an keinem Ort dieser Gegend gibt.

Ich sehe ihn mir genauer an. Kein Irrtum möglich: ein Meteorit. Etwas weiter weg finde ich noch einen. Der Gesteinsblock, viel größer als der erste, ist zersprungen, als er auf die Erde auftraf, und seine Einzelteile liegen um einen kleinen Krater herum verteilt, die Stelle, wo das himmlische Geschoss niederging.

Ein heißer Tag. Es ist wärmer als dreißig Grad. Der Frühling rückt näher und wird bald den längeren Touren durch die Sahara ein Ende setzen.

*13. Februar.* Gestern wurde eine kulinarische Neuerung einge-
führt: wir hatten Lust auf »Crêpes« (sic), natürlich ohne Milch
und Eier. Nach einem vergeblichen Versuch erklärte der Schütze
verzweifelt den Plan für undurchführbar: »Gemahlener Weizen«,
sagte er, »ist nun mal kein *Mehl*«. Das Ergebnis schmeckte jedoch
allen Tischgenossen hervorragend, da sie nur allzu froh waren,
eine halb frittierte, bräunliche Masse unter dem Namen Crêpes in
sich hineinstopfen zu können, die einem Hundekuchen zwar
ziemlich ähnlich sah, aber einen köstlichen Geschmack und gegenüber den täglichen Nudeln und dem nicht minder gewöhnlichen Reis den Vorteil des noch nie Dagewesenen besaß. Wir
schrieben das Rezept auf und tauften es »Plätzchen à la Tanezrouft«. Tipp für Feinschmecker.

Eine blaue Linie taucht am Horizont auf: die Berge des Ahnet,
die Felswand, von dessen Höhe aus ich eines Tages im Dezember
1929 die riesige Tanezrouft betrachtete und schon von künftigen
Wüstenwanderungen träumte.

Starker Sandsturm heute Morgen. Gegen 11.15 Uhr erreichen
wir die Transsahara-Strecke Reggane-Gao, auf der die Autobusse
fahren. Wir haben es fast geschafft: Ouallen liegt nur noch etwa
sechzig Kilometer entfernt, und wir werden morgen dort sein.

Erst einmal dringen wir aber durch einen engen Tunnel in die
Streckenmarkierung Nr. 260 ein – eine Art kleines Haus aus Blech,
das vom Unwetter widerhallt und weiß gestrichen ist. Dort hocken
wir uns neben die Kadaver einiger rosafarbener Heuschrecken
und trinken zu Ehren unserer baldigen Ankunft im Hafen einen
sandigen Tee.

Dann brechen wir noch einmal auf, marschieren bis in die Nacht
hinein, und trotzen erneut einem Sandsturm: Ein Abend der eher
unangenehmen Sorte: bedeckter Himmel, Windböen, drohender
Regen, ein paar Tropfen; und nicht zuletzt werden wir von Lehm-
staub überzogen, die Augen schmerzen.

Ein Kamel hat sich auf dem langen Marsch den Huf verletzt: In Ouallen wird es genäht werden müssen.

Heute Abend können die Tiere zum ersten Mal seit langer Zeit wieder auf einer »Weide« fressen: auf winzig kleinen grünen Flecken.

*14. Februar.* Ich sitze in einem Zimmer des kleinen Forts von Ouallen. Die Reise ist beendet. Am Mittag machten wir noch einmal Halt am Pass von Tarit, um uns ein wenig zu waschen und eine Portion *Plätzchen à la Tanezrouft* mit etwas Tee zu vertilgen.

Wir entdecken eine schöne Stelle mit Felszeichnungen am Pass, den wir um vierzehn Uhr überqueren.

Bald erreichen wir das winzige weiße *Bordj*, das in einer kleinen Schlucht versteckt liegt. Die wenigen hier stationierten Europäer empfangen uns herzlich, knisternd werden Depeschen aufgegeben: Sudan, Algerien, Frankreich.

»Ja, klar, wir haben's geschafft, aber trotzdem ist es ein Misserfolg.« – Freund Brandstetter traut seinen Ohren nicht: »Was soll das heißen, Misserfolg? Ich breche in In Dagouber auf – vierhundertfünfzig Kilometer Luftlinie von hier entfernt, ist ja quasi ein Katzensprung –, komme mit nur zwei Kilometer Richtungsabweichung bei exakt gleicher Entfernung an der Streckenmarkierung Nr. 260 an, und Sie finden, das war ›ein Misserfolg‹? Was hatten Sie sich denn vorgestellt?« – »Aber nein, Sie verstehen nicht. Es war ein Misserfolg, weil ich nichts gesehen habe, nur eine flache *Hammada*, ohne Senken im Boden, ohne Besonderheiten, ohne Einschnitte, ohne Lücken und ohne jeden Hinweis auf den kristallinen Primärunterboden, nichts von den interessanteren Aspekten dieser Gegend. Wäre ich mit verbundenen Augen gereist, ich wüsste jetzt genauso viel über die Geologie der Tanezrouft. Und ich dachte, ich könnte die Verlängerung der Granit- und Kalksteinschichten des Eglad oder des Hank finden! Eine Katastrophe! Und Sie nennen das ›gelungen‹. Sie sind wahrlich leicht zufrieden zu stellen... Nach meinem ursprünglichen Plan müsste ich im Prinzip von hier direkt wieder nach Alger zurückkehren. Es ist doch in der Tat ärgerlich, nun zu weiteren Erkundungen aufbrechen zu müssen, woanders zu suchen, zurück durch die Wüste auf einem anderen Weg...«

»Zurück durch die Wüste? Also... das Ganze noch einmal?« – »Erraten!«

So verlässt die kleine, durch einige Kamele und zwei Reiter aus der Sahara-Kompanie von Touat verstärkte Truppe am 19. Februar wieder den Hafen, um eine neue, etwas nördlicher gelegene Strecke auszuprobieren.

Wir wenden uns zunächst in die Gegend von Rezegallah, um von dort aus weiter nach Bir ed Deb in den Erg Chech zu ziehen. Dort hoffen wir Wasser zu finden.

Am Anfang ein gutes Stück *Reg*. Wir marschieren jeden Tag schnell und lange: am 22. Februar sechsundsechzig Kilometer von 6.20 bis 18.25 Uhr, ohne eine einzige Pause; am 23. das gleiche Spiel von 6.00 bis 18.15 Uhr. Immer noch die unendliche, einem Meer gleichende Tanezrouft und natürlich keinerlei Vegetation. Wir haben aus Ouallen ein wenig getrocknetes *Drinn* mitgenommen, zu wenig, da wir hoffen, etwas im *Erg* zu finden, den wir bald erreichen werden.

Ein Ereignis am 24.: zwei, ja tatsächlich: *zwei* lebende Grashalme. Am Abend einige Büschel *Askaf*, wie durch Zufall eine Pflanze, die unsere sudanesischen Kamele trotz ihres Hungers verschmähen.

Wir sind jetzt in der Gegend von Rezegallah, wo es einen Brunnen gibt; zumindest gab es dort einen, als sich das letzte Mal jemand dorthin gewagt hat, vor etwa zwanzig Jahren.

Allerdings werden wir ihn nicht finden. Seine Lage ist nicht genau auf den Karten eingezeichnet. Und wie man einen arabischen Text nur versteht, wenn man von vornherein weiß, was er bedeutet (versuchen Sie mal, Ihre eigene Sprache ohne Vokale, Großbuchstaben und Zeichensetzung zu lesen, wenn jedes Wort fünf oder sechs Bedeutungen haben kann), so findet man einen Brunnen auch nur, wenn man ihn bereits kennt. Keiner von uns befindet sich in dieser glücklichen Lage.

Es ist nicht so, als würde man eine Insel auf dem Meer suchen. Eine Insel sieht man von weitem, auch wenn sie flach ist. Eher ein Röhrchen Aspirin in einem Weizenfeld oder einen Knopf auf der Heide. *Hopeless, of course.*

Am 27. müssen wir wieder aufbrechen, diesmal in Richtung Südwesten. Wir haben noch für lange Zeit Wasser in unseren Fässern; in dieser Hinsicht brauchen wir uns keine Sorgen zu machen, doch das große Problem stellt die fehlende Weide dar. Wann werden unsere Tiere wieder fressen können? Das Land ist völlig trocken.

In dieser Lage erreichen wir den Erg Chech. Am Anfang kommen wir ganz gut voran: Der Erg ist fügsam, Arme und Korridore wechseln sich gleichmäßig ab. Doch bald erreichen wir *Aklé*-Dünen, ein weites Durcheinander aus zerklüfteten, uneinheitlichen Wanderdünen ohne gemeinsame Richtung. Keine Felsen treten mehr hervor, wir segeln mitten im Sand.

Auf jedem Kamm erwartet uns eine neue Enttäuschung: Nichts, keine einzige Insel aus festem Boden am Horizont, nichts als der glühende Sand und die staubigen Dünen.

Die Abhänge sind steil, Mensch und Tier quälen sich voran. Immer wieder müssen wir mit den Händen Sand beiseite schaufeln, den scharfen Dünengrat glätten, um der Karawane einen Durchgang zu eröffnen. Die Kamele zögern vor dem Hindernis, stolpern und fallen hin. Bergab verlieren sie ständig Teile ihrer Ladung, wir müssen einige Gepäckstücke zurücklassen.

Der Tiere befinden sich nicht gerade im allerbesten Zustand – und wir damit auch nicht. Heute haben sie bereits acht Tage lang nicht gefressen. Das kann nicht *ewig* so weitergehen. Von dem Moment an, da das Kamel keine Lust mehr auf seine beiden Lieblingsbeschäftigungen hat, Wiederkäuen und Äpfel legen, ist es krank. Und die Diagnose ist denkbar einfach: Entkräftung.

Werden wir aus diesem verdammten *Aklé* herauskommen? Die Kamele halten bis jetzt durch, aber wie lange noch? Denn klar ist, dass sie uns nicht vorwarnen werden; nein, ganz plötzlich, einfach so, versagt die Mechanik, und das erste Kamel legt sich hin, und auch die Trompeten des Jüngsten Gerichts lassen es nicht wieder auf die Hufe kommen. Dann eine Stunde später ein weiteres, dann zwei auf einmal und so weiter, bis zum bekannten Ende dieses Spiels: »Reise nach Jerusalem«, letzte Runde.

Um diese nette Geschichte noch spannender zu machen, eröffnen uns unsere Führer nun, dass wir ganz sicher den Brunnen verfehlt haben und schon daran vorbeigezogen sind… Klingt viel versprechend.


Ein Sprichwort der Kounta besagt, dass man in der Sahara »immer den Zufall gegen sich« hat. Das Sprichwort der Kounta sollte einmal mehr Unrecht behalten, denn in der Nacht des 1. März 1936 stießen wir in Bir ed Deheb auf Wasser, und am 2. wurden die Kamele auf eine kleine Weide geführt. Oh, nicht sehr groß, nicht gerade das Vallée d'Auge, doch mit einigen vertrockneten Grasbüscheln, die sie nach zehn Tagen Fasten vor dem endgültigen Tod bewahren sollten, schon ein Erfolg.

Bir ed Deheb, der »Goldbrunnen«: eine Landschaft aus Stein, ein Korridor voller Geröll, der sich über mehrere Kilometer zwischen zwei Dünen entlangzieht und keinen einzigen Unterschlupft bietet. In diesem Gang erleben wir einen Sandsturm, der uns zwingt, achtundvierzig Stunden »im Bett« zu bleiben, eingewickelt in unsere *Burnusse* und hinter unserem Gepäck zusammengerollt.

Ich habe immer noch nicht gefunden, wonach ich suche: die Kristallschicht und den Hank. Doch diese *Hammada* muss trotzdem irgendwo im Westen einen frei liegenden Rand haben, unter dem das Substrat zum Vorschein kommt und den es zu erreichen gilt. Einzige Lösung: Immer weiter voran, nach und nach den *Erg* Richtung Grizim durchqueren, wo das Problem bestimmt gelöst werden wird.

Und tatsächlich wird es in Grizim gelöst, am 6. März, der als Tag der Genugtuung und der Rache in die Geschichte eingehen wird. Am Vormittag erreichen wir den Rand der *Hammada*, die darauf verzichtet, unsere Anstrengungen zu vereiteln, und auf einmal liegt ein rötlicher Boden vor uns: die Kristallschicht. Endlich …

Abends bei Sonnenuntergang stehen wir vor einer kleinen Felswand. Ich steige ab. Die erste Abstufung ist enttäuschend: schon wieder *Hammada*? Doch die nächste beruhigt mich: unzweifelhaft runde Platten mit feinen konzentrischen Rillen. Da haben wir die gesuchten Stromatolithen, die »Scheiben« der Kamelreiter, genau die gleichen wie in Mzerreb (vierhundert Kilometer entfernt) und Atar (tausenddreihundert Kilometer entfernt). Meine Mission ist erfüllt. Jetzt können wir umkehren.

Am nächsten Morgen machen wir uns auf den Rückweg, der zehn Tage später im Hof des *Bordj* von Adrar in Touat enden wird.

»Und das ist alles?« – Das ist alles. – »Hier ist Schluss?« – Hier ist Schluss.

Ja, so endet das Buch, wie ein ganz normaler Tagesmarsch, ohne den unvermeidlichen Vers, ohne das übliche Pathos, ohne den

»blauen Schatten der Palmen«, ohne »genussvolles Leiden«, ohne die »Welt des Schreckens und der Geheimnisse«, ohne das »Land der Angst«, ohne das »Reich des brennendes Sandes«, ohne »Zauber«, ohne »wehmütigen Abschied von der Wüste«…

Bei Ihnen und mir zieht das jetzt nicht mehr. Zwecklos. Und außerdem waren Sie ja vorgewarnt, ehrlich.

© Jean-Marc-Durou

# Glossar

Der Gebrauch einiger arabischer, berberischer oder auch einfach nur exotischer Begriffe aus der Sahara war nicht zu vermeiden. Da ich mir keine unzulänglichen Umschreibungen ausdenken wollte, habe ich mich nicht gescheut, den richtigen Fachausdruck zu verwenden, auch wenn dafür das nun folgende Lexikon mit Erklärungen notwendig ist.

Die arabischen und berberischen Pluralbildungen sind nicht übernommen worden. Ohne falsche Scham schreibe ich eine *Guerba*, die *Guerbas* statt die *Guareb*. Umgekehrt die *Tuareg*, ein *Tuareg*, eine *Tuareg* statt die *Tuareg*, ein *Targui*, eine *Targuia*; die *Bérabiches*, ein *Bérabiche* statt ein *Berbouchi*. Davon abgesehen sind bei den geläufigeren Begriffen die üblichen Schreibungen ohne phonetisch korrekte Umschrift verwendet worden.

*Acheb*  Kurzzeitige Vegetation einjähriger Graspflanzen, die nach dem Regen wachsen

*Adrar*  Berberisch »Gebirge«

*Adress*  Baum aus der Sahelzone, *Commiphora africana* (Rich.), Familie der *Burseraceae*, liefert duftendes Gummiharz, das »Bdellium Afrikas«

*Aklé*  Dichtes Massiv von Wanderdünen mit unbestimmter Anordnung und ohne allgemeine Richtung

*Aouarache*  Strauch der Familie der Knöterichgewächse (*Calligonum*-Arten)

*Arrem*   Anbaugebiet bei den Tuareg

*Asfel*   Teil des Kamelzaumzeugs: Schwanzriemen

*Askaf*   Gänsefußgewächse (*Traganum nudatum* Del. *und Nucularia Perrini* Batt.)

*Atil*   Baum der Familie der Dickblattgewächse (*Maerua crassifolia* Forsk.)

*Azalaï*   Karawane, die Salz aus den Abbaugebieten in der Sahara transportiert

*Baraka*   Segen einer religiösen Persönlichkeit; geistliche Macht, besondere Gnade, Charisma dieser Person

*Barkane*   Sichelförmige Düne. Asiatisches Wort

*Batha*   Sandbett eines *Oued*

*Berek*   Sich niederlassen (Kamel), ein Kamel knien lassen

*Bordj*   Kleines Fort

*Boubou*   Kurze Baumwolltunika ohne Ärmel oder mit kurzen Ärmeln

*Burnus*   Großer Pilgermantel mit Kapuze, aus Wolle oder Fell

*Chech*   Tuch aus leichtem Stoff (Baumwollgewebe, Voile, Musselin), das man sich um den Kopf wickelt und mit dem man das Gesicht verhüllen kann, Turban

*Chéchia*   Militärische Kopfbedeckung aus rotem Tuch in Form eines zylinderförmigen Fes (nicht kegelförmig)

*Chehada*   Das »Zeugnis« schlechthin, muslimisches Glaubensbekenntnis: »Ich bezeuge, dass es keinen anderen Gott außer Allah gibt und dass Mohammed sein Prophet ist.«

*Chott, Schott*   Riesige Salzsenke (Algerien und Tunesien)

*Chouaf*   Erkundungstrupp

*Couscous, Kuskus*   Kügelchen aus Mehl oder gemahlenem Weizen, die unter Dampf gegart werden

*Cram-cram*   Französischer Name für das *Initi* der Mauren, *Ouezzeg* der Tuareg, Nesselgewächse des Sahel (*Cenchrus biflorus* Roxb.)

*Dabia*   Sack aus Ziegenleder für Reis, Hirse, Mehl etc. (Mauretanien); Ledertasche, die am Hinterzwiesel des Sattels aufgehängt
und für kleine Gegenstände verwendet wird (Tuareg)

*Daya*   Senke in der Oberfläche einer *Hammada*; Süßwasserteich
in der Ebene

*Délou*   Lederbehälter zum Wasserschöpfen

*Dhar*   »Rücken«, hohe Felswand, insbesondere die von Chinguetti und die von Tichitt-Oualata

*Djebel, Dschebel*   Arabisch Berg, Gebirge

*Djellabah, Dschellaba*   Kleidungsstück aus Wolle oder Fell, lange
Tunika mit halblangen Ärmeln und Kapuze

*Djich*   Kleine Gruppe von Plünderern

*Djinn, Dschinn*   Geist, Kobold, Dämon etc.

*Djouf*   »Bauch«, Name für bestimmte Senken

*Drinn*   Algerischer Name für ein Gras, *Aristida pungens* Desf.
(Mauretanien und Sudan: *Sbot*)

*Effendi*   Gebildeter (Ägypten)

*Erg*   Dünen, im Allgemeinen

*Filali*   Gegerbte und rot gefärbte Schafhaut; wörtlich »Leder des
Tafilalet«

*Foggara*   Unterirdische Stollen, die das Grund- und Sickerwasser
zu den Palmenhainen leiten

*Gandoura*   Kleidungsstück in Form einer langen Tunika mit kurzen Ärmeln und ohne Kapuze; im weiteren Sinne auch andere
weite orientalische Kleidungsstücke

*Gara*   Einer der letzten Berge eines alten abgetragenen Sediment-
reliefs; meist mit abgeflachter Kuppe

*Gartoufa*   Kleiner aromatischer Korbblütler (*Brocchia cinerea*
Del.)

*Goumier*   Berittener Soldat einer aus Einheimischen zusammen-
gesetzten Einheit, maurisch oder Tuareg; anderswo bewaffneter
Hilfssoldat

*Griot*   Umherziehender afrikanischer Sänger und Magier

*Gueïla*   Mittagsruhe oder -halt

*Guerba*   Lederschlauch; Ziegenhaut für Wasser

*Hâd*   Strauch aus der Familie der Gänsefußgewächse (*Cornulaca monacantha* Del.)

*Hadji, Hadjdji*   Muslim, der die rituelle Pilgerfahrt zu den Heiligen Stätten unternommen hat

*Hammada, Hamada*   Topografisch gesehen die Wüstenform des Plateaus, wenn dessen Oberfläche horizontal ist (Steinplatten, Kies); geologisch gesehen Formation unbestimmten Alters, die im Nordwesten der Sahara weite Flächen einnimmt

*Harka*   Großer Trupp bewaffneter Männer auf Raubzug

*Ichâ*   Uhrzeit für das letzte der fünf rituellen Gebete, das Nachtgebet

*Initi*   Berberischer (maurischer) Name des → *Cram-cram*

*Jerjir*   Einjähriger Kreuzblütler mit malvenfarbenen, sehr seltenen weißen Blüten (*Schouwia purpurea* Forsk.)

*Kessera*   Im Sand gebackener Weizenfladen

*Khezama*   Seil, das am Nasenring des Reitkamels befestigt wird

*Kounta*   Name eines Stammes

*Ksar*   Dorf von Sesshaften, aus Stein oder Lehm gebaut

*Ksourien*   Bewohner eines *Ksar*

*Legleïa*   Maurischer Name eines Busches mit essbaren Früchten, des *Grewia betulifolia* Juss. (Lindengewächs)

*Majnoun*   Besessen, verrückt

*Marabout, Marabut*   Religiöse, gebildete, okkultistische Person

*Méhari*   Reitkamel

*Mejbed*   Kamelpiste; ausgetretener Pfad, der auf dem *Reg* erkennbar ist

*Mezoued*   Lederbeutel für Lebensmittel wie Reis, Mehl etc.; südalgerisches Pendant zur Dabia der maurischen Länder, wo *Mezoued* nur die großen Beutel zu bezeichnen scheint

*Mohor*   Große Gazelle, *Gazella dama* Pallas

*Mongech*   Pinzette

*Morbeka* (=*mrokba*, eigentlich *oumm-rokba*, die Mutter auf Knien)
   Ein Gras (*Panicum turgidum* Forsk.)

*Nebka*   Kleiner spitzer Sandhügel, der hinter einem Hindernis,
   Busch, Stein etc. geschützt liegt

*Oglat*   Sickergrube von geringer Tiefe

*Oued, Wadi*   Bett eines ausgetrockneten Wasserlaufs, das entweder an der Geländebeschaffenheit oder einfach an der Vegetation erkennbar ist

*Partisanen*   Bewaffnete Einheimische, die vorübergehend als
   Hilfstruppe verpflichtet werden

*Razzia, Razzieur*   Raubzug; derjenige, der daran teilnimmt

*Reg*   Vollkommen flache Ebene oder Plateauoberfläche, die mit
   Lehmsand, mit feinem oder mit grobem Kies bedeckt ist

*Rezzou*   Beutezug mittlerer Größe, größer als der *Djich* (=*Mej-
   bour*), aber kleiner als die *Harka*

*Sabat*   Südalgerischer Schuh in Form eines Pantoffels oder eines
   Schlappens

*Sadan*   Rosengewächs mit stacheligen Samen (*Neurada procum-
   bens* Linné)

*Sebkha, Sebcha*   Salztonsenke

*Sedra*   Jujube

*Séroual*   Einheimische Pluderhose

*Tadjakant*   Name eines Stammes aus der westlichen Sahara

*Talha*   Mimose, *Acacia raddiana* Savi (=*tortilis*, =*fasciculata*)

*Tamaschek*   Sprache der Tuareg

*Tamat*   Mimose (*Acacia seyal* Del.)

*Tanezrouft*   Substantiv der Tuareg, Wüste der Wüste, ohne Wasser und Vegetation

*Tarbouch, Tarbusch*   Orientalischer Ausdruck (Ägypten) für Fes

*Tassili*   Sandsteinplateau mit hügeliger Oberfläche

*Tassoufra*  Lederbeutel für Kleidung u. a. (Mauretanien); kleiner Schlauch in Form einer senkrecht aufgehängten Tasche (Tuareg)

*Tifinagh*  Schriftzeichen der Tuareg

*Timegelost*  Jochblattgewächs mit stacheligen Samen der Gattung *Tribulus*

*Trab el Beïdane*  »Das »Land der Weißen«. So nennen die Mauren aus dem Westen ihr gesamtes Territorium, als Gegensatz zum »Land der Schwarzen«

*Trombidia*  Rote Samtmilbe (Trombidium holosericeum)

*Zériba*  Dornenbewehrte Umzäunung eines Pferchs, eines Lagers etc.; Pferch oder Lager, die von einer derartigen Umzäunung umgeben sind; anderswo: Strohhütte

**REISEN · MENSCHEN · ABENTEUER**

NATIONAL GEOGRAPHIC
ADVENTURE PRESS

# ABENTEUER IM GEPÄCK

Oss Kröher
**Das Morgenland ist weit**
Die erste Motorradreise vom Rhein zum Ganges
ISBN 3-442-71165-7
Ab Mai 2002

Deutschland, 1951: Zwei junge, wagemutige Männer wollen raus aus dem Nachkriegsmuff. Mit einem Beiwagengespann machen sie sich auf den Weg nach Indien. Ein spritziger Bericht voll mitreißender Aufbruchsfreude.

Wickliffe W. Walker
**Tragödie am Tsangpo**
Wildwasserexpedition auf Tibets verbotenem Fluss
ISBN 3-442-71177-0
Ab September 2002

Unfassbare 2.700 Höhenmeter stürzt sich der Tsangpo in Tibet durch eine der wildesten Schluchten der Welt. Die Erstbefahrung gelang nur um den Preis eines Toten. Ein ungemein packender Expeditionsbericht.

Christian E. Hannig
**Unter den Schwingen des Condor**
Rad-Abenteuer zwischen Anden und Pazifik
ISBN 3-442-71133-9
Ab Juli 2002

Mit dem Fahrrad ins Abenteuer: Auf seiner Fahrt von Bolivien über die Anden bis nach Lima schließt der Autor Freundschaft mit Indios, gerät in einen Rebellenaufstand und begibt sich auf die geheimnisvollen Spuren der Inka.

**So spannend wie die Welt.**

NATIONAL
GEOGRAPHIC

GOLDMANN

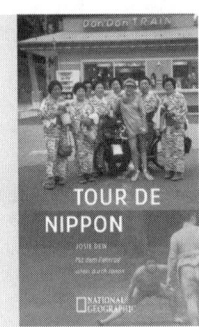